Die Schriftenreihe „Afrika-Studien" wird herausgegeben vom Ifo-Institut für Wirtschaftsforschung e. V. München in Verbindung mit

Prof. Dr. PETER VON BLANCKENBURG, Berlin
Prof. Dr. HEINRICH KRAUT, Dortmund
Prof. Dr. OTTO NEULOH, Saarbrücken
Prof. Dr. Dr. h. c. RUDOLF STUCKEN, Erlangen
Prof. Dr. HANS WILBRANDT, Göttingen
Prof. Dr. EMIL WOERMANN, Göttingen

Gesamtredaktion:

Dr. phil. WILHELM MARQUARDT, München
Afrika-Studienstelle im Ifo-Institut
Prof. Dr. HANS RUTHENBERG, Stuttgart-Hohenheim,
Institut für Ausländische Landwirtschaft

IFO-INSTITUT FÜR WIRTSCHAFTSFORSCHUNG MÜNCHEN
AFRIKA-STUDIENSTELLE

Rechtspluralismus in Malawi

Geschichtliche Entwicklung und heutige Problematik

Von

FRANZ VON BENDA-BECKMANN

(with an English Summary)

WELTFORUM VERLAG · MÜNCHEN

GEFÖRDERT VON DER FRITZ THYSSEN-STIFTUNG, KÖLN

Überblick über das Afrika-Forschungsprogramm

Das gesamte Forschungsprogramm, das unmittelbar von der Afrika-Studienstelle des Ifo-Instituts oder in Verbindung mit anderen Instituten und Wissenschaftlern durchgeführt wird (vgl. hierzu auch die einleitenden Bemerkungen in Band 1 und Band 2 der „Afrika-Studien"), umfaßte nach dem Stand von Anfang Juni 1970 die nachfolgend genannten Untersuchungen.

Zur Unterrichtung über Änderungen und Ergänzungen sowie über den Gang der Veröffentlichung bringt jeder Band der „Afrika-Studien" eine derartige Übersicht über das Gesamtprogramm. Bis einschließlich Band 18 sind die Titel im Springer-Verlag, Berlin – Heidelberg – New York, erschienen, alle nachfolgenden Bände im Weltforum-Verlag, München, in Zusammenarbeit mit Verlagshäusern in Großbritannien und den Vereinigten Staaten.

Die als Manuskript vervielfältigten Studien (Afrika-Forschungsberichte) sind über die Afrika-Studienstelle des Ifo-Instituts für Wirtschaftsforschung, München, zu beziehen, soweit es sich um ältere Ausgaben handelt. Die neueren Ausgaben (ab 1968) sind ebenfalls über den Weltforum-Verlag erhältlich.

Eine chronologische Übersicht über die bisher erschienenen und noch zu erwartenden Veröffentlichungen befindet sich am Schluß dieses Bandes.

Gesamtwirtschaftliche Studien

a) Tropisch-Afrika

N. AHMAD / E. BECHER, Entwicklungsbanken und -gesellschaften in Tropisch-Afrika (erschienen als Band 1)

R. GÜSTEN / H. HELMSCHROTT, Volkswirtschaftliche Gesamtrechnung in Tropisch-Afrika (erschienen als Band 3)

N. AHMAD / E. BECHER / E. HARDER, Wirtschaftsplanung und Entwicklungspolitik in Tropisch-Afrika (als Manuskript vervielfältigt)

H.-G. GEIS, Die Geld- und Banksysteme der Staaten Westafrikas (erschienen als Band 20)

F. BETZ (Bearb.), Afrika-Vademecum (Grunddaten zur Wirtschaftsstruktur und Wirtschaftsentwicklung Afrikas), („Afrika-Studien", Reihe „Information und Dokumentation", Band 1)

F. BETZ (Bearb.), Entwicklungshilfe an Afrika („Afrika-Studien", Reihe „Information und Dokumentation", Band 3)

K. Erdmann, Die Entwicklungshilfe an Afrika – unter besonderer Berücksichtigung der ostafrikanischen Länder (als Manuskript vervielfältigt)

H. Harlander/D. Mezger (Bearb.), Entwicklungsbanken und -gesellschaften in Afrika („Afrika-Studien", Reihe „Information und Dokumentation", Band 2)

H. Amann, Operationale Konzepte der Infrastruktur im wirtschaftlichen Entwicklungsprozeß (als Manuskript vervielfältigt)

b) Ostafrika

L. Schnittger, Besteuerung und wirtschaftliche Entwicklung in Ostafrika (erschienen als Band 8)

R. Güsten, Problems of Economic Growth and Planning: The Sudan Example (erschienen als Band 9)

P. v. Marlin, The Impact of External Economic Relations on the Economic Development of East Africa (als Manuskript vervielfältigt)

R. Vente, Economic Planning in East Africa (erschienen als Band 52)

F. Goll, Studie zur Entwicklungshilfe des Staates Israel an Entwicklungsländer. Unter besonderer Berücksichtigung Ost-Afrikas (als Manuskript vervielfältigt)

W. Fischer, Die Entwicklungsbedingungen Ugandas. Ein Beispiel für die Probleme afrikanischer Binnenstaaten (erschienen als Band 41)

H. Hieber, Wirtschaftsstatistik in Entwicklungsländern, dargestellt am Beispiel Ugandas (erschienen als Band 40)

G. Hübner, Volkswirtschaftliche Bedeutung, Umfang, Formen und Entwicklungsmöglichkeiten des privaten Sparens in Ostafrika (als Manuskript vervielfältigt)

M. Yaffey, Balance of Payments Problems in a Developing Country: Tanzania (im Druck als Band 47)

E.-J. Pauw, Das Geld- und Bankwesen in Ostafrika (erschienen als Band 35)

D. Bald, Deutsch-Ostafrika 1900–1914. Eine Studie über Verwaltung, Interessengruppen und wirtschaftliche Erschließung (erschienen als Band 54)

M. Bohnet / H. Reichelt, Applied Research in East Africa and its Influence on the Economic Development (in Bearbeitung)

P. v. Marlin (ed.), Financial Aspects of Development in East Africa (Sammelband), (im Druck als Band 53)

Landwirtschaftliche Studien

a) Tropisch-Afrika

H. Klemm / P. v. Marlin, Die EWG-Marktordnungen für Agrarprodukte und die Entwicklungsländer (als Manuskript vervielfältigt)

H. Pössinger, Landwirtschaftliche Entwicklung in Angola und Moçambique (erschienen als Band 31)

6

J. O. Müller, Probleme der Auftrags-Rinderhaltung durch Fulbe-Hirten (Peul) in Westafrika (erschienen als Band 14)

Ders., Problèmes de l'élevage contractuel des bovins par les pasteurs Foulbe (Peulh) en Afrique occidentale (als Manuskript vervielfältigt)

H. Thorwart, Methoden und Probleme betriebswirtschaftlicher Erhebungen in landwirtschaftlichen Kleinbetrieben Afrikas südlich der Sahara (in Bearbeitung)

R. Bartha, Futterpflanzen der Sahel-Zone Afrikas (in Deutsch, Englisch und Französisch), (erschienen als Band 48)

B. Mohr, Die Reiskultur in Westafrika. Verbreitung und Anbauformen (erschienen als Band 44)

E.-S. El-Shagi, Neuordnung der Bodennutzung in Ägypten. Drei Fallstudien (erschienen als Band 36)

b) Ostafrika

1. Zusammenfassende Rahmenuntersuchungen

H. Ruthenberg, Agricultural Development in Tanganyika (erschienen als Band 2)

Ders., African Agricultural Production Development Policy in Kenya 1952–1965 (erschienen als Band 10)

H. Dequin, Agricultural Development in Malawi (als Manuskript vervielfältigt)

H. Kraut / H.-D. Cremer u. Mitarb., Investigations into Health and Nutrition in East Africa (erschienen als Band 42)

H. Blume, Die autonomen Körperschaften im Bereich der landwirtschaftlichen Produktion Ostafrikas (in Bearbeitung)

2. Botanische, tierzüchterische und ökonomische Fragen der Viehhaltung in Ostafrika

H. Leippert, Pflanzenökologische Untersuchungen im Masai-Land Tanzanias (ein Beitrag zur Kenntnis der Weideverhältnisse in ostafrikanischen Trockengebieten), (als Manuskript vervielfältigt)

H. Klemm, Die Organisation der Milchmärkte Ostafrikas (als Manuskript vervielfältigt)

K. Meyn, Beef Production in East Africa (abgeschlossen)

H. Späth, Entwicklungsmöglichkeiten der Schweine- und Geflügelhaltung in Ostafrika (in Bearbeitung)

Walter / Dennig, Vergleichende Untersuchungen über die Leistungsfähigkeit der nutzbaren Wiederkäuer Kenyas (in Bearbeitung)

H. Jahnke / A. Matteucci, Trypanosomiasis bei Mensch und Tier in Afrika – die Bekämpfungsmaßnahmen aus ökonomischer Sicht (in Bearbeitung)

3. Die Organisation bäuerlicher Betriebssysteme in Ostafrika

D. v. ROTENHAN, Bodennutzung und Viehhaltung im Sukumaland/Tanzania (erschienen als Band 11)

H. PÖSSINGER, Sisal in Ostafrika, Untersuchungen zur Produktivität und Rentabilität in der bäuerlichen Wirtschaft (erschienen als Band 13)

H. PÖSSINGER, Organisation und Probleme des Kaffeeanbaus afrikanischer Bauernbetriebe im Hochland von Angola (in Bearbeitung)

S. GROENEVELD, Probleme der landwirtschaftlichen Entwicklung im Küstengebiet Ostafrikas (erschienen als Band 19)

H. RUTHENBERG (Hrsg.), Smallholder Farming and Smallholder Development in Tanzania – Ten Case Studies (Sammelband, erschienen als Band 24)

M. ATTEMS, Bauernbetriebe in tropischen Höhenlagen Ostafrikas. Die Usambara-Berge im Übergang von der Subsistenz- zur Marktwirtschaft (erschienen als Band 25)

H. RABE, Der Ackerbau auf der Insel Madagaskar unter besonderer Berücksichtigung der Reiskultur (als Manuskript vervielfältigt)

F. SCHERER, Vegetable Cultivation in Tropical Highlands: The Kigezi Example (Uganda), (abgeschlossen)

v. HAUGWITZ / THORWART, Landwirtschaftliche Betriebssysteme in Kenya (in Bearbeitung)

W. SCHEFFLER, Bäuerliche Produktion unter Aufsicht am Beispiel des Tabakanbaus in Tanzania. Eine sozialökonomische Studie (erschienen als Band 27)

E. BAUM, Die Organisation der Bodennutzung im Kilombero-Tal/Tanzania (als Manuskript vervielfältigt)

R. GOLKOWSKY, Bewässerungslandwirtschaft in Kenya – Darstellung grundsätzlicher Zusammenhänge an Hand einer Fallstudie: das Mwea Irrigation Settlement (erschienen als Band 39)

4. Sonstige Untersuchungen im Zusammenhang mit der landwirtschaftlichen Entwicklung

M. PAULUS, Das Genossenschaftswesen in Tanganyika und Uganda, Möglichkeiten und Aufgaben (erschienen als Band 15)

N. NEWIGER, Co-operative Farming in Kenya and Tanzania (als Manuskript vervielfältigt)

J. VASTHOFF, Small Farm Credit and Development – some Experiences in East Africa (erschienen als Band 33)

F. DIETERLEN / P. KUNKEL, Zoologische Studien im Kivu-Gebiet (Kongo-Kinshasa), (als Manuskript vervielfältigt)

W. ERZ, Wildschutz und Wildtiernutzung in Rhodesien und im übrigen südlichen Afrika (als Manuskript vervielfältigt)

M. Bardeleben, Das Genossenschaftswesen im Sudan – seine Kennzeichen, Funktionen und Eignung im Rahmen des sozio-ökonomischen Entwicklungsprozesses (in Bearbeitung)

V. Janssen, Agrarstrukturen in Äthiopien und ihre Implikationen für ökonomisches Wachstum (in Bearbeitung)

Studien über Handel, Gewerbe und Verkehr

H. Helmschrott, Struktur und Wachstum der Textil- und Bekleidungsindustrie in Ostafrika (erschienen als Band 45)

W. Kainzbauer, Der Handel in Tanzania (erschienen als Band 18)

K. Schädler, Crafts, Small-Scale Industries and Industrial Education in Tanzania (erschienen als Band 34)

H. Reichelt, The Chemical and Allied Industries in Kenya (als Manuskript vervielfältigt)

R. Güsten, Studies in the Staple Food Economy of Western Nigeria (erschienen als Band 30)

G. W. Heinze, Der Verkehrssektor in der Entwicklungspolitik – unter besonderer Berücksichtigung des afrikanischen Raumes (erschienen als Band 21)

H. Amann, Energy Supply and Economic Development in East Africa (erschienen als Band 37)

R. Hofmeier, Probleme der Transportwirtschaft in Tanzania unter besonderer Berücksichtigung des Straßentransports (in Bearbeitung)

T. Möller, Bergbau und regionale Entwicklung in Ostafrika (in Bearbeitung)

P. Zajadacz (ed.), Production and Distribution in East Africa (Sammelband), (im Druck als Band 51)

H. Milbers, Die Anforderungen an die Verkehrsträger in Ostafrika unter besonderer Berücksichtigung der wirtschaftlichen Expansion dieser Länder (in Bearbeitung)

Soziologische und demographische Studien

A. Molnos, Attitudes towards Family Planning in East Africa (erschienen als Band 26)

O. Raum, The Human Factor in the Development of the Kilombero Valley (als Manuskript vervielfältigt)

O. Neuloh u. Mitarb., Der ostafrikanische Industriearbeiter zwischen Shamba und Maschine (erschienen als Band 43)

H. W. Jürgens, Beiträge zur Binnenwanderung und Bevölkerungsentwicklung in Liberia (erschienen als Band 4)

I. Rothermund, Die politische und wirtschaftliche Rolle der asiatischen Minderheit in Ostafrika (erschienen als Band 6)

J. Jensen, Kontinuität und Wandel in der Arbeitsteilung bei den Baganda (erschienen als Band 17)

W. Clement, Angewandte Bildungsökonomik. Das Beispiel des Senegal (erschienen als Band 23)

H. W. Jürgens, Examination of the Physical Development of Tanzanian Youth (als Manuskript vervielfältigt)

Ders., Untersuchungen zur Binnenwanderung in Tanzania (erschienen als Band 29)

A. v. Gagern, Die afrikanischen Siedler im Projekt Urambo/Tanzania: Probleme der Lebensgestaltung (erschienen als Band 38)

Gerken / Schubert / Brandt, Der Einfluß der Urbanisierung auf die Entwicklung ländlicher Gebiete – am Beispiel von Jinja und Umgebung/ Uganda (in Bearbeitung)

E. C. Klein, Sozialer Wandel in Kiteezi/Buganda, einem Dorf im Einflußbereich der Stadt Kampala (Band 46)

H. Desselberger, Der Beitrag des Bildungswesens zur wirtschaftlichen Entwicklung eines tropischen Agrarlandes – dargestellt am Beispiel Tanzanias (in Bearbeitung)

J. Muriuki, The Mau-Mau Movement: Its Socio-Economic and Political Causes and Implications upon British Colonial Policy in Kenya and Africa (in Bearbeitung)

U. Weyl, Bevölkerungsentwicklung und Bevölkerungsbewegungen in Malawi unter besonderer Berücksichtigung der zentralen Uferregion des Malawi-Sees (in Bearbeitung)

M. Meck, Population Trends in Kenya and their Implications for Social Services in Rural and Urban Areas (in Bearbeitung)

Staewen / Schönberg, Kulturwandel und Angstentwicklung bei den Yoruba Westafrikas (erschienen als Band 50)

D. Berg-Schlosser, The Distribution of Income and Education in Kenya: Causes and Potential Political Consequences (in preparation)

Rechtswissenschaftliche Studien

H. Fliedner, Die Bodenrechtsreform in Kenya (erschienen als Band 7)

H. Krauss, Die moderne Bodengesetzgebung in Kamerun 1884–1964 (erschienen als Band 12)

G. Spreen, Stand der Rechtsetzung in Ostafrika (in Bearbeitung)

K. v. Sperber, Public Administration in Tanzania (im Druck als Band 55)

F. v. Benda-Beckmann, Rechtspluralismus in Malawi, Geschichtliche Entwicklung und heutige Problematik (Band 56)

Wirtschaftsgeographische Studien

W. MARQUARDT, Natur, Mensch und Wirtschaft in ihren Wechselbeziehungen am Beispiel Madagaskars (in Bearbeitung)

H.-O. NEUHOFF, Gabun – Geschichte, Struktur und Probleme der Ausfuhrwirtschaft eines Entwicklungslandes (erschienen als Band 16)

H. D. LUDWIG, Ukara – Ein Sonderfall tropischer Bodennutzung im Raum des Victoria-Sees. Eine wirtschaftsgeographische Entwicklungsstudie (erschienen als Band 22)

R. JÄTZOLD / E. BAUM, The Kilombero Valley/Tanzania: Characteristic Features of the Economic Geography of a Semihumid East African Flood Plain and its Margins (erschienen als Band 28)

A. J. HALBACH, Die Wirtschaft Südwestafrikas, eine wirtschaftsgeographische Studie (als Manuskript vervielfältigt)

J. A. HELLEN, Rural Economic Development in Zambia, 1890–1964 (erschienen als Band 32)

K. ENGELHARD, Wirtschaftsräumliche Gliederung Ostafrikas (in Bearbeitung)

K. GERRESHEIM, Luftbildauswertung in Ostafrika (Versuch einer Bestandsaufnahme), (als Manuskript vervielfältigt)

J. SCHULTZ, Iraqw Highland/Tanzania: Resource Analysis of an East African Highland and its Margins (in Bearbeitung)

Bibliographien und Sonstiges

D. MEZGER / E. LITTICH, Wirtschaftswissenschaftliche Veröffentlichungen über Ostafrika in englischer Sprache. Eine Bibliographie des neueren englischsprachigen Schrifttums mit Inhaltsangaben (als Manuskript vervielfältigt)

A. MOLNOS, Die sozialwissenschaftliche Erforschung Ostafrikas 1954–1963 (erschienen als Band 5)

B. HEINE, Status and Use of African Lingua Francas (erschienen als Band 49)

Vorwort

Mein Aufenthalt in Malawi und die vorliegende Arbeit wären ohne fremde Hilfe und Unterstützung nicht möglich gewesen. Allen, die mir dabei geholfen haben, sei an dieser Stelle mein herzlicher Dank ausgesprochen.

So wurde meine Ausreise nach Zentralafrika nur durch die Teilnahme an dem von der Stiftung Studienkreis Kontinente und Kontakte veranstalteten Arbeits- und Studienaufenthalt in Zambia ermöglicht. Finanzielle Unterstützung seitens der Schleswig-Holsteinischen Universitätsgesellschaft und des Instituts für Internationales Recht an der Universität Kiel trugen dazu bei, daß ich mich anschließend sieben Monate in Malawi aufhalten und dort Material für die vorliegende Arbeit sammeln konnte. Herrn Professor Dr. MENZEL, dem Direktor des Instituts, meinem Doktorvater, danke ich zugleich herzlich für die Betreuung meiner Arbeit.

Besonders herzlich danke ich allen Angehörigen der Deutschen Botschaft in Malawi. Sie haben mich in jeder Hinsicht großzügig unterstützt und wesentlich dazu beigetragen, daß mein Aufenthalt in Malawi angenehm und erfolgreich verlief.

Bei der Materialsammlung stieß ich auf freundliches Entgegenkommen der malawischen Behörden. Dem Attorney General Malawis, Mr. B. C. ROBERTS, verdanke ich die Erlaubnis, die Staatsarchive in Zomba und teilweise sogar die laufenden Akten des Justizministeriums einzusehen. Die Local Courts Commissioners Mr. L. CHADZIKAH, Mr. R. BANDA und Mr. R. JOFFE nahmen mich auf ihren Fahrten zu ländlichen Local Courts mit und ermöglichten so meine Diskussionen mit Local Courts Chairmen. Mr. S. G. PHOMBEYA und Mr. J. W. SANI, den Chairmen des Blantyre- bzw. des Zomba Urban Court, verdanke ich, wenn es mir gelungen sein sollte, Einblick in das traditionale afrikanische Rechtsdenken zu nehmen. Weiterer Dank gilt Mr. Justice D. D. BOLT vom malawischen High Court, Mr. F. POOLIE und Mr. D. BARWICK aus dem Justizministerium, die viel Zeit opferten, um mit mir Probleme des malawischen Rechtssystems zu diskutieren.

Daß ich während eines weiteren Aufenthalts in London meine Materialsammlung erweitern konnte, verdanke ich in erster Linie Professor A. N. ALLOT, dem Direktor der London School of Oriental and African Studies, der so freundlich war, mir einen Teil der noch unveröffentlichten Restatements der malawischen Stammesrechte zur Verfügung zu stellen.

Schließlich danke ich der Fritz Thyssen-Stiftung, die mir über das Ifo-Institut für Wirtschaftsforschung in München die Drucklegung meiner Arbeit ermöglichte.

Kiel, im Juni 1970

Franz von BENDA-BECKMANN

Inhaltsverzeichnis

16

17

Abkürzungsverzeichnis

A.C.	Appeal Cases
A.D.	Appeal Division (Südafrika)
All E.R.	All England Law Reports
All N.L.R.	All Nigeria Law Reports
App.Cas.	Appeal Cases
ARSP	Archiv für Rechts- und Sozialphilosophie
Art.	Article
Att.-Gen.	Attorney General
C.A. (L.C.)	Civil Appeal (Local Court)
Cap.	Chapter
Ch.	Chancery Division (1891–)
Ch.D.	Chancery Division (1875–1890)
CILSA	The Comparative and International Law Review of Southern Africa

Civ.App.	Civil Appeal
Civ.C.	Civil Case
Cr.App.	Criminal Appeal
Cr.C.	Criminal Case
Civ.Rev.	Civil Revision
D.Ct.	Divisional Court (Gold Coast)
D.N.C.	District Native Court
Diss.	Dissertation
E.A.	East Africa Law Reports
E.A.C.A.	1. Court of Appeal for Eastern Africa
E.A.C.A.	2. Law Reports containing decisions of the E.A.C.A. and the P.C.
E.A.L.J.	East African Law Journal
E.A.L.R.	East Africa Law Reports
Earn.	Earnshaw's Reports (Gold Coast)
E.R.L.R.	Eastern Region of Nigeria Law Reports
F	File
F.S.C.	Federal Supreme Court
G.L.R.	Ghana Law Reports
Gov.Pr.	Government Printer
H.M.S.O.	Her (His) Majesty's Stationary Office
I.C.L.Q.	International and Comparative Law Quarterly
I.L.R.	India Law Report
J.A.A.	Journal of African Administration
J.A.I.	Journal of the African Institute
J.A.L.	Journal of African Law
J.A.O.	Journal of Administration Overseas
J.M.A.S.	Journal of Modern African Studies
J.R.A.I.	Journal of the Royal Anthropological Institute
J.Z.	Juristenzeitung
K.L.R.	Kenya Law Reports
L.A.C.	Local Appeal Court
L.C.	Local Court
L.Q.R.	Law Quarterly Review
Mad.	Madras
Mich.L.R.	Michigan Law Review
M.H.C.	Malawi High Court
M.L.R.	Modern Law Review
M.S.C.A.	Malawi Supreme Court of Appeal
NADA	Native Affairs Department Annual (Salisbury)
N.A.C.	Native Appeal Court
N.A.C. (N & T)	Native Appeal Court (Natal & Transvaal)
N.C.	Native Court
N.L.R.	Nigeria Law Reports
N.R.N.L.R.	Northern Region of Nigeria Law Reports
N.R.L.R.	Northern Rhodesia Law Reports
Ny.H.C.	Nyasaland High Court
Ny.L.R.	Nyasaland Law Reports

P.C.	Privy Council
P.C. '78–'28	Judgements of the Privy Council
Q.B.	Queens Bench Division
Ren.	Renner's Reports
Rev.Ed.	Revised Edition
R & N	Rhodesia and Nyasaland Law Reports
R.N.C.A.L.R.	Rhodesia and Nyasaland Court of Appeal Law Reports
R.N.L.J.	Rhodesia and Nyasaland Law Journal
S.A.	South Africa
Sar. F.C.R.	Sarbah: „Fanti Customary Law"
Sar. F.L.R.	Sarbah: „Fanti Law Reports"
sec.	Section
S.R.	Southern Rhodesia Law Reports
S.R.L.R.	Southern Rhodesia Law Reports
T.L.R. (R.)	Tanganyika Law Reports (Revised)
U.C.	Urban Court
U.H.C.	Uganda High Court
U.L.R.	Uganda Law Reports
W.A.C.A.	1. West Africa Court of Appeal
W.A.C.A.	2. Judgements of the W.A.C.A. and the P.C.
W.L.R.	Weekly Law Reports
W.R.N.L.R.	Western Region of Nigeria Law Reports
ZA	Zomba Archives
Z.L.R.	Zanzibar Law Reports

A. EINLEITUNG

"The principles of English Law tested by centuries of experience have been accepted as the best method of administration here and no doubt the natives will learn to appreciate their advantages."

Ein hoher englischer Kolonialbeamter Nyasalands 1936 [1].

"We don't need English law, we have our own law."

Ein malawischer Local Courts Chairman 1968.

Der Ausspruch des malawischen Local Courts Chairman deutet an, daß sich die Prophezeiung des Chief Secretary von Nyasaland heute, 67 Jahre nach der Rezeption des englischen Rechts [2], nicht erfüllt hat – daß das englische Recht trotz beinahe 70jähriger Geltung nicht das von der afrikanischen Bevölkerung akzeptierte Recht geworden ist.

Diese Arbeit soll einen Überblick über die Entwicklung des malawischen Rechtssystems geben. Die allgemeine Thematik muß wegen der Stoffülle und der Vielzahl der Problemkreise eingeschränkt werden. Folgende Punkte sollen bei der Darstellung besonders betont werden:

Die Entwicklung der allgemeinen äußeren Struktur des malawischen Rechtssystems, d. h. die Geschichte der Gerichtsverfassung und die Bestandteile des malawischen Rechts. Dabei wird die Darstellung der geschichtlichen Entwicklung des Gerichtssystems vorangestellt. Sie bildet die Verständnisgrundlage für die Entwicklung des malawischen Rechtssystems, da die unterschiedlichen Gerichte und die in ihnen amtierenden Richter von großer Bedeutung für die Rechtsentwicklung waren und es auch heute noch sind. Daran anschließend wird gezeigt, wie sich in diesem Rahmen die eigentliche Rechtsentwicklung vollzogen hat und welche Vorstellungen dieser Entwicklung zugrunde lagen.

Diese Darstellung bleibt beschränkt auf die Rechtsgebiete, in denen die traditionalen Gewohnheitsrechte der malawischen Stämme von dem englischen Recht überlagert wurden, läßt also den Bereich des modernen Gesellschafts-, Handels-, Wirtschafts- und Arbeitsrechts weitgehend außer Betracht. Wegen

---

1 Der Chief Secretary Nyasalands in einem Brief vom 14. 7. 1936 an den Provincial Commissioner der Nordprovinz. In: Akte NN 1/15/1 der malawischen Staatsarchive (ZA) in Zomba. (Die Akten werden im folgenden zitiert: ZA . . .).
2 Durch die British Central Africa Order-in-Council von 1902.

des unterschiedlichen Entwicklungsstandes wird die Entwicklung in den einzelnen Rechtsgebieten zunächst getrennt voneinander dargestellt und in einem besonderen Teil zusammenfassend analysiert.

Den Abschluß der Arbeit bilden einige Überlegungen über die zukünftige Entwicklung des malawischen Rechtssystems.

Hinter die in erster Linie rechtshistorische und rechtspolitische Fragestellung der Arbeit muß der rechtssoziologische Aspekt in der Rechtsentwicklung zurücktreten.

Die hier gleichbedeutend gebrauchten Begriffe *traditionales* und *Stammesrecht* sind Arbeitsbegriffe, die den in der englischen Literatur verwendeten Begriffen *native law and custom,* bzw. wie heute üblich, *customary law* entsprechen und die etwas verallgemeinernd das Gewohnheitsrecht der afrikanischen Stämme kennzeichnen sollen.

Es ist nicht beabsichtigt, in dieser Arbeit in die Auseinandersetzung über die Natur der traditionalen Ordnungssysteme einzugreifen und die zahllosen Abgrenzungsversuche zwischen *Recht* und *Nicht-Recht,* zwischen *Rechtsnorm* und *norm-indifferenter kollektiver Gewohnheit*[3], um eine eigene Variante zu bereichern. Der Begriff *traditionales Recht* wird hier als *Gewohnheitsrecht* im Sinne GEIGERS verstanden, wobei ich davon ausgehe, daß bei den malawischen Stämmen der Übergang von *embryonalem Recht*[4] zur *Rechtssitte*[5] vollzogen war.

Zu diesem Problem daher an dieser Stelle nur eine kurze Bemerkung: Die allgemein diskutierte Frage, ob die Verhaltensnormen der afrikanischen Stämme überhaupt Rechtscharakter hatten oder bloß nicht-rechtliche Gewohnheit darstellten, ist heute in dieser Fragestellung ohne Belang, da seit der Inkorporation der Stammesgesellschaften in den Staat und mit der *legislatorischen Autorisation*[6] der Gerichte, *Stammesrecht* anzuwenden, sowohl traditionales *Recht* wie auch *nicht-rechtliche Gewohnheit* als Recht angewendet werden können. Um nicht mißverstanden zu werden: Die Gerichte können heute auch dann *Stammesrecht* anwenden, wenn die traditionalen Verhaltensnormen eines Stammes vor der legislatorischen Autorisation nicht als *Rechtsnorm* im Sinne der (gerade herrschenden) Definition klassifiziert wurden.

Die Frage, welche Normen heute wie früher Rechtsnormen und welche nicht-rechtliche Gewohnheit sind, ist damit allerdings nicht beantwortet. Sie bleibt eine Frage der Empirie und ist in erster Linie aus der Entscheidungspraxis der Gerichte abzulesen.

---

3 Th. GEIGER: Vorstudien zu einer Soziologie des Rechts. Soziologische Texte Band 20. Neuwied 1964, S. 183.
4 —: S. 125.
5 —: S. 178.
6 —: S. 183.

Bei der Materialsammlung konnten weitgehend unveröffentlichte Quellen benutzt werden.

Insbesondere sind zu erwähnen die 1966 bzw. 1967 an der Universität London geschriebenen Doktorarbeiten von J. O. IBIK, einem nigerianischen Juristen („The Law of Marriage in Nyasaland"), und von S. ROBERTS („The Growth of an Integrated Legal System in Malawi: A Study in Racial Discrimination in the Law"), die beide, wenn auch mit unterschiedlicher Schwerpunktsetzung, das in dieser Arbeit angeschnittene Thema berühren.

Weiter konnten ein Teil der von J. O. IBIK durchgeführten Aufzeichnungen (Restatements) der malawischen Stammesrechte verwendet werden. Das von der London School of Oriental and African Studies geleitete Restatement of Customary Law Project wurde in Malawi 1964 durchgeführt.

Während eines siebenmonatigen Aufenthalts in Malawi hatte der Verfasser die Gelegenheit, die Vergangenheit und Gegenwart des malawischen Rechtssystems an Ort und Stelle zu studieren.

Die Untersuchungen bestanden im wesentlichen aus dem Studium von Akten aus den Staatsarchiven und dem Justizministerium, aus der Teilnahme an Gerichtssitzungen und aus Interviews mit Richtern aller Gerichtsarten sowie mit Beamten des Justizministeriums.

B. DIE GESCHICHTLICHE ENTWICKLUNG DES MALAWISCHEN GERICHTSSYSTEMS

I. Die Lage vor der Protektoratserrichtung im Jahre 1891

Als David LIVINGSTONE 1858 als erster Europäer das Gebiet südlich und westlich des Nyasa-Sees[1] entdeckte, fand er ein von Stammeskämpfen zerrissenes Land vor[2]. Die dort ansässigen Stämme – die aus dem gegen Ende des 16. Jahrhunderts eingewanderten Maravi-Volk hervorgegangenen Cewa, Cipeta, Nyanja und Mang'anja sowie die im Norden des Landes lebenden Tumbuka, Kamanga, Henga und Tonga – hatten vor dem Kommen der Weißen schon zwei Invasionen erlebt.

Um 1820 waren die Ngoni, die sich dem Zulu-König Chaka nicht unterwerfen wollten, nach Norden aufgebrochen. Nach langen Wanderungen, die sie bis an den Victoria-See führten, ließen sich drei Stammesgruppen in dem Gebiet westlich des Nyasa-Sees nieder. Sie waren dank ihrer besseren Kriegstaktik den sie umgebenden Stämmen überlegen, führten erfolgreiche Kriegs- und Raubzüge gegen sie, töteten die Männer und versklavten Frauen und Kinder.

Aus dem Osten, dem heutigen Mosambik, waren vier Stammesgruppen der Yao eingewandert, die zusammen mit Arabern einen blühenden Sklavenhandel mit der ostafrikanischen Küste führten.

Die politische und soziale Struktur der Stämme war unterschiedlich[3]. Die Ngoni-Königreiche waren zentralistisch und hierarchisch aufgebaut. Die

---

1 Heutige Bezeichnung: Malawi-See.

2 Für die ausführliche Schilderung dieser Zeit und der Geschichte der dort leben-den Stämme s. D. u. C. LIVINGSTONE: Narrative of an Expedition to the Zambezi and its Tributaries, and of the Discovery of Lakes Shirwa and Nyasa, 1858–1864. London 1865; D. MACDONALD: Africana. 2 Bände. London 1882; F. DEBENHAM: Nyasaland. The Land of the Lake. London, ohne Jahresangabe; A. J. WILLS: The History of Central Africa. 2. Aufl., London 1967.

3 Es ist nicht beabsichtigt, an dieser Stelle eine genauere Darstellung der Sozial-struktur der einzelnen Stämme zu geben. Über die Sozialstruktur und den Stam-mesrechtsprozeß wird später näher zu berichten sein. Vgl. die Ausführungen auf S. 72 ff. und S. 135 ff. Über die Typologie der afrikanischen Gesellschaft siehe M. FORTES und E. E. EVANS-PRITCHARD (Hrsg.): African Political Systems. Oxford 1940; J. MIDDLETON und D. TAIT (Hrsg.): Tribes without Rulers. Lon-

24

Cewa, Nyanja, Mang'anja und Yao setzten sich aus weitgehend autonomen Dörfern unter der Leitung eines Dorfältesten (Village Headman) zusammen[4]. Doch wurde meist die Oberhoheit eines Häuptlings über eine Stammesgruppe und die dazu gehörenden Dörfer anerkannt. Inwieweit der Häuptling seine Herrschaft ausüben konnte, hing jedoch weitgehend von seiner persönlichen Autorität und Macht ab[5].

Bei fast allen Stämmen gab es ein mehr oder weniger fest umrissenes gerichtliches Verfahren, nach den ungeschriebenen Stammesrechten Streitigkeiten zu schlichten und Schuldige zu strafen[6].

Familieninterne Streitigkeiten wurden zunächst von den Familienältesten geschlichtet. Blieb dies erfolglos, wurde der Fall vor dem Dorfältesten verhandelt, gegen dessen Entscheidung dann der Häuptling angerufen werden konnte. Wichtige Fälle wie Mord, Zauberei und Diebstahl wurden gleich vor dem Häuptling verhandelt. Dorfälteste und Häuptlinge waren aber nur die Repräsentanten der politischen und richterlichen Macht, ohne Zustimmung ihrer Ratgeber konnten sie nicht entscheiden. Die gerichtlichen Verhandlungen wurden auch meist von einem der Ratgeber geleitet, der Häuptling bestätigte in der Regel nur den Urteilsvorschlag[7].

Die ersten Europäer, vor allem die Missionare, sahen sich vor Errichtung des Zentralafrikanischen Protektorats in einer zwiespältigen Lage. Sie waren mit dem Willen gekommen, dem Sklavenhandel Einhalt zu gebieten, mußten unter ihren Anhängern Ruhe und Ordnung wahren, hatten jedoch keine rechtliche Grundlage, die es ihnen erlaubt hätte, Strafen auszusprechen. Zu dem ersten Konflikt kam es bereits 1861. LIVINGSTONE und Bischof MACKENZIE, der in Magomero die erste Missionsstation der United Missions of Central Africa (U.M.C.A.) errichtet hatte, überfielen ein Yao-Dorf, setzten es in Brand und befreiten die Sklaven[8]. Wenig später organisierte Bischof MACKENZIE eine weitere Strafexpedition gegen ein Yao-Dorf, da der Dorfälteste zwei Träger des Bischofs gefangengenommen hatte.

---

don 1958. Eine ausführliche Besprechung der bisherigen Versuche, die afrikanischen Gesellschaften zu typologisieren, bringt TRAPPE in P. TRAPPE: Sozialer Wandel südlich der Sahara. 1. Teil. Vierteljahreshefte der Friedrich-Ebert-Stiftung. Sonderheft 2. Hannover 1968, S. 9 ff.

4 Vgl. A. R. RADCLIFFE-BROWN und D. FORDE (Hrsg.): African Systems of Kinship and Marriage. London 1950, S. 231. Über die Bedeutung der Dorfältesten s. J. A. BARNES, J. C. MITCHELL und M. GLUCKMAN: The Village Headman in British Central Africa. In: Africa, Vol. 19 (April 1949), S. 89 ff.

5 Vgl. J. C. MITCHELL: The Yao Village: A Study in the Social Structure of a Nyasaland Tribe. Manchester University Press 1966, S. 31 ff. (Im folgenden zitiert als: MITCHELL: The Yao Village. S. . . . .).

6 Vgl. die Ausführungen auf S. 135 ff.

7 Vgl. über die Cewa W. H. J. RANGELEY: Notes on Cewa Tribal Law. In: Nyasaland Journal, Vol. 1, No. 3, S. 1 ff., auf S. 8 ff.

8 D. und C. LIVINGSTONE: a.a.O., S. 355.

Die Missionare hatten schon bald das „flogging", die Prügelstrafe, als das in ihren Augen beste Mittel übernommen, um Ruhe und Ordnung unter den von ihnen bekehrten Afrikanern aufrechtzuerhalten und um „Kriminelle" zu bestrafen[9]. Für das Strafmaß gab es keine festen Grenzen. W. P. LIVINGSTONE berichtet von Dr. LAWS, dieser habe die Bibel zu Rate gezogen und, gestützt auf das dritte Buch Mose, Kap. 25, Vers 3, 40 Hiebe als Höchststrafe festgelegt[10].

Dieser Strafrahmen wurde von den Missionaren in Blantyre überschritten. Es sind Fälle bekannt, wo den Missionaren 60 und gar 90 Hiebe als angemessen erschienen[11].

Die Missionare in Blantyre waren sogar für die Vollstreckung eines Todesurteils verantwortlich. Ein des Mordes an einer im Missionsbereich lebenden Frau verdächtiger Yao wurde ohne formelles Gerichtsverfahren zum Tode „verurteilt" und hingerichtet, obgleich er alle Schuld leugnete und keine Zeugen gehört wurden. Wie das Urteil zustande kam, ist nie eindeutig geklärt worden. Nach JONES[12] erklärte einer der Missionare, der Reverend Duff MACDONALD, alle Missionare hätten ein Schriftstück unterzeichnet, in dem sie die Verurteilung guthießen. Andere Missionare erklärten jedoch, man habe lediglich in dem Schriftstück zum Ausdruck gebracht, daß Mörder, wenn verurteilt, auch hingerichtet werden müßten[13].

Diese Vorgänge, besonders das Verhalten der Missionare in Blantyre, lösten nach ihrer Bekanntmachung[14] in England einen Sturm der Entrüstung aus. Die Missionare wurden abgelöst, ihre Nachfolger wurden ausdrücklich ermahnt, jeder Versuchung, als Richter oder Herrscher im Land aufzutreten, zu widerstehen. Kriminelle sollten den Häuptlingen zur Aburteilung übergeben werden[15].

Treffend charakterisierte später ein Missionar seine Mitbrüder:

"Many a little Protestant Pope in the lonely bush is forced by his-self-imposed isolation to be prophet, priest and king rolled into one – really a very big duck he, in his private pond."[16]

---

9 MACDONALD: a.a.O., Teil 2, S. 43; s. auch G. JONES: Britain and Nyasaland. London 1964, S. 23.
10 W. P. LIVINGSTONE: Laws of Livingstonia. London 1923, S. 136.
11 JONES: a.a.O., S. 23.
12 —: S. 24.
13 —: S. 24. MITCHELL: The Yao Village. S. 27, 28.
14 Durch A. CHIRNSIDE: The Blantyre Missionaries: Discreditable Disclosures. London 1880.
15 A. J. HANNA: The Beginnings of Nyasaland and of North Eastern Rhodesia. Oxford University Press 1956, S. 41.
16 D. CRAWFORD: Thinking back: Twenty-Two Years without a Break in the Long Grass of Central Africa. London 1913, S. 324, 325.

II. Die ersten Gerichte

Mit der Protektoratserrichtung wurde zugleich auch die englische Rechtshoheit begründet. British Central Africa, wie das Protektorat bis 1907 hieß, wurde zur *local jurisdiction* im Sinne der Africa Order-in-Council von 1889 erklärt[17].

Danach war der Commissioner General[18] ermächtigt, Gesetze zur Erhaltung von Sicherheit und Ordnung zu erlassen, sowie Gerichte zu konstituieren, in denen zunächst nur über Europäer, ab 1893[19] auch über Afrikaner Recht gesprochen werden konnte.

In Blantyre wurde ein Konsulargericht (British Consular Court) eingerichtet, in dem als Richter „Her Majesty's Consular Judicial Officer", später der „Chief Judicial Officer", fungierte.

1892 wurden Verwaltungsbeamte, die Collectors, ermächtigt, als Magistrates über Afrikaner und Europäer Recht zu sprechen[20].

Als Berufungsgericht wirkte der Supreme Court der Kap-Kolonie, gegen dessen Entscheidung die Anrufung des Privy Council in London möglich war. Besondere Verfahrensregeln galten, wenn in Strafsachen Todesurteile gefällt wurden: Handelte es sich bei dem Verurteilten um einen Europäer, mußte das Urteil dem High Court vorgelegt werden, handelte es sich um einen Afrikaner, dem Commissioner General.

Damit hatte das Protektorat ein rudimentäres Gerichtssystem erhalten. Die weitere Entwicklung läßt sich in drei große Entwicklungsabschnitte einteilen:

- Die Errichtung eines vollständigen Gerichtssystems.
- Die gesetzliche Anerkennung und teilweise Neukonstituierung von afrikanischen Gerichten.
- Die Reform des Gerichtswesens durch Trennung von administrativen und richterlichen Befugnissen.

---

17 Durch die Royal Instructions vom 31. 7. 1891.
18 Der Commissioner General war bis 1907 der höchste Verwaltungsbeamte des Protektorats. Durch die Nyasaland Order-in-Council von 1907 umbenannt in Governor.
19 Die Zuständigkeit wurde durch die Africa Order-in-Council von 1893 dahingehend erweitert.
20 Sir H. H. JOHNSTON: British Central Africa. London 1897, S. 114. Nach R. I. ROTBERG: The Rise of Nationalism in Central Africa. Harvard University Press 1966, S. 23, gab es 1896 27 von diesen „imperial proconsuls" (ROTBERG).

III. Der erste Entwicklungsabschnitt (1902 bis 1933)

Die British Central Africa Order-in-Council von 1902, die erste Verfassung des Protektorats, war die Grundlage für den Aufbau eines vollständigen Gerichtssystems. Art. 15 konstituierte einen High Court. Art. 18 enthielt die Ermächtigung, Subordinate Courts, dem High Court untergeordnete Gerichte, zu errichten. Durch die entsprechenden Gerichtsverfassungsgesetze, die High Court (Practice and Procedure) Ordinance und die Subordinate Courts Ordinance von 1906[21] wurde dem System die Form gegeben, die es bis 1929/1933 behalten sollte.

1. Der High Court

Der High Court war das oberste Gericht des Protektorats. Seine Zuständigkeit war unbeschränkt[22]. Art. 15 (2) enthielt die Rezeptionsklausel für das englische Recht. Wenn Afrikaner an einem Rechtsstreit beteiligt waren, konnte nach Art. 20 unter bestimmten Voraussetzungen Stammesrecht angewendet werden[23].

Das Verfahrensrecht (practice and procedure) entsprach englischem Recht. Von geringfügigen Änderungen abgesehen galten die Rules of the Supreme Court of England von 1883. Auch das Strafprozeßrecht baute auf englischem Recht auf[24].

Als Berufungsgericht wurde 1902 für die ostafrikanischen Gerichte „His Britannic Majesty's Court of Appeal for Eastern Africa" geschaffen, der auch für Urteile des High Court von Nyasaland zuständig war[25]. 1909 wurde die weitergehende Berufung zum Privy Council in London zugelassen.

2. Die Subordinate Courts

Durch die Subordinate Courts Ordinance wurden folgende Gerichte geschaffen:

District- und Sub-District Courts und District Native- und Sub-District Native Courts.

Richter waren in diesen Gerichten die District- und Assistant District

---

21 Gesetze Nr. 3 und 5 von 1906.
22 Art. 15 (1): „. . . with full jurisdiction, civil and criminal, over all persons and matters . . ."
23 Über die Anwendung von Stammesrecht s. die Ausführungen auf S. 51 ff. und S. 57 ff.
24 Das Strafprozeßrecht war in der High Court (Practice and Procedure) Ordinance geregelt.
25 Durch die Eastern African Protectorates (Court of Appeal) Order-in-Council von 1902.

Residents[26]. Sie übten die Funktion des Richters in den District- und District Native Courts bzw. den Sub-District- und Sub-District Native Courts in Personalunion aus.

Die Zuständigkeit der District- und Sub-District Courts war nur für Streitigkeiten gegeben, bei denen Europäer und/oder Asiaten Parteien waren.

In Zivilsachen lag die Streitwertgrenze für die District Courts bei 250 £, für die Sub-District Courts bei 50 £.

In Strafsachen konnten die District Courts jede vom Gesetz erlaubte Strafe mit Ausnahme der Todesstrafe und Gefängnisstrafen von mehr als sieben Jahren verhängen. Gefängnisstrafen von mehr als sechs Monaten und Geldstrafen von mehr als 20 £ mußten jedoch vom High Court bestätigt werden.

Die Zuständigkeit der Sub-District Courts war folgendermaßen begrenzt: Sie konnten nur Gefängnisstrafen bis zu einem Monat und/oder Geldstrafen bis zu 1£ verhängen.

Gegen die Entscheidungen der Sub-District Courts konnten die District Courts angerufen werden, gegen die Entscheidungen beider Gerichte der High Court, wenn der Berufungswert 20 £ überstieg oder wenn Prügelstrafen oder Geldstrafen von mehr als 5 £ verhängt worden waren.

Die Zuständigkeit der District Native- und Sub-District Native Courts war auf Streitigkeiten beschränkt, bei denen beide Parteien Afrikaner waren.

In Zivilsachen gab es keine Streitwertgrenzen, die Gerichte konnten, wie auch der High Court, nach Art. 20 der Order-in-Council von 1902 unter bestimmten Voraussetzungen Stammesrecht anwenden[27].

In Strafsachen war die Zuständigkeit der District Native Courts unbeschränkt, doch bedurfte die Verhängung der Todesstrafe der Zustimmung des High Court. Gefängnisstrafen von mehr als sechs Monaten, Geldstrafen von mehr als 5 £ und Prügelstrafen von mehr als sechs Hieben mußten vom High Court bestätigt werden.

Die Sub-District Native Courts konnten nur sechs Monate Gefängnis, 1 £ Geldstrafe und 12 Hiebe verhängen.

Gegen die Urteile eines Sub-District Native Court konnte der District Native Court, gegen die Urteile beider Gerichte der High Court angerufen werden.

Alle Streitigkeiten zwischen Häuptlingen über Besitzrechte an Land gehörten zur ausschließlichen Zuständigkeit des High Court und der District Native Courts.

Dem High Court standen weitgehende Kontrollrechte über alle Subordinate Courts zu, er konnte z. B. jedes Verfahren an sich ziehen und selbst entscheiden.

---

26 Die District Residents waren die höchsten Verwaltungsbeamten auf Distriktebene. Sie wurden später umbenannt in District Commissioner.
27 Vgl. die Ausführungen auf S. 57 ff.

3. Die Stammesgerichte

Das Protektorat hatte somit sein erstes vollständiges Gerichtssystem erhalten, das nach englischem Vorbild aufgebaut war und in dem, von der Ausnahmeregelung des Art. 20 der British Central Africa Order-in-Council von 1902 abgesehen, englisches Recht gesprochen wurde. Die gerichtlichen Institutionen der afrikanischen Bevölkerung fanden in diesem System keine gesetzliche Anerkennung. Die District Administration (Native) Ordinances von 1912 und 1924[28] sahen vor, daß bestimmten Häuptlingen und Dorfältesten neben beschränkten administrativen Befugnissen auch die Ermächtigung erteilt werden konnte, in gewissem Umfang Gericht zu halten. Von dieser Ermächtigung wurde jedoch kein Gebrauch gemacht.

Doch bedeutete das Fehlen gesetzlicher Anerkennung nicht, daß die alten Stammesgerichte aufhörten zu funktionieren. Berichte zeugen davon, daß Häuptlinge und Dorfälteste weiterhin richterliche Funktionen ausübten[29] und teilweise, wie in Karonga, sogar Gerichtsakten führten[30], so daß der Chief Secretary 1930 feststellen konnte:

"There is at present a system of Native Courts which although they are not recognized by Government do function and in many cases not too badly."[31]

Die meisten Residents standen diesen inoffiziellen Gerichten wohlwollend gegenüber. Sie hatten bald eingesehen, daß die traditionale Prozeßart und die Anwendung von Stammesrecht viel besser geeignet war, die zahllosen Streitigkeiten zwischen den Afrikanern zu entscheiden, als sie es selbst in den District Native Courts hätten tun können. Manche Residents weigerten sich sogar, „purely native cases" zu entscheiden, wenn nicht vorher eine Verhandlung vor dem Dorfältesten oder Häuptling stattgefunden hatte[32].

Beispielhaft für diese Einstellung ist folgender Bericht des Acting Resident von Kota-Kota[33] aus dem Jahre 1921[34]. Er schreibt:

„Eine beträchtliche Anzahl von Zivilfällen wird von dem Dorfältesten entschieden. Ich unternehme wenig, um das Entscheiden dieser Streitigkeiten im ‚Bwalo'[35] zu verhindern. Ich bin nämlich überzeugt, daß es dort mehr Ge-

---

28 Gesetze Nr. 13 von 1912 und 11 von 1924, in sec. 11 bzw. sec. 13.
29 S. den Brief des Judge an den Chief Secretary vom 15. 9. 1926. In: ZA S 572/1920. Für den Cholo District z. B. der Annual Report of the Provincial Commissioner for the Southern Province, 1930. In: ZA NS 2/1/2.
30 Brief des Acting Judge an den Chief Secretary vom 13. 1. 1930. In: ZA S 572/1920.
31 In: ZA S 572/1920.
32 Das geht aus dem Brief des Acting Judge an den Chief Secretary vom 13. 1. 1930 hervor. In: ZA S 572/1920.
33 Heutige Schreibweise: Nkhota-Khota.
34 Aus dem Annual Report of the Acting Resident Kota Kota for the year ending March 31, 1921. In: ZA S 572/1920.
35 Cinyanja für „offener Platz", Gericht.

rechtigkeit geben wird als in meinem Gericht. Nimmt man z. B. die Ehebruchs-fälle: Meistens kommt ein Mann und sagt, seine Frau habe ihm gestanden, Sowieso habe mit ihr Ehebruch getrieben. Jener streitet es ab.

Nun gibt es bei den Eingeborenen eine (Rechts-)Überzeugung, nach der eine Frau nie lügt, wenn es darum geht, ob sie Ehebruch getrieben hat oder nicht. Wenn ich den Fall nun wegen fehlenden Beweismaterials zurückweise – und außer der Behauptung der Frau ist meist kein weiteres Beweismaterial vor-handen –, so schauen alle Zuhörer voll Mißbilligung auf meine Entscheidung. Bald ist dann auch eine Möglichkeit gefunden, mir zu verstehen zu geben, daß die Zahl der Ehebrüche in ganz erstaunlichem Maße zunimmt. Ich kann dann daraus den Schluß ziehen, daß dies nur die Folge meiner Schwäche ist.

Andererseits würde es sämtliche Regeln des englischen Rechts und auch des gesunden Menschenverstandes verletzen, wenn ich in einem solchen Fall (den benannten Ehebrecher) verurteilte. Werden solche Fälle jedoch im Bwalo ver-handelt, sitzt das ganze Dorf beisammen und verhandelt mit über den Fall. Jede Einzelheit ist bekannt, und hier hat die (oben erwähnte) Überzeugung, daß eine Frau eine solche Anschuldigung nicht ohne Grund mache, wohl auch noch ihre Richtigkeit. Denn sie (die Frau) wird einsehen, daß es ihre Kräfte übersteigt, das ganze Dorf zu täuschen, wohingegen es relativ leicht für sie ist, einem Europäer etwas vorzumachen, der jedes bißchen Information durch Fragen erfahren muß und dem die Mentalität der Frau und der anderen (Prozeßteilnehmer) ein Buch mit leeren Seiten ist."

IV. Der zweite Entwicklungsabschnitt (1933 bis 1962)

1. Indirect-Rule in Nyasaland

Im Laufe der zwanziger Jahre setzte sich in London und in den Kolonial-gebieten immer mehr die Idee der „indirect-rule" durch, deren wichtigster Wegbereiter Lord LUGARDS 1921 in London erschienenes Buch „The Dual Mandate in British Tropical Africa" war.

„Indirect-Rule" war der Versuch, den traditionalen Stammesherrschern den Status von Selbstverwaltungskörperschaften zu verleihen, indem man sie mit beschränkten politischen, administrativen und richterlichen Befugnissen ver-sah. In Tanganyika hatte man schon 1926 eine entsprechende Reform durch-geführt.

Sir P. CUNCLIFFE-LISTER erklärte im Unterhaus, was indirect-rule für Nyasa-land bedeuten sollte:

"The Native Authorities will assist the Governor in administering local native affairs. They will be empowered to levy local rates and dues ... The native authorities will then be primarily responsible for financing the development of native institutions and establishing native local services, such as courts, schools, roads, transport-facilities, agriculture and so on.

The system is designed to promote the declared and continuous policy of His Majesty's Government to train the natives for self-government by means of native institutions." [36]

Die Regierung Nyasalands nahm die Reform nur zögernd in Angriff und mußte vom Kolonialministerium gedrängt werden [37].

Gerade der letzte Aspekt der indirect-rule stieß in Nyasaland auf wenig Gegenliebe. Vor allem die Siedler befürchteten durch die Stärkung der Stammesherrscher eine mögliche Schranke für den von ihnen erstrebten Zusammenschluß Nyasalands mit den rhodesischen Gebieten [38].

Die Regierung Nyasalands war sich aber schon längere Zeit darüber klar, daß Gerichte zu schaffen waren, in denen afrikanische Richter nach Stammesrecht urteilen sollten.

Bis 1928 wollte man dies auf der Grundlage der schon erwähnten District Administration (Native) Ordinance tun [39]. Der Gedanke wurde jedoch fallen gelassen, wohl unter dem Eindruck der kommenden Aufhebung des Gesetzes. Man versuchte dann, in der ohnehin neu zu regelnden Courts Ordinance eine Ermächtigung für die Errichtung von Native Courts zu schaffen [40]. Wegen noch bestehender Unklarheiten über die zukünftigen Befugnisse der Native Courts wurde aber auch dies nicht getan [41]. Der Erlaß der Native Courts Ordinance [42] wurde bis 1933 hinausgezögert, da man erst die Native Authority Ordinance [43], in der die politischen und administrativen Befugnisse der als Native Authorities anerkannten Häuptlinge geregelt wurden, verabschieden wollte.

Als Modell für die nyasaländischen Gesetzentwürfe dienten die Gesetze Kenyas, Tanganyikas und Nordrhodesiens. Der endgültige Entwurf aus dem Jahre 1932 war wortwörtlich von dem tanganyikanischen Gesetz [44] übernommen.

Ein Punkt stieß jedoch in Nyasaland auf Widerspruch: Sec. 34 (4) des Gesetzentwurfs sah den Gouverneur als höchste Berufungsinstanz für die neuen

---

36 Zitiert nach JONES: a.a.O., S. 76, 77.
37 JONES: S. 76 ff; ROTBERG: a.a.O., S. 49 ff.
38 JONES: a.a.O., S. 77.
39 Native Courts (Proclamation) Rules waren schon ausgearbeitet, s. ZA S 572/ 1920.
40 Sec. 12 des Gesetzentwurfs für die neue Courts Ordinance von 1929.
41 Die neue Courts Ordinance, Gesetz Nr. 24 von 1929, erging ohne Hinweis auf die Native Courts.
42 Gesetz Nr. 14 von 1933.
43 Gesetz Nr. 13 von 1933.
44 Tanganyika Native Courts Ordinance, Gesetz Nr. 5 von 1929; s. auch die vergleichende Tabelle in ZA 952/1931.

Gerichte vor, was ganz den Vorstellungen des englischen Kolonialministeriums entsprach[45]. Der Richter des High Court, der Attorney General und der Secretary of Native Affairs[46] verlangten, der High Court müsse die höchste Berufungsinstanz werden, womit sie sich letztlich auch durchsetzten[47].

2. Die Native Courts

Die Native Courts Ordinance von 1933 brachte dann folgende endgültige Regelung:
Die Native Courts sollten in Übereinstimmung mit Stammesrecht errichtet werden. Die Zuständigkeit war in den „warrants", den konstituierenden Urkunden, umschrieben. Im einzelnen galt folgende Regelung: Die Zuständigkeit war auf Streitigkeiten zwischen Afrikanern beschränkt, in Strafsachen mußte sowohl der Beschuldigte wie auch der Beschuldigende Afrikaner sein. Die Native Courts sollten in erster Linie Stammesrecht anwenden, auch Stammesstrafrecht. Sie durften jede nach Stammesrecht erlaubte Strafe verhängen, soweit diese nicht den Grundsätzen von Moral und Gerechtigkeit widersprach[48]. Neben Stammesrecht konnten die Gerichte die Verwaltungsverordnungen anwenden, die von den Provincial- und District Commissioners, oder von ihnen selbst in ihrer Eigenschaft als Native Authorities erlassen worden waren. Ausgenommen waren alle Ehesachen, die nicht aus einer nach Stammesrecht oder islamischem Recht geschlossenen Ehe resultierten. In Strafsachen durften keine Delikte mit Todesfolge noch Straftaten, die mit der Todesstrafe oder lebenslänglicher Gefängnisstrafe bedroht waren, verhandelt werden.
Als Berufungsgerichte fungierten die Verwaltungsbeamten. Gegen die Entscheidung eines Native Court konnte der District Commissioner, gegen dessen Entscheidung der Provincial Commissioner angerufen werden. Dessen Entscheidung konnte dann vor dem High Court angefochten werden.
Als Variante im Berufungsweg war vorgesehen, daß Native Appeal Courts errichtet werden sollten. Diese setzten sich aus einem oder mehreren Häuptlingen zusammen und entschieden über die angefochtenen Urteile der Native

---

45 Der Kolonialminister an den Gouverneur Nyasalands am 24. 1. 1929: „It has been thought desirable to entrust the supervision of Native Courts to the Administrative Staff." In: ZA S 572/1920.
46 Der Secretary of Native Affairs an den Gouverneur am 20. 1. 1932: „The Tanganyika laws have been used as a model because they were the best we know of. But I should be delighted to improve the work of Sir D. CAMERON". In: ZA S 572/1920.
47 S. den Brief des Gouverneurs an den Kolonialminister vom 17. 3. 1932. In: ZA S 572/1920.
48 Vgl. die Ausführungen auf S. 51 ff.

Courts. Gegen die Urteile der Native Appeal Courts konnte dann wieder der District Commissioner angerufen werden.

Im Laufe der folgenden Jahre versuchte man, bei der Einsetzung der Native Courts zu differenzieren. Je nach ihrem Rang wurden die Häuptlinge und Dorfältesten als Native Authorities bzw. Sub-Native Authorities, ihre Gerichte dementsprechend als Native- bzw. Sub-Native Courts eingestuft. Für die Sub-Native Courts waren die Native Courts als Berufungsgerichte zuständig.

1947 wurden die Native Courts in African Courts umbenannt [49].

3. Die Subordinate Courts

Durch die Schaffung der Native Courts war eine Neuordnung der Subordinate Courts unumgänglich geworden. Sie wurde, wie schon erwähnt [50], zeitlich vor Erlaß der Native Courts Ordinance durchgeführt. Die Courts Ordinance von 1929 [51] schuf Gerichte der 1., 2. und 3., ab 1948 auch der 4. Klasse [52]. Richter waren

in den Gerichten der 1. Klasse die Provincial Commissioners und die Town Magistrates,

in den Gerichten der 2. Klasse die District Commissioners,

in den Gerichten der 3. Klasse die Assistant District Commissioners und

in den Gerichten der 4. Klasse Verwaltungsbeamte auf Probe.

Alle Gerichte waren sachlich unbeschränkt zuständig, wenn Afrikaner Parteien waren. Handelte es sich jedoch um Streitigkeiten zwischen Europäern und/oder Asiaten, galt eine durch abgestufte Streitwertgrenzen gekennzeichnete Zuständigkeitsregelung.

Als Streitwertgrenzen galten

für die Gerichte der 1. Klasse 100 £ (ab 1950 200 £ [53]),

für die Gerichte der 2. Klasse 50 £ (ab 1950 100 £ [53]),

für die Gerichte der 3. und 4. Klasse 25 £.

Auch für das Berufungsverfahren galten zunächst unterschiedliche Regeln in *afrikanischen* und *nichtafrikanischen* Fällen. 1950 wurde das Berufungsverfahren jedoch vereinheitlicht [53]. Gegen alle Entscheidungen eines Subordinate Courts war die Berufung an den High Court gegeben.

Der Strafprozeß und die Zuständigkeit in Strafsachen war in dem 1929 erlassenen Strafprozeßgesetz [54] niedergelegt.

49 Durch die African Courts Ordinance, Gesetz Nr. 17 von 1947.
50 Vgl. die Ausführungen auf S. 32 ff.
51 Gesetz Nr. 24 von 1929.
52 Durch die Courts (Amendment) Ordinance, Gesetz Nr. 26 von 1948.
53 Courts (Amendment) Ordinance, Gesetz Nr. 3 von 1950.
54 Criminal Procedure Code, Gesetz Nr. 23 von 1929. Über den Strafprozeß vgl. die Ausführungen auf S. 146 ff.

4. Rückblick

Durch die Einführung der Native Courts hatte Nyasaland offiziell ein zwei-spuriges Gerichtssystem erhalten, dessen einziges Verbindungsglied der High Court war. Die Einsetzung von Häuptlingen und Dorfältesten als Native Authorities und als Richter in den Native Courts bedeutete jedoch nicht, daß das traditionale Gerichtssystem in seiner ursprünglichen Form wieder er-richtet wurde. Es geschah häufig, daß nicht die nach Stammesrecht legitimier-ten Häuptlinge berücksichtigt wurden, sondern Afrikaner, die sich bei der Verwaltung beliebt gemacht hatten und die dann von der Bevölkerung nicht akzeptiert wurden[55]. Viele Häuptlinge hatten durch die Ngoni-Überfälle und die folgende Unterwerfung durch die Engländer an Autorität und Macht verloren. Diese „warrant chiefs" erhielten durch ihre Einsetzung als Native Authorities eine Machtfülle, die sie vorher nicht besessen hatten, was von der Bevölkerung mit Ablehnung und Mißtrauen aufgenommen wurde. Auch wurde bei der Errichtung der Native Courts oft zu wenig nach der Bedeutung der einzelnen Häuptlinge differenziert.

Dies führte zu einer Egalisierung bestehender Rangunterschiede, die von den Benachteiligten nur mit Murren und Mißbilligung hingenommen wurde. Für die zehn Tonga-Häuptlinge z. B., die einen Sub-Native Court erhalten hat-ten, wurde das Tonga Tribal Council, der Stammesrat der Tonga, als Be-rufungsgericht geschaffen. Dem Stammesrat gehörten 28 Dorfälteste an, von denen jeweils fünf als Native Appeal Court über die angefochtenen Urteile der Tonga-Häuptlinge urteilten. Diese empfanden es als großen Prestige-verlust, daß die auf einer niedrigeren Stufe stehenden Dorfältesten ihnen nunmehr übergeordnet waren und sie, wie sie annahmen, in den Augen der Bevölkerung lächerlich machten[56].

---

55 Der District Commissioner von Lilongwe wies dies in seinem Brief vom 9. 5. 1936 an den Provincial Commissioner der Zentralprovinz am Beispiel von neun Native Authorities in seinem Distrikt nach. In: ZA 123/36. Vgl. auch R. L. WISHLADE: Chiefship and Politics in the Mlanje District of Southern Nyasaland. In: Africa, Vol. 31, No. 1, S. 36 ff.; L. P. MAIR: Native Administration in Central Nyasaland. Colonial Research Studies No. 5. London 1952. (Im folgen-den zitiert als: MAIR: Native Administration. S. . . .)

56 Aus dem Bericht des District Commissioners von Chinteche an den Provincial Commissioner der Nordprovinz vom 12. 6. 1936. In: ZA NN 1/23/1.

V. Der dritte Entwicklungsabschnitt (ab 1962)

1. Die Justiz- und Verwaltungsreform von 1962/1963

Das so geschaffene Gerichtssystem konnte 30 Jahre überdauern. Die nächste Reform vollzog sich erst nach dem politischen Umschwung im Jahre 1961. In diesem Jahr hatten zum ersten Mal in Nyasaland direkte Wahlen stattgefunden, die den Politikern der Malawi-Congress-Party 22 von 28 Sitzen im Legislativrat und 5 der 10 Posten im Exekutivrat verschafften. Die afrikanischen Politiker drängten auf eine Reform des Verwaltungs- und Gerichtswesens. Ihr Hauptziel war die Trennung von richterlicher und administrativer Gewalt. Dies richtete sich in erster Linie gegen das Native Authority System[57]. Nicht zu Unrecht warf man den Native Authorities vor, sie hätten zu eng mit den Protektoratsbehörden zusammengearbeitet und der Unabhängigkeitsbewegung zu reserviert gegenübergestanden[58].

Gleich nach den Wahlen wurde eine Untersuchung über die Reorganisation der African Courts eingeleitet, die erbringen sollte, wie die Gewaltenteilung auf unterer Ebene zu verwirklichen sei[59].

2. Die Local Courts

Das Ergebnis dieser Bestrebungen war die Local Courts Ordinance von 1962[60]. Im Vergleich zu den bisherigen Native Courts brachte sie einige wesentliche Änderungen:

- Native Authorities durften nicht mehr zugleich Richter in den neuen Local Courts sein. Die neuen Richter wurden in erster Linie nach politischen Gesichtspunkten ausgewählt, d. h. in der Regel wurden der Partei nahestehende Afrikaner zu Local Courts Chairmen ernannt.
- Die Zuständigkeit bestimmter Local Courts wurde erstmals auf Streitigkeiten zwischen Afrikanern und Nicht-Afrikanern ausgedehnt. Diese Re-

---

57 S. dazu die Rede Orton CHIRWAS, des damaligen Parlamentarischen Sekretärs im Justizministerium. In: Records of the Proceedings of the 76th Session of the Legislative Council, May 1962, S. 192. Über die Reform aus heutiger Sicht vgl. die Rede Präsident Dr. BANDAS am 21. November 1969 im Parlament von Malawi. In: The Malawi Hansard. Official Verbatim Report of the Debates of Parliament. 7th Session: 1st Meeting: 6th Day, 21st November 1969. Government Printer, Zomba, S. 221. (Im folgenden zitiert als: Malawi Hansard. ... Session: ... Meeting: ... Day, S. ...)

58 Die übliche Bezeichnung der damaligen Native Authorities durch die afrikanischen Politiker war: District Commissioners' glorified messenger boys.

59 Vgl. B. C. ROBERTS (damas Solicitor General): Memorandum on Future Organisation and Administration of African Courts. Zomba 1961, unveröffentlicht.

60 Gesetz Nr. 8 von 1962.

36

gelung kam einer seit langem vertretenen Forderung der Afrikaner entgegen, die argwöhnten, daß sich die Europäer, besonders in Vaterschaftsklagen, häufig der Gerechtigkeit entziehen könnten, da gegen sie in den Native Courts nicht geklagt werden konnte.

- Die Möglichkeit, Vergehen nach Stammesrecht zu bestrafen, wurde abgeschafft.
- Die Überwachung der Local Courts wurde einem eigens dafür geschaffenen Stab von Beamten des Justizministeriums übertragen[61].

3. Änderungen im Bereich der British Courts

Für die Subordinate Courts hatte die 1958 ergangene Courts Ordinance[62] außer einer Umbenennung der Gerichte keine wesentlichen Änderungen gebracht. Das Prinzip der Gewaltentrennung wurde 1963 durch ein Änderungsgesetz eingeführt[63]: Die Richter durften nicht mehr zugleich als Verwaltungsbeamte fungieren.

1963 erhielt Nyasaland ein eigenes oberstes Berufungsgericht, den Nyasaland Supreme Court of Appeal[64], der fortan allein für Berufungen gegen Urteile des High Court zuständig war. Gegen die Urteile des Supreme Court of Appeal war die weitere Berufung an das Privy Council in London gegeben.

VI. Der heutige Stand der malawischen Gerichtsverfassung

Das koloniale Gerichtssystem wurde 1964, als Nyasaland als neuer Staat Malawi unabhängig wurde, übernommen und bis heute nicht wesentlich geändert. Die Vereinheitlichung des Gerichtssystems, seit 1963 ein erklärtes Ziel der afrikanischen Politiker[65], ist noch nicht erreicht. Weiterhin besteht der für die ehemals britischen Kolonialgebiete typische zweispurige Gerichtsaufbau:

---

61 Vgl. darüber die Ausführungen auf S. 40/41.
62 Gesetz Nr. 1 von 1958.
63 Courts (Amendment) Ordinance, Gesetz Nr. 8 von 1963.
64 Ab 1947 war zunächst der Rhodesian Court of Appeal als regionales Berufungsgericht zuständig. 1955, zwei Jahre nach Gründung der Zentralafrikanischen Föderation, wurde für die Gliedstaaten der Federal Supreme Court geschaffen.
65 Vgl. African Conference on Local Courts and Customary Law. Record of the Proceedings of the Conference held in Dar-es-Salaam 8. 9.–18. 9. 1963, S. 91. (Im folgenden zitiert als: Dar-es-Salaam Conference. S. ...)

Auf der einen Seite die „Customary Courts", die Local- und Local Appeal Courts mit dem High Court als oberster Berufungsinstanz, auf der anderen Seite die „British Courts", die Subordinate Courts, der High Court und der Supreme Court of Appeal.

1. Die Customary Courts

a) Die Local Courts

Die 171 Local Courts sind ihrer Bedeutung nach in drei verschiedene Klassen eingeteilt: Urban- und Grade A 1-, Grade A- und Grade B Courts[66].

Für jedes Gericht werden vom Justizminister „members" ernannt, von denen einer als „Chairman" den Vorsitz führt[67]. In Zivilsachen muß der Chairman mit mindestens einem Beisitzer (Assessor) verhandeln; in Strafsachen steht es ihm frei, ob er mit Beisitzern verhandeln will. Das Urteil fällt der Chairman jedoch allein, die Beisitzer haben nur beratende Funktion.

Die Zuständigkeit der meisten Local Courts ist weiterhin auf Streitigkeiten zwischen Afrikanern beschränkt. Von der Zuständigkeitserweiterung auf Streitigkeiten zwischen Afrikanern und Nicht-Afrikanern war Ende 1967 von 46 Local Courts Gebrauch gemacht.

Die sachliche Zuständigkeit ist folgendermaßen geregelt:

Für Zivilsachen gibt es keine Streitwertgrenze, wenn es sich um Klagen nach Stammesrecht handelt. Für andere Klagen gelten Streitwertgrenzen von 75 £ in den Urban- und Grade A 1 Courts und von 50 £ in den Grade A und B Courts. Ehesachen (cases in connexion with marriage), die nicht aus einer nach Stammesrecht oder islamischem Recht geschlossenen Ehe herrühren, dürfen in den Local Courts nicht verhandelt werden, es sei denn, es handele sich um eine auf Stammesrecht gestützte Klage auf Zahlung oder Rückerstattung eines Brautpreises.

In erster Linie wird Stammesrecht angewendet, Gesetze nur mit ministerieller Erlaubnis oder wenn im Gesetz selbst die Anwendung in den Local Courts vorgesehen ist. Dies ist bislang nur bei der Affiliation Ordinance[68], die Vaterschafts- und Unterhaltsklagen regelt, und dem neuen Erbgesetz[69] geschehen.

In Strafsachen dürfen die Local Courts nur bestimmte Vorschriften des Penal Code, des Strafgesetzbuches, und bestimmte Strafvorschriften anderer verwaltungs- und ordnungsrechtlicher Gesetze[70] anwenden. In der Hauptsache

---

66 Am 1. 1. 1968 gab es 6 Urban-, 6 Grade A 1, 41 Grade A und 118 Grade B Courts, insgesamt also 171.
67 Der Minister ist auch für die Entlassung zuständig.
68 Gesetz Nr. 25 von 1946.
69 Wills and Inheritance Act, Gesetz Nr. 25 von 1967.
70 G. N. 168 von 1962.

handelt es sich um kleinere Vergehen wie Diebstahl, Straßenverkehrsdelikte usw. Von der Zuständigkeit grundsätzlich ausgenommen sind Verbrechen mit Todesfolge und solche, die vom Gesetz mit der Todesstrafe oder lebenslänglichem Gefängnis bedroht sind. Die Zuständigkeit ist weiter durch die den Gerichten zugestandene Strafhöhe begrenzt: Urban- und Grade A 1 Courts können Geldstrafen bis zu 75 £, Gefängnisstrafen bis zu einem Jahr und Prügelstrafen bis zu 12 Hieben verhängen, Grade A und B Courts Geldstrafen bis zu 25 £, Gefängnisstrafen bis zu sechs Monaten und Prügelstrafen bis zu sechs Hieben.

Vergehen gegen Stammesrecht dürfen, anders als noch in den Native Courts, nicht mehr verhandelt werden.

Rechtsanwälte (legal practitioners)[71] dürfen in Anlehnung an das Stammesrecht nicht auftreten, doch können Ehegatten, Vormunde, Dienstherren und Angestellte einer Partei als Rechtsbeistand zugelassen werden.

Für die Local Courts mit erweiterter Zuständigkeit kann das Auftreten von Rechtsanwälten zugelassen werden[72]. Doch dürfen sie nur in Strafsachen und in Zivilsachen, die nicht nach Stammesrecht entschieden werden – in der Praxis Vaterschafts- und Unterhaltsklagen nach der Affiliation Ordinance –, auftreten[73].

Gegen Ende 1969 wurden die Local Courts in „Traditional Courts" umbenannt[74]. Zugleich wurde eine weitgehende Zuständigkeitserweiterung in Strafsachen geschaffen: Die Traditional Courts sollen alle Strafsachen verhandeln und jede vom Gesetz erlaubte Strafe – die Todesstrafe eingeschlossen – verhängen können.

Außerdem ist vorgesehen, daß der Justizminister nach Rücksprache mit dem Chief Justice anordnen kann, daß bestimmte Fallgruppen der ausschließlichen Zuständigkeit der Traditional Courts zugewiesen werden[75].

b) Der Berufungsweg

Für die Berufung gegen Urteile der Local Courts sind die Local Appeal Courts zuständig[76]. Ein Local Appeal Court setzt sich aus jeweils drei Local Courts Chairmen des betreffenden Gebietes zusammen. Gegen die Entschei-

---

71 In Malawi gilt nicht die in England übliche Unterscheidung zwischen „barrister" und „solicitor".

72 Rechtsanwälte können in 36 Local Courts auftreten. Stand: 1. 1. 1968.

73 Local Courts (Appearance by Legal Practitioners) Order, G. N. 187 von 1967.

74 Durch den Local Courts (Amendment) Act, Gesetz Nr. 31 von 1969. Das neue Gesetz ist bislang jedoch noch nicht praktiziert worden.

75 Hierbei wird in erster Linie an die Fälle gedacht, in denen traditionale Rechts- und Denkvorstellungen eine besondere Rolle spielen. Über den politischen Hintergrund dieser Maßnahme vgl. die Ausführungen auf S. 150 ff.

76 Am 1. 1. 1968 gab es 22 Local Appeal Courts.

dung der Local Appeal Courts kann als oberste Berufungsinstanz der High Court angerufen werden.

Dem Richter stehen in diesen Fällen drei Assessoren zur Seite, die ihn in Fragen des Stammesrechts beraten sollen, bei der Entscheidung jedoch nicht mitwirken.

Die Berufungsgerichte können das Urteil aufheben und in der Sache selbst entscheiden oder das Verfahren zur erneuten Verhandlung zurückverweisen.

Nach der Zuständigkeitserweiterung der Local- bzw. Traditional Courts in Strafsachen wird geplant, ein besonderes Oberstes Berufungsgericht für die Traditional Courts zu schaffen. Dadurch soll dem High Court die Zuständigkeit als Berufungsgericht für die Strafurteile der Traditional Courts genommen werden[77]. In dieser Hinsicht sind noch keine gesetzgeberischen Schritte unternommen worden, wurden jedoch von Minister Aleke BANDA noch für die laufende Legislaturperiode angekündigt[78].

c) Die Kontrolle der Local Courts

Die Kontrolle der Local Courts wird seit 1962 durch die Local Courts Commissioners unter der Leitung des Chief Local Courts Commissioner durchgeführt. Diese sind weisungsgebundene Beamte des Justizministeriums[79]. Sie müssen den Minister in Fragen der Errichtung, Besetzung und der Zuständigkeitsregelung der Local- und Local Appeal Courts beraten. Weiter obliegt ihnen die Organisation und Beaufsichtigung dieser Gerichte.

Die Aufsichtsbefugnisse sind jedoch nicht auf eine rein administrative Kontrolle beschränkt. Die Local Courts Commissioners können auf Antrag einer betroffenen Partei, eines Gerichts oder aus eigener Initiative

anordnen, daß ein Fall erneut vor demselben oder einem anderen Local Court verhandelt werde,

die Verweisung an einen Subordinate Court anordnen, und

jedes Urteil eines Local Court aufheben und in der Sache selbst entscheiden[80].

Gerade die letzte Befugnis geht weit über ein reines Kontrollrecht hinaus und ist Ausübung richterlicher Gewalt. Zur Zeit sind die Local Courts Commissioners jedoch mit der administrativen Kontrolle der Local Courts ziemlich ausgelastet. Der Beamtenstab ist im Verhältnis zu der Zahl der Local

---

77 Vgl. die Rede Dr. BANDAS bei der 2. Lesung des Änderungsgesetzes. In: Malawi Hansard. 7th Session: 1st Meeting: 6th Day, 21st November 1969, S. 222.

78 In: Malawi Hansard. 7th Session: 1st Meeting: 2nd Day, 17th November 1969, S. 57.

79 Am 1. 1. 1968 gab es 6 Local Courts Commissioners.

80 In Strafsachen gilt der Grundsatz des Verbots der reformatio in peius.

Courts und zu den Entfernungen, die jeweils bei einer Kontrollfahrt zurückgelegt werden müssen, einfach zu klein, um auch eine effektive rechtliche Kontrolle der einzelnen Gerichte durchzuführen.

2. Die British Courts

a) Die Subordinate Courts

Es gibt heute vier Arten von Subordinate Courts: Die Gerichte der Resident Magistrates und die Gerichte der Magistrates 1., 2. und 3. Grades[81]. Die Resident Magistrates sind qualifizierte Juristen. Bis heute waren nur Ausländer, Engländer und Nigerianer, Resident Magistrates in Malawi[82]. Alle anderen Magistrates sind Laienrichter. Die Zuständigkeit der Gerichte ist nach Streitwertgrenzen abgestuft. Es gelten folgende Grenzen[83]:
Für die Gerichte der Resident Magistrates und der Magistrates 1. Grades 400 £,
für die Gerichte der Magistrates 2. Grades 150 £ und
für die Gerichte der Magistrates 3. Grades 50 £.
Ausgenommen sind bodenrechtliche Streitigkeiten, Ehe-, Scheidungs- und Vormundschaftssachen, gerichtliche Verfügungen und Ungültigkeitserklärungen von Urkunden, für die der High Court ausschließlich zuständig ist. Gegen alle Endurteile der Subordinate Courts in Zivilsachen kann Berufung beim High Court eingelegt werden.
Die Zuständigkeit von Strafsachen ist in dem Strafprozeßgesetz von 1967[84] neu geregelt:
Die Zuständigkeit der Magistrates 3. Grades ist auf leichtere Delikte beschränkt, die anderen Gerichte können bis auf Verrat und Tötungsdelikte alle Gesetzesverstöße aburteilen. Doch ist durch den Rahmen der erlaubten Strafzumessung eine weitere Beschränkung gegeben: Die Resident Magistrates und die Magistrates 1. Grades können bis auf die Todesstrafe und Gefängnisstrafen von mehr als 14 Jahren jede vom Gesetz erlaubte Strafe verhängen, die Magistrates 2. Grades bis zu fünf Jahren Gefängnis und 100 £ Geldstrafe, die Magistrates 3. Grades bis zu einem Jahr Gefängnis und 75 £ Geldstrafe. Übersteigt die Strafe eine bestimmte Höhe – Geldstrafen von mehr als 50 £, Gefängnisstrafen von mehr als zwei Jahren bei den Resident Magistrates, von mehr als einem Jahr bei den Magistrates 1. und 2. Grades, bzw. von mehr

---

81 Nach der Courts (Amendment) Ordinance, Gesetz Nr. 8 von 1963.
82 Am 1. 1. 1968 gab es einen Senior Resident Magistrate, neun Resident Magistrates, drei Magistrates 1. Grades, sieben Magistrates 2. Grades und fünf Magistrates 3. Grades.
83 Nach dem Courts (Amendment) Act, Gesetz Nr. 47 von 1967.
84 Criminal Procedure and Evidence Code, Gesetz Nr. 36 von 1967.

als sechs Monaten bei den Magistrates 3. Grades, sowie jede Prügelstrafe –, müssen die Akten dem High Court zur Kontrolle vorgelegt werden. Gegen jedes Endurteil eines Subordinate Court kann beim High Court Berufung eingelegt werden.

b) Der High Court

Der High Court, in Art. 62 der republikanischen Verfassung verankert, hat drei Funktionen: Er ist Berufungsgericht für die Subordinate Courts und für die Local Courts und zugleich das höchste erstinstanzliche Gericht. Seine erstinstanzliche Zuständigkeit ist unbeschränkt [85].

Er ist mit dem Chief Justice als Vorsitzendem und mindestens zwei Richtern (Judges) besetzt. Alle Richter werden vom Präsidenten ernannt. Bei der Ernennung der Judges steht dem Präsidenten die Judicial Service Commission als beratendes Organ zur Seite. Die Richter können nur beim Vorliegen bestimmter Gründe und in der von der Verfassung vorgeschriebenen Form [86] entlassen werden. Als Gründe gelten Unfähigkeit im Amt (incompetence in the performance of the duties of his office) und ungebührliches Verhalten (misbehaviour).

Der Präsident kann einen Richter aber nur dann wegen eines dieser Gründe entlassen, wenn ein dahingehendes Begehren in der Nationalversammlung debattiert, mit einfacher Mehrheit angenommen und dem Präsidenten in Form einer Petition zugeleitet wurde. Ein solcher Fall ist bislang nicht eingetreten.

Bis Ende 1969 war der High Court mit vier Richtern besetzt, die alle englischer Nationalität waren. Nach der jüngsten Reform der Local- bzw. Traditional Courts und der Zuständigkeitserweiterung dieser Gerichte in Strafsachen traten alle vier von ihrem Amt zurück. Zur Zeit ist noch ungewiß, wie und mit wem der High Court in Zukunft besetzt wird.

Zivilrechtliche Streitigkeiten werden durch den Einzelrichter entschieden. In Fällen, in denen Afrikaner Parteien sind und in denen Stammesrecht für das Urteil von Bedeutung sein könnte, stehen dem Richter zwei oder drei Assessoren zur Seite [87].

Die Besetzung des Gerichts in Strafsachen wurde in der jüngsten Zeit mehrfach geändert:

Bis 1967 wurden Strafsachen grundsätzlich durch den Einzelrichter entschieden [88]. Waren Afrikaner angeklagt, mußte mit drei Assessoren verhandelt

---

85 Es ist jedoch zu erwarten, daß für Mord- und andere Fälle, in denen Elemente des traditionalen Rechts eine Rolle spielen, die Traditional Courts ausschließlich zuständig sein sollen.

86 Art. 64, Abs. 2 bis 4.

87 Sec. 89 Courts Ordinance.

88 Von 1906 bis 1949 konnte in Strafsachen mit einer Jury verhandelt werden. Das Jury-System wurde durch die Criminal Procedure (Amendment) Ordinance, Gesetz Nr. 18 von 1949, abgeschafft.

42

werden. 1967 machte eine Gesetzesänderung in allen Strafsachen die Verhandlung mit drei Assessoren obligatorisch[89].

1968 wurde das Jury-System eingeführt[90]. Danach muß in allen Strafsachen mit einer Jury von sieben Geschworenen verhandelt werden. Der Schuldspruch (verdict) muß von mindestens fünf Geschworenen abgegeben werden.

Der High Court, dessen Sitz Blantyre-Limbe ist, fungiert nach englischem Vorbild als Assisengericht. Je nach Bedarf werden in den verschiedenen Städten Malawis Sitzungen abgehalten.

c) Der Supreme Court of Appeal

Der Supreme Court of Appeal, in Art. 67 der republikanischen Verfassung verfassungsrechtlich verankert, ist für die British Courts das oberste Berufungsgericht. Die Anrufung des Privy Council in London ist nicht mehr möglich[91].

Richter im Supreme Court sind der Chief Justice als Vorsitzender, besondere Berufungsrichter (Justices of Appeal) und alle Richter des High Court[92]. Bis zu ihrem Rücktritt Ende 1969 waren – wohl aus Personalgründen – die vier Richter des High Court zugleich die einzigen Richter am Supreme Court of Appeal.

In Verhandlungen ist das Gericht mit jeweils drei Richtern besetzt. Bei Meinungsverschiedenheiten ist die einfache Mehrheit entscheidend, abweichende Entscheidungen (dissenting opinions) werden in das Urteil aufgenommen[93].

In Zivilsachen ist die Berufung zum Supreme Court gegen alle Endurteile des High Court zulässig.

In Strafsachen ist gegen erstinstanzliche Urteile des High Court die Berufung, gegen Berufungs- und Kontroll- (review-) Entscheidungen die Revision gegeben[94]. Dabei ist von Bedeutung, daß der Berufung bzw. Revision nicht stattgegeben werden soll, wenn zwar eine Rechtsverletzung durch das Untergericht vorliegt, diese jedoch nicht zu einem „ungerechten Urteil" (miscarriage of justice) geführt hat[95].

---

89 Sec. 194 Criminal Procedure and Evidence Code, Gesetz Nr. 36 von 1967.
90 Durch den Criminal Procedure and Evidence Code (Amendment) Act, Gesetz Nr. 23 von 1968. Vgl. dazu die Ausführungen auf S. 150 ff. Vgl. II CILSA 1969, S. 142, 143.
91 Nach der Unabhängigkeitsverfassung von 1964 war – in Art. 80 – noch die Anrufung des Privy Council erlaubt. Durch eine Verfassungsänderung wurde dies 1965 auf zivilrechtliche Streitigkeiten beschränkt. Nach der republikanischen Verfassung von 1966 wurde diese Möglichkeit vollends beseitigt.
92 Art. 67 (2) der republikanischen Verfassung.
93 Ein gutes Beispiel bietet Kazigele White and Victor Chiwanda v. the Republic Cr. App. 68 of 1967, M.S.C.A.
94 Nach dem Malawi Supreme Court of Appeal (Amendment) Act, Gesetz Nr. 24 von 1968.
95 Vgl. dazu die Ausführungen auf S. 146 ff.

3. Die inoffizielle Streitschlichtung

Von der Zuständigkeit aller Gerichte sind Streitigkeiten ausgenommen, die um die Nachfolge von Häuptlings- und Dorfältestenpositionen oder um die Verteilung von Stammesland gehen[96].

In diesen Fällen entscheiden weiterhin die Häuptlinge und Dorfältesten. Sonst droht das Gesetz jedem, der sich richterliche Gewalt anmaßt oder ausübt, Gefängnis bis zu zwölf Monaten und/oder eine Geldstrafe bis zu 50 £ an[97].

Es gibt in Malawi keine gesetzlichen Bestimmungen, die die inoffizielle Streitschlichtung regeln[98]. Doch scheint es auch in Malawi keine Anmaßung richterlicher Gewalt zu sein, wenn sich Parteien freiwillig dem Schiedsspruch eines traditionalen Herrschers unterwerfen.

In R. v. Karonga[99] wurde gesagt, die Strafvorschrift erfasse nur die Fälle, wo jemand sich aus eigenem Antrieb oder aufgrund des Drängens nur einer Partei anmaße, richterliche Gewalt über eine unwillige Partei auszuüben. Das sei jedoch nicht der Fall, wenn sich beide Parteien freiwillig dem Schiedsspruch eines respektierten älteren Mannes unterwürfen[100].

Inwieweit Häuptlinge und Dorfälteste heute gegen das Verbot der sec. 25 verstoßen bzw. in erlaubter Weise als Vermittler fungieren, ist schwer abzuschätzen. Aus dem Chiradzulu Distrikt wurde z. B. berichtet, daß dort ein Häuptling und ein Dorfältester regelmäßig einmal in der Woche „Gericht hielten".

Die Local Courts Chairmen sehen dieser Tätigkeit mit gemischten Gefühlen zu. Einerseits müssen sie befürchten, daß ihre eigene Autorität untergraben wird, andererseits sehen sie die Vorteile einer solchen „Vorinstanz". Local Courts Chairmen berichteten, daß sie den Parteien oft den Rat gäben, ihren Streit doch erst einmal zu Hause, also von den Familienältesten, dem Dorfältesten oder dem Häuptling, schlichten zu lassen: "If there is a dispute between brothers, we can pass judgement but then we establish enmity between them. There might be killing. So we don't pass judgement. Send them back to the family elders."

Die Grundidee des traditionalen Prozesses, die sozialen Spannungen zur Zufriedenheit aller Parteien auszugleichen, ist in den Local Courts noch weit-

---

96 G.N. 197 von 1962.

97 Sec. 25 Local Courts Ordinance.

98 Wie z. B. in anderen afrikanischen Ländern. Vgl. A. N. ALLOT: Essays in African Law. London 1960, S. 117–149, mit detaillierter Angabe der betreffenden Gesetze auf S. 142, 143. (Im folgenden zitiert als: ALLOT: Essays. S. . . .) Vgl. auch Dar es Salaam Conference. S. 17.

99 J. O. IBIK: The Law of Marriage in Nyasaland. Ph. D. Thesis. University of London 1966, unveröffentlicht, S. 14. (Im folgenden zitiert als IBIK: Thesis. S. . . .)

100 Über die Lage in Ghana vgl. Budu II v. Caesar and others 1959 G.L.R. 410.

44

gehend bestimmend[101]. Wenn nach dem Urteil noch Zerwürfnisse zwischen den Parteien bestehen, „then there is no peace in the village, but quarrel".

Es gibt sogar Fälle, in denen es das Gericht zum Nachteil des Klägers wertete, daß er den Streit nicht zuerst vor dem Häuptling vorgebracht habe, z. B. in Chiwaya v. Khudzemba[102]. Hier war C. zunächst im Msitu Local Court[103] verurteilt worden, an K. Schadensersatz zu zahlen, da sein Vieh angeblich K.s Acker zertrampelt und den Mais beschädigt hatte.

In der Berufungsverhandlung wurde K. gefragt:

Frage: "Before you went to court, what did you do in this matter?"
Antwort: "I only went to court and summoned appellant."
Frage: "In a village according to our customs do you go to court direct without approaching the chief?"
Antwort: "In my opinion, we go to the court for the matter to get settled."

Einer der Gründe, aus denen der Berufung im Urteil stattgegeben wurde, war: "The chiefs at home did not settle the matter first according to our custom."

Die Regierung unternimmt wenig gegen die schiedsgerichtliche Tätigkeit der Häuptlinge und Dorfältesten, solange nicht die Autorität der staatlichen Gerichte, der Local Courts, untergraben wird. Von einem Verfahren wegen eines Verstoßes gegen sec. 25 Local Courts Ordinance wurde nichts bekannt.

---

101 Vgl. dazu die Ausführungen auf S. 135 ff.
102 App. C. 8 of 1967, Mchinji L.A.C.
103 Civ. C. 18 of 1967, Msitu L.C.

C. DIE PLURALISTISCHE STRUKTUR DES MALAWISCHEN RECHTSSYSTEMS

I. Die Bestandteile des malawischen Rechts

Das Recht, das in den malawischen Gerichten zur Anwendung kommt, hat unterschiedliche Geltungsgrundlagen. Spricht man gemeinhin von einem Rechtsdualismus, so ist das nur eine grobe Kennzeichnung für das Nebeneinander von zwei Rechtsnormenbereichen, dem des „englischen" Rechts auf der einen, und dem des traditionalen Rechts auf der anderen Seite. Bedenkt man jedoch, daß die Rechte der einzelnen Stämme meist unterschiedlich sind, und sich auch das „englische" Recht aus verschiedenen Rechtsarten zusammensetzt, so ist es angemessener, von einem Rechtspluralismus zu sprechen.

Im großen und ganzen lassen sich vier Komplexe unterscheiden:
Lokales Gesetzesrecht, englisches Recht, die Gewohnheitsrechte der in Malawi lebenden Stämme und religiöses Recht.

1. Das lokale Gesetzesrecht

Das lokale Gesetzesrecht umfaßt die Gesetze, die im Laufe der Zeit von den verschiedenen gesetzgebenden Körperschaften Nyasalands bzw. Malawis erlassen wurden. Es sind dies:

- Die Gesetze des Legislativrats[1] (legislative council) aus der Zeit von 1907 bis 1963[2].
- Die Gesetze der gesetzgebenden Versammlung (legislature)[3], die von 1963, nach Erlangung der internen Selbstbestimmung, bis zur Unabhängigkeit im Jahre 1964 das gesetzgebende Organ des Protektorats war[2].
- Die Gesetze des Parlaments von Malawi seit 1964.

---

1 Der erste Legislativrat des Protektorats Nyasaland wurde durch Art. IX der Nyasaland Order-in-Council von 1907 geschaffen.
2 Soweit sie durch die späteren Verfassungen übernommen wurden. Die letzte Übernahmevorschrift findet sich in sec. 5 (1) Republic of Malawi (Constitution) Act, Gesetz Nr. 23 von 1966.
3 Art. 24 Nyasaland (Constitution) Order-in-Council von 1963.

2. Das englische Recht

Bei dem in Malawi geltenden englischen Recht muß zwischen dem durch die erste Verfassung rezipierten Recht und besonderen einzelnen Gesetzen unterschieden werden:

a) Das rezipierte englische Recht

Durch Art. 15 (2) der British Central Africa Order-in-Council von 1902 wurden das englische common law, das Equity-Recht und bestimmte Gesetze, die statutes of general application, als geltendes Recht übernommen. Diese Rezeption wurde in den späteren Verfassungen ausdrücklich bestätigt[4]. Allerdings ist nach der Rezeptionsklausel der republikanischen Verfassung[5], in der die statutes of general application nicht aufgeführt werden, fraglich, ob diese englischen Gesetze heute noch in Malawi in Kraft sind.

In E. J. Nyirenda v. W. L. Magodi[6] wendete der High Court jedoch noch den englischen Sale of Goods Act von 1893 als statute of general application an.

Die Statutes of General Application

Die englischen Gesetze, die am 11. 8. 1902, dem Datum der Rezeption, in England (also nicht unbedingt in Schottland und Irland[7]) „of general application" waren, wurden geltendes Recht in Nyasaland. Um welche Gesetze es sich dabei handelte, kann definitiv nicht gesagt werden, die Entscheidung darüber mußte von dem mit der Frage befaßten Gericht im Einzelfall getroffen werden. Für Nyasaland wurde z. B. in Estate Mtemanyama and another v. Kitty and others[8] festgestellt, daß die englischen Erbgesetze statutes of general application seien[9]. Nach welchen Regeln zu ermitteln ist,

---

4 Art. 83 Nyasaland (Constitution) Order-in-Council von 1961; Art. 18 (2) Nyasaland (Constitution) Order-in-Council von 1963; Sec. 15 (a) Malawi Independence Order von 1964; Sec. 15 Republic of Malawi (Constitution) Act von 1966. Vgl. den Wortlaut von Art. 15 (2) auf S. 58.

5 Sec. 15 Republic of Malawi (Constitution) Act von 1966.

6 L.C. (C.A.) 19 of 1967, M.H.C.

7 S. aber Chief Young Dede v. African Association (1910) 1 N.L.R. 130 und Re Sholu (1932) 11 N.L.R. 37, wo (in Nigeria) entschieden wurde, daß der englische Land Transfer Act von 1897 kein statute of general application sei, da er nicht in Schottland und Irland in Kraft war. Diese Entscheidungen wurden jedoch durch das Urteil des W.A.C.A. in Young v. Avina (1940) 6 W.A.C.A. 180 umgestoßen, wo gesagt wurde, daß der Act als statute of general application in Nigeria geltendes Recht sei.

8 1957 R & N 234.

9 Insbesondere The Statutes of Distribution von 1670; The Statutes of Distribution von 1685; The Wills Act von 1837; The Intestate Estates Act von 1884; The Intestate Estates Act von 1890.

ob ein Gesetz in England *of general application* sei, wurde zum ersten Mal in dem nigerianischen Fall Att.-Gen. v. J. Holt[10] dargelegt: Danach mußte das Gericht untersuchen, von welchen Gerichten in England das Gesetz angewendet wurde und für welche Teile der Bevölkerung es galt.

Der Richter kam so zu der negativen Definition, daß ein Gesetz, das nur von bestimmten Gerichten angewendet wurde und das nur für bestimmte Teile der Bevölkerung galt, kein statute of general application sei. Diese Auslegung hat weitgehende Anerkennung gefunden[11].

In Malawi sind die meisten dieser Gesetze heute ohnehin durch entsprechende lokale Gesetze ersetzt.

Das Common Law und das Equity-Recht

Das common law war ursprünglich das Recht, das im Gegensatz zu bestimmten örtlichen Gewohnheitsrechten in ganz England gleichermaßen galt. Die örtlichen Gewohnheitsrechte sind seit langem verschwunden, seit Jahrhunderten bedeutet common law das allgemeine englische Recht, das von den Richtern bis zur Reform der englischen Gerichtsverfassung in den siebziger Jahren des vorigen Jahrhunderts[12] in den alten common law courts[13] und seitdem von den Richtern in allen englischen Gerichten entwickelt wurde.

Das common law ist *case law:* Die Prinzipien des common law werden in früheren Entscheidungen gefunden und aus ihnen weiter entwickelt.

Das Equity-Recht ist der Teil des ungeschriebenen englischen Rechts, der bis zur Gerichtsverfassungsreform in England in einem besonderen Gericht, dem Court of Chancery, angewendet wurde, um die Rechtsregeln des common law zu ergänzen.

Mit dem englischen Recht wurde auch die Doktrin der *stare decisis*, der Bindungskraft von Präzedenzfällen, übernommen.

Inwieweit die Entscheidungen englischer Gerichte und die der früheren regionalen Berufungsgerichte[14] heute noch die malawischen Gerichte binden, ist nicht genau festzustellen[15], doch scheinen folgende Regeln zu gelten:

---

10 (1910) 2 N.L.R. 1.
11 Vgl. T. O. Elias: The Groundwork of Nigerian Law. London 1954, S. 19. (Im folgenden zitiert als: Elias: The Groundwork. S. ...). S. auch Allot: Essays. S. 9, 21 bis 27; Ibik: Thesis. S. 34, 35; A. E. W. Park: The Sources of Nigerian Law. Lagos und London 1963, S. 27, 28.
12 Die Judicature Acts von 1873–1875.
13 The Court of King's Bench, The Court of Common Pleas, The Court of Exchequer.
14 Vgl. dazu die Ausführungen auf S. 27, 28, 37 und 43.
15 Zu diesem Problem, wenn auch nicht speziell für Malawi, s. Allot: Essays. S. 31 ff.; T. O. Elias: British Colonial Law. London 1962, S. 27 ff. (Im folgenden zitiert als: Elias: Colonial Law. S. ...) Über den neuesten Stand s. A. N. Allot: Judicial Precedent in Africa Revisited. In: J.A.L., Vol. 12 (1968), S. 3 ff.

Vor der Unabhängigkeit Malawis erlassene Entscheidungen des Privy Council, des englischen Court of Appeal und Criminal Court of Appeal[16], sowie die Entscheidungen des East Africa Court of Appeal[17] und des Federal Supreme Court[18] binden die malawischen Gerichte, können jedoch vom Supreme Court of Appeal umgestoßen werden[18].

Nach der Unabhängigkeit Malawis erlassene Entscheidungen der englischen Gerichte sind dagegen nur von *überzeugender Kraft*[19].

Die Form der Rezeption

Aufgrund der unklaren Fassung der Rezeptionsklausel[20] war zunächst zweifelhaft, ob das common law und das Equity-Recht wie die statutes of general application in der Form gelten sollten, die sie am 11. 8. 1902, dem Datum der Rezeption, gerade in England hatten. Diese Frage ist in Nyasaland[21] durch die späteren Verfassungen beantwortet worden: common law und Equity-Recht gelten grundsätzlich in der Form und Ausprägung, in der sie zur gleichen Zeit in England bestehen. Nur die statutes of general application waren auf den Stand vom 11. 8. 1902 „eingefroren"[22].

Das rezipierte englische Recht mußte jedoch zunächst nicht in der strengen Form angewendet werden, die es durch den englischen Gesetzgeber bzw. den englischen Richter erhalten hatte, sondern nur *soweit es die Umstände erlaubten*[23]. Dem Richter in dem Kolonialgericht stand es also frei, das englische Recht den lokalen Umständen anzupassen. Doch waren, vor allem in der früheren Kolonialzeit, die Richter der High Courts bei der ihnen freigestellten Modifizierung des englischen Rechts sehr zurückhaltend. Sie neigten eher dazu, das englische Recht so anzuwenden, wie sie es kannten. Nur wenige waren so großzügig wie Lord Justice DENNING, der in dem ostafrikanischen Berufungsfall vor dem Privy Council Nyali Ltd. v. Att.-Gen.[24] bei der Inter-

---

16 In diesem Sinne entschied das Privy Council in Trimble v. Hill (1879) 5 App. Cas. 342 (New South Wales) und in Chettiar v. Mahatmea (1950) A.C. 481; in Robins v. National Trust (1927) A.C. 515 (Ontario) hielt das Privy Council nur die Entscheidungen des Privy Council selbst für die Kolonialgerichte für bindend.

17 In R. v. Ziyaya 4 Ny. L.R. 54 erklärte der High Court Nyasalands die Entscheidungen des E.A.C.A. für bindend. Zu dieser Zeit war der E.A.C.A. jedoch noch Berufungsinstanz.

18 Das wurde in Willard Andiseni Lufazema v. The Republic, Cr. App. 40 of 1967, M.S.C.A., ausdrücklich bestätigt.

19 *Of persuasive authority* im Gegensatz zu *binding authority*.

20 Vgl. den Wortlaut der Rezeptionsklausel auf S. 58.

21 Über die Lage in Nigeria vgl. PARK: a.a.O., S. 20 ff.; ALLOT: Essays. S. 31.

22 Die Frage wurde zuerst in Art. 83 (1) (a) Nyasaland (Constitution) Order-in-Council von 1961 geklärt.

23 Art. 15 (2) British Central Africa Order-in-Council von 1902.

24 (1955) 1 All E.R. 646.

pretation des Art. 15 der East Africa Order-in-Council von 1902 das englische Recht mit einer Eiche verglich. Er sagte:

"Just as with an English oak, so with the English common law. You cannot transplant it to the African continent and expect it to retain the tough character which it has in England. It will flourish indeed but it needs careful tending. So with the common law. It has many principles of manifest justice and good sense which can be applied with advantage to peoples of every race and colour all the world over; but it has also many refinements, subtleties, and technicalities which are not suited to other folk. These off-shoots must be cut away. In these far-off lands the people must have a law which they understand and which they will respect. The common law cannot fulfil this role except with considerable qualifications. The task of making these qualifications is entrusted to the judges of these lands."

In jüngerer Zeit ist jedoch die Tendenz zu einer größeren Flexibilität bei der Anwendung des rezipierten englischen Rechts zu beobachten [25].

Die Modifizierungsermächtigung ist nicht in die malawischen Verfassungen von 1964 und 1966 aufgenommen worden, so daß es fraglich ist, ob die malawischen Gerichte heute das rezipierte englische Recht den besonderen lokalen Umständen anpassen dürfen. Nach ALLOT [26] haben die Gerichte auch beim Fehlen einer entsprechenden gesetzlichen Ermächtigung eine immanente Berechtigung, das englische Recht zu modifizieren. Dieser Auffassung ist jedoch neuerdings von PARK [27] widersprochen worden. Die malawischen Gerichte haben in dieser Frage noch keine Entscheidung gefällt.

b) Andere englische Gesetze

Neben dem durch die British Central Africa Order-in-Council rezipierten englischen Recht gelten weiter folgende Gesetze englischen Ursprungs [28]:

- Orders-in-Council, die von der englischen Krone direkt für Nyasaland erlassen worden waren.
- Englische Gesetze (Imperial Acts of Parliament), deren Geltungsbereich durch Order-in-Council auf Nyasaland erweitert worden war. Diese Möglichkeit war nach dem englischen Foreign Jurisdiction Act von 1890 vorgesehen.

---

25 Vgl. Bamgbose v. Daniel (1955) A.C. 107; Maleksultan v. Sherali Jerai (1955) 22 E.A.C.A. 142; L.J. Mawji v. The Queen (1957) A.C. 126; für Malawi s. auch Willard Andiseni Lufazema v. The Republic, Cr. App. 40 of 1967, M.S.C.A.

26 „Otherwise the application of English law would be stultified and the legal system would be brought into justifiable contempt." ALLOT: Essays. S. 25.

27 „It is of course, highly desirable that the courts' decisions should always result in justice, but the duty imposed on them is not a general one to administer justice, but rather to administer the rules of law that they are directed to apply by the relevant statutory enactments." PARK: a.a.O., S. 39.

28 Soweit diese durch die späteren Verfassungen übernommen wurden.

- Englische Gesetze, die durch ein Übernahmegesetz des Legislativrats für in Nyasaland anwendbar erklärt worden waren. Art. 12 der Order-in-Council von 1902 sah vor, daß der Legislativrat jedes Gesetz des Vereinigten Königreichs, Indiens oder einer anderen Kolonie übernehmen konnte [29].

3. Die Stammesrechte

Wie in allen ehemals britischen Kolonialgebieten in Afrika wurden auch in Nyasaland die Stammesrechte durch die Rezeption des englischen Rechts nicht vollständig verdrängt. Art. 20 British Central Africa Order-in-Council bestimmte, die Gerichte sollten sich in Rechtsstreitigkeiten zwischen Afrikanern von Stammesrecht „leiten lassen" (shall be guided). Zwar war nach dieser gesetzlichen Formulierung zunächst noch zweifelhaft, ob die Stammesrechte aufgrund dieser Ermächtigung Bestandteil des „general law" Nyasalands geworden waren [30].

Nach Einführung der Native Courts und der diesen Gerichten erteilten Anweisung, Stammesrecht anzuwenden (administer) [31], waren die traditionalen Stammesrechte jedoch auf jeden Fall Teil des nyasaländischen Rechts geworden.

Die Stammesrechte konnten jedoch von vornherein nur Geltung beanspruchen, soweit sie nicht den Grundsätzen von Gerechtigkeit und Moral widersprachen oder mit dem sonstigen Recht unvereinbar waren (repugnant to justice and morality or inconsistent with any law in force). Mit diesen Generalklauseln, die in etwa unserem „ordre public" [32] entsprechen, war zunächst den englischen Richtern ein Regulativ gegeben, mit dem sie die Anwendung von Stammesrecht ausschließen konnten. Dieselben Beschränkungen galten und gelten noch heute auch in den Customary Courts [33].

a) Die Repugnance-Klausel

Die genaue Bedeutung dieser Klausel läßt sich nur schwer umreißen. *Justice and morality* wurden stets als einheitlicher Begriff gebraucht. Der Maßstab, an dem die *repugnance* zu messen war, war für die englischen Richter an den kolonialen High Courts das englische Rechts- und Moralempfinden. Diese Auffassung wird besonders in dem tanganyikanischen Fall Gwao bin Kilimo v. Kisunda bin Ifuti [34] deutlich, wo der Richter bei der Interpretation von

---

29 So z. B. die durch die Law Reform (Imperial Acts Application) Ordinance, Cap. 3, 1957, Rev. Ed., übernommenen Gesetze.
30 Zu dieser Frage s. die Ausführungen auf S. 59 ff.
31 Sec. 12 (a) Native Courts Ordinance, Gesetz Nr. 14 von 1933.
32 Art. 30 EG BGB.
33 Sec. 12 (d) Local Courts Ordinance, Gesetz Nr. 8 von 1962.
34 (1938) T.L.R. (R.) 403.

Art. 24 der Tanganyika Order-in-Council von 1920, der denselben Wortlaut wie Art. 20 der British Central Africa Order-in-Council hat, sagte:
„Moral und Gerechtigkeit sind abstrakte Begriffe, und jede Gesellschaft hat ihren eigenen Maßstab, an dem sie mißt, was Moral und was Gerechtigkeit bedeutet. Doch leider sind die Maßstäbe unterschiedlicher Gesellschaften keinesfalls gleich. Auf welchen Maßstab aber bezieht sich nun die Order-in-Council, den englischen oder den afrikanischen? Ich zweifle nicht daran, daß der einzige Maßstab, an dem ein britisches Gericht Moral und Gerechtigkeit messen kann, sein eigener britischer Maßstab ist."

Im allgemeinen läßt sich sagen, daß die englischen Richter die repugnance-Klausel großzügig auslegten, und daß viele stammesrechtliche Prinzipien, die dem normalen englischen Moralempfinden mit Sicherheit widersprachen, wie z. B. die Polygamie, ihr nicht zum Opfer fielen. Mit Beifall wurden überall die weisen Worte des südrhodesischen High Court in Tabitha Chiduku v. Chidano [35] aufgenommen [36], der sagte:

"Whatever these words (repugnant to natural justice and morality) may mean, I consider that they should only apply to such customs as inherently impress us with some abhorrence or are obviously immoral in their incidence."

Es sind nur wenige Fälle bekannt, in denen wegen der *repugnance* Stammesrechtsprinzipien für unanwendbar erklärt wurden. In den westafrikanischen Gerichten wurde damit vor allem sklavereiähnlichen Zuständen die Geltung versagt [37]. In dem schon erwähnten Fall Gwao bin Kilimo v. Kisunda bin Ifuti [38] hielt der Richter für *repugnant*, daß ein Vater für die Handlungen seines erwachsenen Sohnes haften müsse. Aus dem High Court Malawis (Nyasalands) sind keine Urteile bekannt, in denen ein Stammesrechtsprinzip für *repugnant* erklärt worden wäre. In G. J. Kamcaca v. S. P. Nkhota and another [39] wurde lediglich der schon erwähnte Ausspruch aus Tabitha Chiduku v. Chidano [40] mit Zustimmung zitiert. Auch aus den Subordinate Courts liegen nur wenige Entscheidungen vor, die sich mit der Frage befassen. In einem Fall vor dem Acting District Resident von Kota-Kota [41] widersprach der Beklagte, ein missionierter Afrikaner, der Verpflichtung zur Leistung mit

---

35 1922 S.R. 55, auf S. 56.
36 Mit Zustimmung zitiert in Vela v. Mandinika and Magutsa 1936 S.R.L.R. 171; Chakawa v. Goro 1959 R & N 188; s. dazu auch ALLOT: Essays. S. 199.
37 Vgl. Re Kweku Damptey (1930) 1 W.A.C.A. 12; Re Offiong Okon Ata (1930) 10 N.L.R. 65; Martin v. Johnson (1935) 12 N.L.R. 46; vgl. über die Lage in Ghana W. C. DANIELS: The Influence of Equity in West African Law. In: I.C.L.Q., Vol. 11 (1962), S. 31 ff.
38 (1938) T.L.R. (R.) 403.
39 Civ. C. 346 of 1967, M.H.C., J.A.L., Vol. 12 (1968), S. 178 ff.
40 1922 S.R. 55.
41 In dem Bericht an den Chief Secretary für das Jahr 1920 vom 1. 2. 1921. In: ZA S 572/31.

dem Argument, bei der von ihm verlangten Zahlung eines Schafes handele es sich um einen heidnischen Brauch, der dem englischen (gleich christlichen) Moralbegriff widerspreche. Er bezog sich dabei auf eine Äußerung des Klägers, der gesagt hatte, die Seele der Verstorbenen werde nicht eher ruhen, als bis die Zahlung erbracht sei. Der Richter hielt diesen Anspruch jedoch nicht für unmoralisch; sein Urteil wurde von dem High Court Richter aufrecht erhalten.

In Zusammenhang mit einem anderen Fall[42] gab der Provincial Commissioner der Nordprovinz sein Urteil über das Sororat ab. Das Sororat ist eine stammesrechtliche Institution, nach der ein Mann das Recht hatte, die jüngere Schwester seiner Frau zu heiraten bzw. wonach seine Zustimmung zu ihrer Heirat mit einem anderen Mann eingeholt werden mußte[43]. Der Provincial Commissioner sagte über das Urteil:

"The only justification (für das Urteil des District Commissioner von Karonga, Anm. d. Verf.) is that the sororate is an immoral custom. This view has not been held in Nyasaland or in any other country where this custom is found."[44]

b) Die Inconsistency-Klausel

Bevor Stammesrecht in den Gerichten zur Anwendung kommen kann, muß eine weitere Bedingung erfüllt sein: es darf nicht unvereinbar (inconsistent) mit dem sonstigen Recht bzw. mit bestimmten Teilen des sonstigen Rechts sein.

Wie weit sich diese Unvereinbarkeitsklausel erstreckte, war und ist für die einzelnen Gerichte unterschiedlich geregelt.

Für die Local Courts gilt nach sec. 12 Local Courts Ordinance, daß das Stammesrecht nicht unvereinbar mit der Verfassung oder sonstigen Gesetzen sein darf. Für den High Court und die Subordinate Courts erstreckte sich die Unvereinbarkeitsklausel dem Wortlaut nach auch auf das rezipierte englische Recht[45].

Die Interpretation dieser Klausel bereitet erhebliche Schwierigkeiten. Die mit der Frage befaßten Gerichte urteilten sehr unterschiedlich; es gibt nur wenige Entscheidungen, die eine genaue Definition zu geben versuchen. Ein extremer Standpunkt wurde in R. v. Robert und Aluwani[46] bezogen. Dort sagte der Richter über sec. 12 der Native Courts Ordinance, nach der die Unvereinbarkeitsklausel sich auf „any Order-in-Council or any other law" erstreckte:

---

42 Karonga (Councillor representing the Amakaramba or Chungu's Council) v. Headman Kanyoli Civ. C. 151 of 1931, D.N.C. Karonga. In: ZA 918/31.

43 Vgl. auch S. 73.

44 In seiner Stellungnahme vom 24. 11. 1931. In: ZA 918/31.

45 „...inconsistent with any law in force..." sec. 15 (b) Malawi Independence Order.

46 5 Ny.L.R. 2.

"In this section the Legislature is writing the same language as that contained in Art. 20 British Central Africa Order-in-Council, and to effect the same purpose, viz. to make the application of native law and custom entirely subservient to the laws applied in the Protectorate and to any local Ordinance."

Eine ähnliche Auffassung wurde in dem nigerianischen Fall Malomo v. Olushola[47] von dem Anwalt des Berufungsklägers vertreten. Dieser argumentierte, daß ein bestimmtes Geschenk, das zwar nach Stammesrecht wirksam gewesen wäre, nicht die Voraussetzungen des englischen Statute of Frauds erfülle. Da sich die Unvereinbarkeitsklausel in Nigeria zu dieser Zeit auf „any law for the time being in force" bezog, und das Statute of Frauds als statute of general application in Kraft war, hätte bei strenger Auslegung der Unvereinbarkeitsklausel das Geschenk als rechtsunwirksam angesehen werden müssen. Die Frage wurde von dem Gericht leider nicht entschieden, da sich ein anderer Weg zur Lösung des Falles bot.

Eine strenge Auslegung der Unvereinbarkeitsklausel würde also bedeuten, daß die Anwendung von Stammesrecht in all den Rechtsgebieten ausgeschlossen wäre, wo englisches Recht und Stammesrecht nebeneinander existieren und voneinander abweichende Regelungen aufweisen. Da dies wegen der unterschiedlichen Konzeption der beiden Rechte in vielen Rechtsgebieten der Fall ist, hätte die konsequente Anwendung der Klausel quasi die völlige Ausschaltung der Stammesrechte zur Folge, womit das Problem der Anerkennung des Stammesrechts auf den Kopf gestellt wäre.

Die in R. v. Robert und Aluwani[48] vertretene Auffassung hat daher verständlicherweise nur wenig Zustimmung gefunden[49]. Auch der High Court Nyasalands ist in anderen Entscheidungen davon abgewichen. In Mphumeya v. Regina[50], wo es um die Frage ging, ob der Diebstahl zwischen Ehegatten strafbar sei – nach dem common law ist der Diebstahl zwischen Ehegatten nicht strafbar, wohl aber nach dem unter Umständen in Frage kommenden Cewa- oder Ngoni-Recht; beide Rechtssätze waren also ausgesprochen unvereinbar miteinander – sagte der Richter:

"Be that as it may, the court does not feel that it would be justified ... in adapting the common law in its application to the extent of displacing the native law and custom which governs the matter."

Eine befriedigende Aussage, wann die Unvereinbarkeit gegeben ist, ist damit jedoch auch nicht gemacht. Interpretationen, die sich auf emotionale[51] oder

---

47 (1955) 15 W.A.C.A. 12 (Nigeria); näher erläutert bei ALLOT: Essays. S. 195.
48 5 Ny.L.R. 2.
49 Vgl. S. ROBERTS: The Growth of an Integrated Legal System in Malawi: A Study in Racial Discrimination in the Law. Ph. D. Thesis. University of London 1967, unveröffentlicht, S. 195, 196. (Im folgenden zitiert als: ROBERTS: Thesis. S. . . .) S. auch ALLOT: Essays. S. 133.
50 1956 R & N 240.
51 S. Mphumeya v. Regina: „. . . it would be justified . . .".

rationale[52] Erwägungen stützen, gehen an dem Wortlaut der Klausel vorbei.

Auch sonstige Versuche, den Wortlaut der Klausel mit einer erstrebten sachgerechten Regelung in Einklang zu bringen, wirken etwas gesucht. ALLOT[53] will auf den Willen des Gesetzgebers abstellen. Er meint, im Verhältnis von Stammmesrecht – Englisches Recht müsse auch abweichendes Stammesrecht angewendet werden können, soweit das englische Recht nicht mit dem ausdrücklichen Ziel geschaffen sei, Stammesrecht zu ändern bzw. abzuschaffen. Da dies in der Regel nicht der Fall sei, bestehe insoweit keine Unvereinbarkeit.

Im Verhältnis Stammesrecht – lokale Gesetzgebung müsse man davon ausgehen, daß der Gesetzgeber bei Erlaß seiner Gesetze die besonderen lokalen Verhältnisse im Auge habe, so daß vermutet werden könne, er wolle sie durch die betreffenden Gesetze regeln.

An diese Vermutung schließe sich dann eine weitere: Man könne vom Gesetzgeber erwarten, daß er seine Gesetze unter Berücksichtigung der Stammesrechte mache und seine Vorschriften so wähle, daß sie mit dem bisherigen Rechtszustand in Einklang stünden. Mit anderen Worten: Werde in den lokalen Gesetzen Stammesrecht nicht erwähnt, so sei davon auszugehen, daß keine Änderung des Stammesrechts beabsichtigt worden sei.

Diese Auslegung mag sinnvoll sein, in Hinblick auf den Begriff *inconsistent* wirkt sie jedoch etwas fragwürdig. Denn gerade vom lokalen Gesetzgeber sollte man erwarten, daß er in seinen Gesetzen ausdrücklich darauf hinweist, daß die Stammesrechte unberührt bleiben sollen, um so zum Ausdruck zu bringen, daß die Stammesrechte eben nicht unvereinbar sind und grundsätzlich zur Anwendung kommen können. Eine solche Regelung ist z. B. in der Marriage Ordinance von 1902[54], dem Ehegesetz Malawis, und dem Limitation Act[55], dem Gesetz über die Verjährung von Ansprüchen, enthalten.

Wie bedenklich es ist, auf den Willen des Gesetzgebers abzustellen, mag folgendes Beispiel verdeutlichen. Der High Court entschied in dem Berufungsfall E. J. Nyirenda v. W. L. Magodi[56], daß der Verkauf einer Maschine zwischen zwei Afrikanern durch den englischen Sale of Goods Act von 1893 und nicht durch entsprechendes Stammesrecht geregelt sei[57]. Diese Entschei-

---

52 S. ALLOT: Essays. S. 196: „... on the whole it is unreasonable to invalidate a rule of customary law because it is inconsistent with an introduced rule of English law."
53 ALLOT: Essays. S. 196, 197.
54 Gesetz Nr. 3 von 1902. Sec. 36 bestimmt: „... nothing in this Ordinance contained shall affect the validity of any marriage contracted under or in accordance with native law and custom, or in any manner apply to marriages so contracted."
55 Gesetz Nr. 17 von 1967, in sec. 31 (d).
56 L.C. (C.A.) 19 of 1967.
57 S. S. 47.

dung erregte in Fachkreisen und besonders im Justizministerium einiges Aufsehen.

Kurz zuvor hatte das Parlament den malawischen Sale of Goods Act[58] verabschiedet, der im wesentlichen die Vorschriften des englischen Gesetzes übernommen hatte, der aber noch nicht in Kraft war, als der Fall rechtshängig wurde. *Wille* des Gesetzgebers war es, das traditionale Kaufrecht unberührt zu lassen[59]. Das Gesetz enthielt jedoch keinen Hinweis auf Anerkennung oder Ausschluß des Stammesrechts. Es ist ungewiß, ob dies einfach vergessen wurde, oder ob man im Parlament die von ALLOT vertretene Auffassung teilte. Jedenfalls hält man es im Anschluß an E. J. Nyirenda v. W. L. Magodi[60] für erforderlich, die Rechtslage durch Einfügung einer entsprechenden Vorschrift klarzustellen[61].

Nach IBIK[62] kann die Unvereinbarkeitsklausel nur wirksam werden, wenn das mit dem Fall befaßte Gericht befugt ist, beide Arten des in Frage kommenden Rechts anzuwenden. PARK[63] sieht eine andere Lösung: Für Nigeria interpretiert er „inconsistent with any other law" dahingehend, daß unter „any other law" nur die lokalen nigerianischen Gesetze zu verstehen seien.

Offensichtlich konnte also durch die Unvereinbarkeitsklausel bisher keine eindeutige und sachgerechte Aussage darüber, wann Stammesrecht anwendbar bzw. nicht anwendbar ist, gemacht werden. Die malawische Regierung beabsichtigt, das Problem durch neue Vorschriften zu lösen, wie es z. B. schon in Ghana und Tanzania geschehen ist[64].

c) Die Beurteilung der Unvereinbarkeitsklauseln in den Local Courts

Die Frage, wann Stammesrecht aus Gründen der *repugnance* oder *inconsistency* nicht zur Anwendung kommen kann, ist für die englischen Richter in den British Courts nicht einfach zu beantworten gewesen. Es ist leicht zu ermessen, wieviel schwieriger es aus rein praktischen Gründen für die Richter in den Local Courts sein muß. Wie sollen sie entscheiden, ob ein bestimmter

---

58 Gesetz Nr. 14 von 1967.
59 Minister TEMBO sagte bei der 2. Lesung des Gesetzes: „It is not intended that this Bill should apply to actions in local courts based on customary law." Malawi Hansard. 4th Session: 5th Meeting, June 1967, S. 460.
60 L.C. (C.A.) 19 of 1967, M.H.C.
61 Diese Vorschrift ist in einem noch nicht verabschiedeten Gesetzentwurf zur Neuregelung des Zivilrechts enthalten und besagt: „... in any matter arising out of a contract for the sale of goods to which Africans of Malawi are parties, this Act shall not apply to such contract unless it is proved that when the contract was made the parties intended that it should not be governed by customary law." Sec. 6 Civil Law Bill, ausgearbeitet im Justizministerium, Zomba 1968. Über den Civil Law Bill vgl. die Ausführungen auf S. 164 ff.
62 IBIK: Thesis. S. 59.
63 PARK: a.a.O., S. 79.
64 Vgl. dazu die Ausführungen auf S. 164 ff.

Stammesrechtssatz den englischen Grundsätzen von Gerechtigkeit und Moral widerspricht, wenn sie davon überhaupt keine Vorstellungen haben? Wie sollen sie beurteilen, ob ein Stammesrechtssatz mit den in Kraft befindlichen Gesetzen unvereinbar ist, wenn sie nicht lesen und schreiben noch englisch sprechen können[65]. Die meisten Local Courts Chairmen können die ihnen abverlangte Abwägung gar nicht vornehmen, was sie aber, wie ein Local Courts Chairman versicherte, nicht weiter bekümmert.

4. Das religiöse Recht

Für bestimmte Rechtsgebiete – Ehe-, Scheidungs- und Erbrecht – gilt für die in Malawi lebenden Asiaten, die keiner christlichen Religionsgemeinschaft angehören, das durch ihre Religion vorgeschriebene Recht. Rechtsgrundlage ist für das Ehe- und Scheidungsrecht die Asiatics (Marriage, Divorce and Succession) Ordinance[66], für das Erbrecht neuerdings sec. 18 (3) des Wills and Inheritance Act[67].
Mohammedanisches Recht spielt bei Rechtsverhältnissen zwischen Afrikanern keine Rolle. Zwar ist ein großer Teil der Yao mohammedanisch, doch regeln die Yao Fragen des Ehe-, Scheidungs-, Vaterschafts- und Erbrechts allein nach ihrem Stammesrecht[68].

II. Die Zuständigkeitskonflikte in Stammesrechtssachen

1. Die heutige Situation

Für Klagen nach Stammesrecht sind primär die Local Courts zuständig. Ob Stammesrecht heute auch in den British Courts angewendet werden kann, ist zweifelhaft.
Für den High Court und die Subordinate Courts war die Zuständigkeit und die Frage, welches Recht zur Anwendung kommen sollte, in den Verfassungen Nyasalands und auch noch in der Unabhängigkeitsverfassung von 1964 nach einem einheitlichen Schema geregelt:

---

65 Man schätzt, daß etwa die Hälfte der malawischen Local Courts Chairmen Analphabeten sind.
66 Gesetz Nr. 13 von 1929.
67 Gesetz Nr. 25 von 1967.
68 J. N. D. ANDERSON: The Adaptation of Muslim Law in Sub-Saharan Africa. In: H. und L. KUPER (Hrsg.): African Law: Adaptation and Development. University of California Press. Berkeley und Los Angeles 1965, S. 149 ff. (Im folgenden zitiert als ANDERSON: The Adaptation. S. . . .)

Eine Vorschrift bestimmte die sachliche Zuständigkeit, eine andere die Rezeption des englischen Rechts, eine dritte regelte die Anwendung von Stammesrecht.

Die relevanten Bestimmungen der British Central Africa Order-in-Council von 1902 lauteten:

Art. 15 (1) There shall be a High Court . . . with full jurisdiction, civil and criminal, over all persons and matters in the Protectorate.

Art. 15 (2) Such civil and criminal jurisdiction shall, so far as circumstances admit, be exercised in conformity with the substance of the common law, the doctrines of equity and the statutes of general application in force in England on the 11th August 1902 . . .

Art. 20 In all cases, civil and criminal, to which natives are parties, every court (a) shall be guided by native law so far as it is applicable and is not repugnant to justice and morality or inconsistent with any Order-in-Council or Ordinance and (b) shall decide all such cases according to substantial justice without undue regard of procedure and without undue delay.

Bis 1964 waren diese Vorschriften fast wörtlich in die nachfolgenden Verfassungen übernommen worden[69]. Bezüglich der Anwendung von Stammesrecht verwiesen auch die Vorschriften der Gerichtsverfassungsgesetze[70] auf Art. 20 der Order-in-Council von 1902.

In der republikanischen Verfassung fehlt nun eine Art. 20 entsprechende Vorschrift. Auch sec. 14 der Courts Ordinance wurde durch G. N. 166 von 1967 außer Kraft gesetzt. Es scheint daher, daß erstinstanzlich in den British Courts kein Stammesrecht angewendet werden kann[71].

2. Die Situation bis zum Erlaß der republikanischen Verfassung 1966

Wie die Lage vor 1966 war, ist jedoch von Bedeutung, da vor der Schaffung der Native Courts im Jahre 1933 die Frage, ob Stammesrecht überhaupt Bestandteil des Rechts von Nyasaland war, davon abhing, inwieweit es von den Gerichten angewendet werden konnte. Außerdem ist jüngst[72] die Auf-

---

69 Zuletzt Art. 75 der Constitution of Malawi von 1964, sec. 15 (a) und 15 (b) der Malawi Independence Order.

70 Sec. 12 der Courts Ordinance von 1929, später sec. 14 der Courts Ordinance von 1958.

71 Das wurde von hohen Beamten des Justizministeriums bestätigt. Dagegen spricht auch nicht, daß der High Court in G. J. Kamcaca v. S. P. Nkhota and another, Civ. C. 346 of 1967, J.A.L., Vol. 12 (1968), S. 178 ff., Stammesrecht anwendete, da es sich um ein rhodesisches Stammesrecht handelte, das der Richter als ausländisches Recht („foreign law") ansah. Allerdings nahm das Gericht zur Frage der Zuständigkeit nicht eingehend Stellung. Vgl. J.A.L., Vol. 12 (1968), S. 181.

72 ROBERTS: Thesis. S. 109; s. S. 61.

fassung vertreten worden, nach der die British Courts auch ohne eine Art. 20 entsprechende Vorschrift heute Stammesrecht anwenden könnten.

Im folgenden soll daher zunächst die Lage vor Erlaß der republikanischen Verfassung dargestellt werden.

a) Die Anwendung von Stammesrecht in den British Courts vor 1966

Da die Gerichte sich nur von Stammesrecht „leiten lassen" sollten[73], stellte sich die Frage, ob Stammesrecht überhaupt als *Recht* angewendet werden konnte.

Die mit der Interpretation dieses Begriffs befaßten Gerichte fällten unterschiedliche Entscheidungen. Daß es zu keiner einheitlichen Rechtsprechung kam, lag u. a. auch daran, daß kein Gericht seine Aussage über diesen Punkt zur *ratio decidendi* machte[74]. In J. S. Limbani v. Rex[75] wurde gesagt:

"Art. 15 and 18 set out the jurisdiction of the High Court and the Subordinate Courts, but do not include in it native law and custom. Art. 20 states that the court shall be 'guided', it does not say that the jurisdiction shall be exercised 'in conformity with native law'."[76]

Die Auffassung, daß das *to be guided* nicht die Anwendung von Stammesrecht erlaube, wurde besonders deutlich in dem südrhodesischen Fall Komo and Leboho v. Holmes[77] vertreten, wo es um die Interpretation der sec. 50 der Rhodesia Order-in-Council von 1898 ging. Sec. 50 lautet:

"In civil cases between natives the High Court and the Magistrates Courts shall be guided by native law and custom so far as that law is not repugnant to natural justice or morality, or to any order made by Her Majesty-in-Council or to any proclamation or ordinance."

Der Richter sagte: „Sollte die Vorschrift bedeuten, daß das Stammesrecht vor dem allgemeinen Recht des Landes Vorrang haben soll, wenn Afrikaner Parteien sind, so würde sich eine anomale Situation ergeben: Auf die Beziehungen eines Afrikaners zu einem Europäer würde ein anderes Recht angewendet werden müssen als auf seine Beziehungen zu einem Afrikaner. Hält man sich dieses mögliche Resultat vor Augen und bedenkt man den

---

73 Art. 20, s. S. 51.
74 Die im Gegensatz zum *obiter dictum* Bindungswirkung hat.
75 6 Ny.L.R. 8.
76 Ähnliche Entscheidungen ergingen in Mwase and the Blackman's Church of God which is in Tongaland v. the Church of Central Africa (Presbyterian) Sanga Division 4 Ny.L.R. 45; Chitema v. Lupanda 1962 R & N 290; R. v. Robert and Aluwani 5 Ny.L.R. 2; Mwale v. Kaliu 6 Ny.L.R. 169 und in Mudaliar v. Kayisi C.A. (L.C.) 5 of 1964, Ny.H.C. Die beiden letzten Entscheidungen verneinen in erster Linie eine konkurrierende Zuständigkeit in Stammesrechtssachen zwischen „Customary-" und „British Courts".
77 1935 S.R.L.R. 86.

Gebrauch des Begriffs ,guided', so kommt man zu dem Ergebnis, daß sec. 50 sehr eingeschränkt interpretiert und angewendet werden muß. Meines Erachtens sieht die Vorschrift vor, daß Stammesrecht nicht als dem common law vorgehend, sondern als Leitfaden bei der Anwendung des common law auf Streitigkeiten zwischen Afrikanern angewendet werden muß."

Diese Entscheidung steht jedoch im Widerspruch zu anderen rhodesischen Entscheidungen, z. B. Duma v. Madidi[78] und Tabitha Chiduku v. Chidano[79], wo in einer Vormundschaftssache ausdrücklich betont wurde, daß Stammesrecht angewendet werden müsse.

Aber auch in Nyasaland urteilten nicht alle Richter wie ihre Kollegen in den oben erwähnten Fällen. In E. Thipa v. K. Thipa[80], R. v. Sidney and Emily[81] und Mphumeya v. Regina[82] wurde *to be guided* weitherziger interpretiert mit dem Ergebnis, daß Stammesrecht angewendet wurde.

Auch die Berichte der Subordinate Courts zeigen, daß dort, zumindest vor Erlaß der Native Courts Ordinance, Stammesrecht angewendet wurde, ohne daß die District Magistrates rechtliche Bedenken gehabt hätten. Der District Commissioner von Port Herald[83] berichtete z. B. von Scheidungsfällen, in denen es um die Rückzahlung der „lobola", des Brautpreises, ging. In diesen Fällen wurde ausschließlich nach Stammesrecht geurteilt[84]. Dasselbe geht auch aus in anderen Gebieten Nyasalands verhandelten Fällen hervor[85].

Dabei war es nicht etwa so, daß die Laienrichter ohne Kontrolle des juristisch qualifizierten High Court Richters ihre Urteile nach Stammesrecht fällten. So berichtete der Acting District Resident von Kota-Kota[86] in seinem Bericht an den Chief Secretary für das Jahr 1920 von folgendem Fall: „Der Kläger verlangte von dem Beklagten ein Schaf, auf das er nach Stammesrecht einen Anspruch hatte, da seine Nichte, die Frau des Beklagten, im Kindbett gestorben war. Alle Anwesenden waren sich darüber einig, daß die Leistung nach Stammesrecht erbracht werden müsse. Ich habe dem Anspruch stattgegeben. Mein Urteil wurde vom Richter des High Court aufrecht erhalten."[87]

Es bleibt daher festzuhalten, daß trotz der entgegenstehenden High Court Entscheidungen zumindest während des ersten Entwicklungsabschnitts des malawischen Rechtssystems bei Streitigkeiten zwischen Afrikanern überwiegend Stammesrecht angewendet wurde. Das gilt in erster Linie für die

78 1918 S.R. 59.
79 1922 S.R. 55.
80 5 Ny.L.R. 11.
81 4 Ny.L.R. 6.
82 1956 R & N 240.
83 Heutige Bezeichnung: Nsanje.
84 Civ.C. 43, 44, 156 of 1930, in dem Bericht vom 3. 3. 1931. In: ZA 1/26/6.
85 S. z. B. Civ.C. 151 of 1931, D.N.C. Karonga. In: ZA 918/31.
86 Über den Fall s. auch S. 53.
87 In: ZA S 572/1920.

Subordinate Courts, da auf Stammesrecht gestützte Klagen selten im High Court eingebracht wurden.

Die Entscheidungen, die durch den Begriff *to be guided* nur die Möglichkeit gegeben sahen, die starre Anwendung des englischen Rechts durch eine Bezugnahme auf Stammesrecht zu mildern, sind daher auch als Fehlinterpretationen des Art. 20 angegriffen worden[88].

ROBERTS vertritt bei der Suche nach einer Antwort eine Theorie, die in bisherigen Urteilen oder Kommentaren zu Art. 20 bzw. der ihm entsprechenden Vorschrift in anderen Kolonialverfassungen bislang einzig dasteht: Seiner Auffassung nach war die Anwendung von Stammesrecht zumindest im High Court schon aus Art. 15 (1) der British Central Africa Order-in-Council gerechtfertigt. „There is nothing in the Order-in-Council to suggest that ‚all matters‘ do not include claims based entirely on customary law."[89] Art. 20 regele lediglich die Frage, wie Stammesrecht anzuwenden sei, nämlich „in its own right, subject to inconsistency and repugnance"[90].

Dieser Auffassung kann jedoch nicht zugestimmt werden. Art. 15 (1) legte die Zuständigkeit des High Court nur insoweit fest, wie sie den Personenkreis (over all persons) und den Streitgegenstand (over all matters) betraf. Art. 15 (1) sagte aber noch gar nichts darüber aus, welches Recht im High Court zur Anwendung kommen sollte bzw. konnte. Es ergab sich daher eine Einschränkung der *all matters:* Diese waren nur insoweit umfassend, wie sie dem Recht, das im High Court angewendet wurde, bekannt waren. Um welches Recht es sich dabei handelte, bestimmte aber erst Art. 15 (2), die Rezeptionsklausel. Und gerade die Fassung des Art. 15 (2) spricht gegen die von ROBERTS vertretene Auffassung. Die Zuständigkeit des High Court sollte nicht etwa *auch* in Einklang mit common law und equity ausgeübt werden, sondern *such jurisdiction,* und *such jurisdiction* war die *jurisdiction over all persons and matters.* Die in Art. 15 (1) umrissene Zuständigkeit des High Court wird erst durch das Gebot der Anwendung des rezipierten Rechts lebendig und verständlich. Die insoweit eindeutige Fassung des Art. 15 läßt daher nicht den Schluß zu, daß das Stammesrecht in Art. 15 (1) implizit als geltendes Recht anerkannt war.

Die Anwendung von Stammesrecht konnte also nur auf Art. 20 als der Ergänzungsvorschrift zu Art. 15 beruhen.

Das Problem liegt bei der Interpretation des *to be guided.* Was die Auslegung so schwierig macht, ist das Zusammentreffen der Muß-Bestimmung *shall* mit dem etwas farblosen Begriff *guided,* der nicht identisch mit *apply* oder *administer* ist.

---

88 ROBERTS: Thesis. S. 109; IBIK: Thesis. S. 49, 64.

89 ROBERTS: Thesis. S. 110.

90 —: S. 110. Die logische Konsequenz dieser Auffassung wäre, daß der High Court nach Art. 62 der republikanischen Verfassung, die in etwa Art. 15 (1) entspricht, Stammesrecht anwenden könnte.

Eines steht fest: Lagen die sonstigen Voraussetzungen des Art. 20 vor, so mußte der Richter sich bei seiner Entscheidung vom Stammesrecht *leiten* lassen. Sein Ermessensspielraum war insoweit eingeschränkt[91]. Negativ ließe sich der Begriff des *to be guided* also folgendermaßen bestimmen:

The Courts shall be guided heißt nicht:

- Die Gerichte müssen Stammesrecht anwenden. In diesem Falle hätten dem Gesetzgeber andere Begriffe wie *apply* oder *administer* zur Verfügung gestanden.
- Es steht im Ermessen des Gerichts, ob es überhaupt Stammesrecht anwenden oder bei seiner Entscheidung berücksichtigen will. Dagegen spricht die Fassung des *shall*.
- Stammesrecht soll lediglich als Leitfaden bei der Anwendung des englischen Rechts dienen. Die Möglichkeit, von der starren Anwendung des englischen Rechts abzusehen, war ja schon vorhanden, da es den Gerichten freistand, das englische Recht den besonderen Umständen anzupassen.

Daraus läßt sich schließen, daß das *to be guided* die Gerichte beim Vorliegen der sonstigen Voraussetzungen des Art. 20 verpflichtete, auf Stammesrecht Bezug zu nehmen, weiterhin, daß die Intensität der Bezugnahme jedoch nicht gesetzlich festgelegt war, sondern im Ermessen des Richters stand. *Guided by native law and custom* schloß daher die volle Anwendung von Stammesrecht ein, erlaubte aber ebenfalls eine nur lose Bezugnahme und nur teilweise Anwendung von Stammesrecht in einem bestimmten Fall.

Das bedeutet, daß die Stammesrechte auch schon vor Erlaß der Native Court Ordinance Bestandteil des Rechts von Nyasaland waren, da sie in einem British Court zur Anwendung kommen konnten[92].

b) Die Frage der konkurrierenden Zuständigkeit

Mit dieser Erkenntnis ist zugleich die in einigen schon erwähnten Fällen[93] aufgeworfene und verneinte Frage nach der konkurrierenden Zuständigkeit der Gerichte in „native cases" weitgehend beantwortet. Wie schon erwähnt, galt die Vorschrift des Art. 20 für alle Subordinate Courts. Daneben bestimmte sec. 12 der Subordinate Court Ordinance von 1906, und ab 1929 sec. 12 der Courts Ordinance von 1929 noch einmal ausdrücklich, daß die Subordinate Courts bei ihrer Rechtsprechung an Art. 20 gebunden seien. Nach sec. 20 der Subordinate Court Ordinance von 1929 mußten sich die

---

91 In das Ermessen des Gerichts wird die Anwendung von Stammesrecht z. B. in sec. 11 (1) Native Administration Act, 1927, der Union of South Africa gestellt: . . . It shall be in the discretion of the courts . . . to decide such questions according to the native law.
92 Zu demselben Ergebnis kommt auch IBIK: Thesis. S. 49.
93 S. S. 59 Fn. 76.

Magistrates in „native matters" nicht unbedingt an das vorgeschriebene Prozeßrecht halten, sondern konnten sich auch verfahrensrechtlich nach Art. 20 richten.

Da die Subordinate Courts vor 1933 Stammesrecht anwenden konnten und, wie gezeigt wurde, es auch taten, mußte die Einführung der Native Courts, die speziell für die Anwendung von Stammesrecht geschaffen wurden, automatisch zu einer konkurrierenden Zuständigkeit in Stammesrechtsfällen führen, es sei denn, die Zuständigkeit der Subordinate Courts wäre bei oder nach Erlaß der Native Court Ordinance eingeschränkt worden.. Das war jedoch nicht der Fall. Der alte Zustand wurde beibehalten und sollte durch die Einführung der Native Courts nicht geändert werden, wie aus einem Schreiben des Gouverneurs an den englischen Kolonialminister hervorgeht[94].

Den Gerichtsentscheidungen, die eine konkurrierende Zuständigkeit zwischen den Subordinate Courts und den Native- bzw. Local Courts grundsätzlich verneinen, muß daher widersprochen werden.

In Mwase and the Blackman's Church which is in Tongaland v. the Church of Central Africa (Presbyterian) Sanga Division[95] wurde (obiter) gesagt:

"In my view sec. 20 of the Courts Ordinance does not confer upon the Subordinate Courts jurisdiction concurrent with that of native courts. Sec. 20 is concerned with procedure in native cases and provides . . . that substantial justice is done without undue regard to technicalities. This appears to do no more than say that procedural errors shall not prevent speedy and effectual justice when, in a case between natives, the court is having regard to native law and custom as it is entitled to do."

Zwar ist dem Richter zuzugeben, daß sec. 20 keine konkurrierende Zuständigkeit begründen konnte, da dort ja nur verfahrensrechtliche Abweichungen gestattet waren. Wohl aber, und dieser Punkt wird in der Entscheidung nicht näher untersucht, konnte dies sec. 12 in Verbindung mit Art. 20 der Order-in-Council von 1902. Vor allem aber konnte es gar keine Frage sein, ob der Gesetzgeber durch sec. 20 oder sec. 12 beabsichtigte, für die Subordinate Courts eine konkurrierende Zuständigkeit mit den Native Courts zu begründen, da diese Vorschriften zu einer Zeit geschaffen wurden, als es noch keine Native Courts gab und das Problem der konkurrierenden Zuständigkeit überhaupt noch nicht entstanden war.

Eine konkurrierende Zuständigkeit war also insoweit gegeben, wie im High Court und in den Subordinate Courts Stammesrecht angewendet werden konnte.

---

94 „The introduction of the Native Courts Ordinance should not be accompanied as yet by the repeal of sec. 12 of the Subordinate Courts Ordinance." Aus dem Brief vom 17. 3. 1932. In: ZA S 952/1933.

95 4 Ny.L.R. 45.

III. Die internen Rechtskonflikte

In dem pluralistischen Rechtssystem ist der Richter bei der Entscheidung eines Falles vor die Frage gestellt, aus welchem Normenbereich er die für seine Entscheidungen maßgeblichen Normen entnehmen soll. Man nennt dies den internen Rechtskonflikt[96], der im Gegensatz zum internationalen Rechtskonflikt steht, welcher nach den Vorschriften des Internationalen Privatrechts entschieden wird.

Von besonderem Interesse sollen hier zunächst die Konflikte in den Rechtsbereichen sein, in denen die traditionalen Rechte durch das englische Recht überlagert wurden.

Für die Lösung der internen Rechtskonflikte in Malawi gibt es nur wenige gesetzliche Bestimmungen, wobei gleich zu bemerken ist, daß auf eine entsprechende Anwendung des Internationalen Privatrechts nicht Zugriff genommen wird[97].

Im folgenden soll gezeigt werden, wann der interne Rechtskonflikt zugunsten der Anwendung von Stammesrecht entschieden wird. Zwei allgemeine Kriterien, die *repugnance* und *inconsistency* wurden schon[98] erklärt. Daneben ist festgelegt, daß Stammesrecht a) nur auf die Rechtsbeziehung eines bestimmten Personenkreises angewendet werden kann, wenn es b) überhaupt anwendbar (applicable) ist.

1. Der Personenkreis

a) Stammesrecht im Verhältnis von Afrikanern untereinander

In den British Courts konnte bis 1966 Stammesrecht angewendet werden, wenn alle an dem Rechtsstreit beteiligten Parteien Afrikaner waren[99]. Für die Local Courts gilt grundsätzlich dieselbe Regelung, da ihre Zuständigkeit normalerweise auf Streitigkeiten zwischen Afrikanern beschränkt ist[100].

Der dadurch erfaßte Personenkreis war jedoch nicht zu allen Zeiten gleich. Im Laufe der Jahre hatten die Begriffe African bzw. Native einen unterschiedlichen Begriffsinhalt.

Zunächst galt als *Native* jeder Eingeborene Afrikas, der nicht europäischer oder asiatischer Abkunft (extraction) war, weiter auch Araber, Somali und

---

96 „Internal conflict of Laws". ELIAS: Colonial Law. S. 198.
97 Über das Problem der entsprechenden Anwendung von Vorschriften des Internationalen Privatrechts in Indien vgl. G. W. BARTHOLOMEW: Private Interpersonal Law. In: I.C.L.Q., Vol. 1 (1952), S. 325 ff.
98 S. die Ausführungen auf S. 51 ff.
99 Sec. 15 (b) Malawi Independence Order von 1964.
100 S. S. 36, 38 ff.

Baluchi[101]. Problematisch war die Einordnung der Mischlinge, für die es in Nyasaland keine besonderen Bestimmungen gab[102]. In Carr v. Suleman Abdul Karim[103] entschied der High Court, daß der Sohn eines indischen Vaters und einer afrikanischen Mutter kein *Native*, da asiatischer Abkunft, sei.

Eine andere Definition galt nach sec. 2 der African Courts Ordinance von 1947: *Natives* waren die Angehörigen der in Nyasaland, Süd- und Nordrhodesien, Tanganyika, Südafrika, Swaziland, Bechuanaland, Mosambik und im Belgischen Kongo lebenden Stämme.

Heute gilt nach sec. 2 der Local Courts Ordinance eine noch weitere Begriffsfassung: *African* ist jeder Angehörige einer afrikanischen Rasse oder eines afrikanischen Stammes sowie Personen, die wie Angehörige eines solchen Stammes leben. Was „wie ein Angehöriger eines Stammes leben" bedeutet, ist etwas unklar. Unter den Begriff fallen mit Sicherheit Afrikaner aus anderen afrikanischen Staaten wie auch andersrassige Personen, die, etwa durch Heirat, fest in das Stammesleben integriert sind[104].

b) Stammesrecht im Verhältnis von Afrikanern zu Nicht-Afrikanern

In den Local Courts mit erweiterter Zuständigkeit[105] kann Stammesrecht auch bei Streitigkeiten zwischen Afrikanern und Nicht-Afrikanern angewendet werden. Die Voraussetzungen dafür sind in sec. 10 der Local Courts Ordinance folgendermaßen geregelt:

"Provided that in respect of any cause or matter involving an issue to be determined by customary law, any jurisdiction conferred under this section shall extend to the determination of such cause or matter only where it is shown that every non-African who is a party has voluntarily assumed a right, liability or relationship which is the subject matter of the dispute and which would have been governed by the customary law concerned if all the parties had been Africans."

Wie zu ermitteln ist, wann ein Nicht-Afrikaner freiwillig ein Recht oder eine Verbindlichkeit nach Stammesrecht übernommen hat, ist nicht immer leicht

---

101 Sec. 2 Interpretation and General Clauses Ordinance, Cap. 54, 1947 Rev. Ed. Über die Definitionen in anderen afrikanischen Ländern s. ALLOT: Essays. S. 173 bis 178.

102 Über die Lage in anderen afrikanischen Ländern s. ALLOT: Essays. S. 173 ff.

103 Civ. C. 49 of 1929, Ny.H.C. In: ZA L 3/21/3.

104 ROBERTS interpretiert den Begriff noch etwas weiter, er schreibt: „In the absence of authority it is suggested that neither ethnic connexion nor reciprocal adoption (of the type necessary to constitute membership of the tribal group) are necessary to bring persons within the second limb of the definition." ROBERTS: Thesis. S. 137.

105 S. S. 36, 38.

zu sagen[106]. In erster Linie kommt es dabei wohl auf die Absicht des betreffenden Nicht-Afrikaners an. Diese wird jedoch in der Regel nur selten ausdrücklich erklärt worden sein, so daß man auf Vermutungen angewiesen ist.

ROBERTS[107] stellt einige Vermutungen auf: Wenn ein Nicht-Afrikaner in Rechtsbeziehungen zu einem Afrikaner oder einer Afrikanerin trete, die, wie z. B. eine Ehe nach Stammesrecht, in dieser typischen Form nur dem Stammesrecht bekannt seien, so sei daraus zu schließen, daß er sich freiwillig der Anwendung von Stammesrecht unterwerfe. Auch spielten die örtlichen Gegebenheiten eine Rolle. Kaufe z. B. ein Nicht-Afrikaner in einem Dorf ein paar Eier, so solle Stammesrecht diese vertraglichen Beziehungen regeln.

So mag der Begriff *voluntarily assumes* bei Ergänzung durch Vermutungen tauglich für die Beurteilung von vertraglichen Rechtsverhältnissen sein – für den Bereich der „unerlaubten Handlungen" ist er es sicher nicht. Übernimmt z. B. ein durch den Busch fahrender Kraftfahrer *freiwillig* etwaige Ansprüche oder Verbindlichkeiten, die ihm aus einem Unfall erwachsen sollten, nach Stammesrecht[108]?

In der Praxis der Gerichte hat sich eine andere Vermutung durchgesetzt: Derjenige, der in einem Local Court klagt oder sich dort widerspruchslos verklagen läßt, gibt zu erkennen, daß er mit der Anwendung von Stammesrecht einverstanden ist[109].

Die Local Courts Chairmen befassen sich nicht weiter mit der Frage, ob ein Nicht-Afrikaner freiwillig ein Recht oder eine Verbindlichkeit nach Stammesrecht übernommen hat. Als Beispiel mag der Fall Malindi v. Therenaz[110] aus dem Blantyre Urban Court dienen: Hier verklagte ein Afrikaner den Inhaber eines Uhrengeschäftes, einen Schweizer, auf Schadenersatz, da seine Uhr angeblich bei der Reparatur verlorengegangen sei. Der Fall wurde nach Stammesrecht entschieden. Sicher kann hier keine Rede davon sein, daß sich der Uhrmacher durch den Abschluß des Reparaturvertrages *freiwillig* der Anwendung von Stammesrecht unterwarf.

---

106 O. CHIRWA, damals Parlamentarischer Sekretär im Justizministerium, interpretierte diese Vorschrift folgendermaßen: „You assume ... in the ordinary way by marrying my daughter, you assume it by walking into my house and picking a quarrel, you assume it by giving babies to our daughters." Bei der 2. Lesung des Local Courts Bill. In: Records of the Proceedings of the 76th Session of the Legislative Council, S. 195.

107 ROBERTS: Thesis. S. 139 ff.

108 Über diesen Konflikt in den zambischen Gerichten vgl. J. B. Grobber v. J. Lusambo. I.C.L.Q., Vol. 18 (1969), S. 471 ff.

109 Wenn gegen die Zuständigkeit des Local Court Einspruch erhoben wird, entscheidet der Resident Magistrate über die Frage.

110 Civ. C. 71 of 1968, Blantyre U.C.; vgl. auch National Stores v. Sabola Civ. C. 93 of 1966, Blantyre U.C.

Mehrere Local Courts Chairmen versicherten einhellig[111], in solchen Fällen werde immer Stammesrecht angewendet. Folgende Antwort mag für alle anderen stehen: „We follow cases, but not colour."

2. Stammesrecht als das „anzuwendende Recht"

Um angewendet werden zu können, muß Stammesrecht überhaupt anwendbar sein. Das mag wie selbstverständlich klingen, doch verbergen sich hinter diesem Satz zwei wichtige Fragenkomplexe.

a) Das Stammesrecht muß überhaupt eine Rechtsregel enthalten, nach der die Entscheidung eines Einzelfalls möglich ist. Diese Frage ist besonders im Hinblick auf die sozio-ökonomische Entwicklung, die Malawi innerhalb der letzten 70 Jahre durchgemacht hat, von Interesse. Es wurde schon darauf hingewiesen[112], daß die Rechtsverhältnisse des modernen Lebens, wie z. B. das Wirtschafts-, Steuer-, Arbeits- und Gesellschaftsrecht, ausschließlich durch englisches Recht oder durch diesem nachgebildete malawische Gesetze geregelt sind.

Doch auch außerhalb dieses Komplexes ist manchmal fraglich, inwieweit sich das Stammesrecht überhaupt der Entwicklung hat anpassen können. Gibt es überhaupt stammesrechtliche Prinzipien, die, wie z. B. in Malindi v. Therenaz[113], regeln, nach welchen Grundsätzen der Inhaber eines Uhrengeschäftes für den Verlust einer bei der Reparatur verlorengegangenen Uhr haftet[114]?

b) Stammesrecht muß weiter das anzuwendende Recht sein. Die Regel, daß Stammesrecht auf die Rechtsbeziehungen zwischen Afrikanern anzuwenden ist, gilt nicht ausnahmslos. Das malawische Recht sieht für Afrikaner zwar nicht die Möglichkeit vor, durch formelle Erklärung für das englische Personalstatut zu optieren[115]. Doch können Afrikaner in Malawi, wenn auch nur für einen bestimmten Kreis von Rechtsbeziehungen, ihren rechtlichen Status ändern. Heiraten z. B. Afrikaner in den Formen des englischen Rechts nach der Marriage Ordinance[116], so wird fortan ein großer Teil ihrer familienrechtlichen Beziehungen nach englischem Recht geregelt. Stammesrecht ist dann nicht mehr anwendbar[117].

---

111 Während Diskussionen mit dem Verfasser.
112 S. S. 21.
113 Civ. C. 71 of 1968, Blantyre U.C.
114 Diese Fragen werden in den folgenden Kapiteln noch ausführlicher behandelt. Vgl. die Ausführungen auf S. 153 ff.
115 In den französischen Kolonien konnten die Afrikaner seit 1946 für das französische „statut moderne" optieren und auf ihr „statut coutumier" verzichten, was die Anwendung französischen Rechts auf ihre gesamten Rechtsbeziehungen zur Folge hatte. Siehe P. F. GONIDEC: Les Droits africains. Paris 1968, S. 255/56.
116 Gesetz Nr. 3 von 1902.
117 Vgl. dazu die Ausführungen auf S. 89 ff.

3. Die Wahl zwischen zwei oder mehreren Stammesrechten

Für die Entscheidung, welches von mehreren in Frage kommenden Stammesrechten angewendet werden soll, gibt das Gesetz in sec. 12 (d) Local Courts Ordinance einen Hinweis: Die Local Courts sollen das Recht anwenden, das in ihrem Gerichtsbezirk überwiegt[118].

Diese Regelung ist unproblematisch, soweit in dem Gerichtsbezirk nur Angehörige eines Stammes leben. Konflikte entstehen jedoch, wenn die Parteien verschiedenen Stämmen angehören, wenn im Gerichtsbezirk das Recht eines dritten Stammes überwiegt, oder wenn in einem Gerichtsbezirk, wie z. B. in einer Stadt, gar kein Stammesrecht überwiegt[119]. An dem Wortlaut von sec. 12 (d) vorbei haben sich jedoch im Laufe der Zeit ziemlich klare Regeln gebildet:

In Ehesachen wird das Recht des Stammes angewendet, nach dem die Ehe geschlossen wurde. Diese Regel hat ihre größte Bedeutung in den Fällen, wo Mischehen zwischen Afrikanern geschlossen werden, deren jeweiliges Eherecht die Brautpreis-Ehe kennt bzw. nicht kennt[120]. In einer Mischehe zwischen einem Ngoni und einer Cewa z. B. gilt die Frau als nach Ngoni-Recht verheiratet, wenn, wie bei den Ngoni üblich, der Brautpreis gezahlt wurde; wurde dieser nicht gezahlt, so gilt sie als nach Cewa-Recht verheiratet[121].

In Erbschaftssachen wird das Recht des Stammes angewendet, dem der Verstorbene angehört. Dieser Gedanke war zum ersten Mal in sec. 11 (a) des allerdings nicht in Kraft getretenen Erbgesetzes von 1964[122] gesetzlich niedergelegt. Wenn diese Vorschrift auch in dem heute geltenden Erbgesetz[123] nicht übernommen wurde, so ist doch diese Regel nie in Frage gezogen worden[124].

---

118 Sec. 12 (d): „... prevailing in the area of the jurisdiction of the Court." *Prevailing* ist in diesem Zusammenhang als *dominant* zu verstehen, vgl. ALLOT: Essays. S. 160 und den dort erwähnten nigerianischen Fall R. v. Ilorin Native Court, ex parte Aremu (1953) 20 N.L.R. 144.

119 Zu diesem Problem in anderen afrikanischen Ländern vgl. ALLOT: Essays. S. 160; ELIAS: Colonial Law. S. 209 ff.; A. L. EPSTEIN: Judicial Techniques and the Judicial Process. Rhodes-Livingstone-Institute Paper No. 23. Manchester University Press 1954, S. 14, 18 (im folgenden zitiert als: EPSTEIN: Judicial Techniques. S. ...), und J. LEWIN: Studies in African Native Law. Cape Town 1947, Kap. 5 und 6.

120 Über das traditionale Eherecht vgl. S. 75 ff.

121 S. Native Law and Customs: Notes by the Provincial Commissioner of the Central Province. In: ZA 1/21/3. In diesem Sinne äußerten sich auch die Richter in Savoha v. Kamilangi, in: ZA 1/2/8, und in P.F.G. Muhango v. Betty Mohammedi, Civ. App. 1 of 1946, Ny.H.C.

122 Wills and Inheritance (Kamuzu's Mbumba) Protection Ordinance, Gesetz Nr. 36 von 1964.

123 Wills and Inheritance Act, Gesetz Nr. 25 von 1967. Über das Erbrecht vgl. S. 100 ff.

124 Vgl. die Entscheidung des Privy Council in dem indischen Fall Balwant Rao v. Baji Rao (1920) L.R. 47 I.A. 213: „Now it is absolutely settled that the law

In sonstigen zivilrechtlichen Streitigkeiten gilt auch in Malawi, was ELIAS[125] für die englischen Kolonien ganz allgemein feststellt, daß die Local Courts eine Art „jus naturale"[126] anwenden und so eine mehr oder weniger gerechte Lösung von Konflikten erreichen.

---

of succession is, in any given case, to be determined according to the personal law of the individual whose succession is in question."

125 ELIAS: Colonial Law. S. 213.
126 —: S. 213.

D. RECHTSENTWICKLUNG, RECHTSKONFLIKTE UND PLANUNGSVORSTELLUNGEN IN EINZELNEN RECHTSGEBIETEN

I. Vorbemerkung

Im folgenden soll gezeigt werden, wie sich innerhalb der in den beiden ersten Kapiteln geschilderten Grundstruktur des malawischen Rechtssystems die eigentliche Rechtsentwicklung vollzogen hat. Im Vordergrund der Untersuchungen stehen der Rechtspluralismus, die Konflikte zwischen den einzelnen Rechtsnormenbereichen und die rechtspolitischen Planungsvorstellungen, nach denen die verschiedenen Regierungen Malawis (Nyasalands) die Rechtsentwicklung zu beeinflussen suchten[1].

Da der Entwicklungsstand und die Problematik in den einzelnen Rechtsgebieten unterschiedlich sind, sollen in diesem Kapitel die einzelnen Rechtsgebiete soweit wie möglich voneinander getrennt dargestellt werden. Eine zusammenfassende Analyse der gesamten Rechtsentwicklung bleibt einem späteren Kapitel vorbehalten.

Die Darstellung der einzelnen Rechtsgebiete muß sich wegen der Stoffülle notwendigerweise auf einige Grundprinzipien beschränken. Bei den einzelnen Rechtsgebieten liegt der Schwerpunkt dort, wo die Stammesrechte und die Local Courts heute ihren größten Geltungsbereich und Wirkungsgrad haben, dem Ehe-, Erb- und Bodenrecht.

Wie groß die Bedeutung ist, die die Local Courts und die Stammesrechte heute in Malawi haben, geht aus der Anzahl der 1967 in den malawischen Gerichten entschiedenen Fälle klar hervor:

	Local Courts	Subordinate Courts	High Court
Strafsachen	45 795[2]	13 803[3]	173[5]
Zivilsachen	35 559[2]	4 635[4]	389[6]

---

1 Für eine zusammenfassende Betrachtung der Rechtspolitik vgl. die Ausführungen auf S. 158 ff.

2 Malawi Government: Annual Report of the Ministry of Justice including the Department of the Registrar General. For the Year ended 31st December, 1967. Gov.Pr. Zomba, S. 2. (Im folgenden zitiert als: Annual Report of the Ministry of Justice for 19 ... S. ....).

3 Malawi Government: Annual Report of the Judicial Department. For the Year ended 31st December 1967. Gov.Pr. Zomba, S. 11, 12. (Im folgenden zitiert als:

Über 75% aller Straffälle werden also in den Local Courts verhandelt[7].

Bei den Zivilfällen ist die Relation noch eindeutiger:

Etwa 90% aller in Malawi entschiedenen Zivilsachen werden in den Local Courts entschieden. Von den 35 559 Fällen figurieren 22 970 als „matrimonial disputes"[8], die Ehe-, Scheidungs-, Vaterschafts- und Unterhaltssachen umfassen. 11 797 Fälle sind als „property disputes" klassifiziert[8], also schuld- und eigentumsrechtliche Streitigkeiten. Da fast alle „matrimonial-" und „property disputes" in den Local Courts nach Stammesrecht entschieden werden, wird also in etwa 85% aller zivilrechtlichen Streitigkeiten Stammesrecht angewendet.

II. Rechtspluralismus, Rechtskonflikte und Planungsvorstellungen im Ehe- und Familienrecht

Das Familienrecht von Malawi besteht aus mehreren nebeneinander existierenden Rechten: den einzelnen Stammesrechten, dem englischen Recht und dem Gesetzesrecht. Im folgenden sollen zunächst die wichtigsten Prinzipien dieser Rechte geschildert werden.

1. Das traditionale Familienrecht

Ein Verständnis des traditionalen Familienrechts ist ohne Kenntnis der Familienstruktur der Stämme nicht möglich, da diese nicht nur die sozialen, sondern auch in weitem Umfang die rechtlichen Beziehungen der Afrikaner determiniert.

Vor der Untersuchung spezifisch rechtlicher Probleme soll daher zunächst ein kurzer Überblick über die Familienstruktur der Stämme gegeben werden, wobei sich Verallgemeinerungen allerdings nicht vermeiden lassen[9].

Annual Report of the Judicial Department for 19 ... S. ...) Die Zahl gibt allerdings die Anzahl von Personen wieder, gegen die verhandelt wurde. 2318 Personen wurden freigesprochen.

4 Annual Report of the Judicial Department for 1967. S. 15.

5 —: S. 6. Die Zahl gibt die erstinstanzlichen Fälle an. Insgesamt wurden mit Berufungen und Bestätigungen 2137 Fälle entschieden.

6 Annual Report of the Judicial Department for 1967. S. 8.

7 Neuere statistische Angaben lagen bei Abschluß der Arbeit nicht vor.

8 Annual Report of the Ministry of Justice for 1967. S. 2.

9 Für eine ausführliche Darstellung der Sozialstruktur der malawischen Stämme s. E. Colson und M. Gluckman (Hrsg.): Seven Tribes in British Central Africa. Oxford University Press. London 1951. Vgl. auch: Über die Cewa: A. Lawson: The Kinship Basis of Cewa Social Structure. In: South African Journal of Science, Vol. 48 (1952), S. 258 ff. (Im folgenden

a) Die Familienstruktur der malawischen Stämme

Die Stämme Malawis bestehen aus Klanen [9a], die ihren Ursprung auf die Person eines geschichtlichen oder mythischen Ahnherrn (Ahnfrau) zurückführen. Als politische Einheit sind die Klane bei den meisten Stämmen bedeutungslos geworden, da sie nicht mehr in einem geschlossenen Verband leben, sondern meist weit über das Land verstreut sind. Bei den Ngoni bestimmt die Klanzugehörigkeit den besonderen politischen Status des einzelnen, ob er zur Königsfamilie, zur Aristokratie gehört oder ob er Gemeiner ist.

Alle Stämme bestimmen ihre Klanzugehörigkeit einlinig (unilinear). Die Cewa, Nyanja, Cipeta, Mang'anja, Yao und Lomwe sind matrilinear, die Klanzugehörigkeit bestimmt sich über die mütterliche Linie. Die Ngoni, Tumbuka, Ngonde, Nyakyusa und Tonga [10] sind patrilinear, die Klan-

---

zitiert als: LAWSON: The Kinship Basis. S. ...); M. G. MARWICK: Sorcery in its Social Setting. Manchester University Press 1965. (Im folgenden zitiert als: MARWICK: Sorcery. S. ...); RANGELEY: a.a.O.
Über die Yao: J. C. MITCHELL: The Political Organisation of the Yao of Southern Nyasaland. In: African Studies, Vol. 8, No. 3, S. 141 ff. (Im folgenden zitiert als: MITCHELL: Political Organisation. S. ...); MITCHELL: The Yao Village; A. LAWSON: An Outline on the Relationship System of the Nyanja and Yao Tribes in Southern Nyasaland. In: African Studies, Vol. 7, No. 4, S. 180 ff. (Im folgenden zitiert als: LAWSON: Relationship System. S. ...)
Über die Nyanja: LAWSON: The Relationship System.
Über die Ngoni: J. A. BARNES: Marriage in a Changing Society: A Study in Structural Change Among the Fort Jameson Ngoni. Cape Town 1951. (Im folgenden zitiert als: J. A. BARNES: Marriage. S. ...); J. A. BARNES: Politics in a Changing Society. Oxford University Press for the Rhodes-Livingstone-Institute 1954. (Im folgenden zitiert als: J. A. BARNES: Politics. S. ...); L. P. MAIR: Marriage and Family Life in the Dedza District. In: J.R.A.I., No. 81, S. 103 ff. (Im folgenden zitiert als: MAIR: Marriage and Family Life. S. ...); M. READ: The Ngoni of Nyasaland. London 1956. (Im folgenden zitiert als: M. READ: The Ngoni. S. ...)
Über die Tumbuka-Henga: S. NYIRENDA: History of the Tumbuka-Henga People. In: Bantu Studies, Vol. 5, No. 1, S. 1 ff.
Über die Tonga: J. VAN VELSEN: Notes on the History of the Lakeside Tonga of Nyasaland. In: African Studies, Vol. 18, No. 3, S. 105 ff.
Über die Ngonde: G. WILSON: The Constitution of the Ngonde. Rhodes-Livingstone-Paper No. 3. Lusaka 1939.
Über die Nyakyusa: M. WILSON: Nyakyusa Kinship. In: RADCLIFFE–BROWN und FORDE (Hrsg.): a.a.O., S. 111 ff.
9a Der Begriff „Klan" soll hier die aus einem großen Familienverband bestehende Stammesgruppe kennzeichnen.
10 S. aber ROBERTS, der die Tonga als matrilinearen Stamm klassifiziert. S. ROBERTS: Matrilineal Family Law and Customs in Malawi. A Comparison of two Systems. In: J.A.L., Vol. 8 (1964), S. 77 ff. (Im folgenden zitiert als ROBERTS: Matrilineal Family Law. S. ...)

zugehörigkeit bestimmt sich nach der väterlichen Linie[11]. Grundsätzlich dominieren bei allen Stämmen die durch Klanzugehörigkeit gegebenen Verwandtschaftsbeziehungen gegenüber den durch die Ehe begründeten. Verwandtschaftsbeziehungen werden klassifikatorisch erfaßt, d. h. eine bestimmte Klasse von Verwandten wird mit demselben Terminus bezeichnet[12]. So ist *Vater* nicht nur der eigene Vater, sondern auch seine Brüder, *Mutter* nicht nur die eigene Mutter, sondern auch ihre Schwestern. Dementsprechend werden alle Kinder von *Vätern* und *Müttern* als *Bruder* und *Schwester* bezeichnet.

Alle Stämme erlauben die Polygamie, ein Mann darf zur gleichen Zeit mit mehreren Frauen verheiratet sein. Die Klane sind exogam, doch wird zugunsten der Kreuz-Vettern-Kusinen-Ehe[13] (cross-cousin marriage) bei fast allen Stämmen eine Ausnahme gemacht. Die Kinder von Bruder und Schwester (cross-cousins) dürfen heiraten, während die Ehe zwischen Abkömmlingen zweier Brüder oder zweier Schwestern (ortho-cousins) als Inzest zwischen *Bruder* und *Schwester* verboten ist. Bei den meisten Stämmen – überwiegend bei den patrilinearen – war die Sororats-[14] und Leviratsehe früher sehr verbreitet.

Beim Sororat war es allgemein üblich, einem Schwiegersohn eine Schwester der Frau als zweite Frau zu geben, wenn die erste Frau unfruchtbar war. Auf diese Weise wurden die Beziehungen zwischen den beiden Familien verstärkt.

Bei der Leviratsehe trat nach dem Tod des Ehemannes der Levir, meist ein Bruder des Verstorbenen, an die Stelle des ursprünglichen Ehemannes und führte die Ehe fort. Die Kinder dieser Ehe galten als Kinder des Verstorbenen. Durch diesen Brauch wurde für die soziale Sicherheit von Frauen, die ihren Ernährer verloren hatten, gesorgt.

Die matrilinearen Stämme

Die wichtigste Familieneinheit bei allen matrilinearen Stämmen ist die „mbumba". Diese besteht aus einer Gruppe von leiblichen Schwestern und ihren Abkömmlingen unter der Vormundschaft des ältesten Bruders der Schwestern. Die matrilineare Großfamilie setzt sich aus den mbumbas zusammen, die sich auf eine gemeinsame Ahnfrau zurückführen lassen, und die den zusammenlebenden Teil des Klans bilden, umfaßt aber selten mehr als drei bis vier Generationen. Die Großfamilie bildet meist den Kern eines Dorfes, Familienoberhaupt und daher in der Regel auch Dorfältester ist der

11 Beispiele für Stämme, die ihre Klanzugehörigkeit beidlinig (dual) bestimmen, sind die Yakö in Südostnigeria und die Nyaro im Sudan. Beschrieben in: RADCLIFFE–BROWN und FORDE (Hrsg.): a.a.O., S. 285 ff. bzw. S. 333 ff.
12 Vgl. dazu RADCLIFFE–BROWN und FORDE (Hrsg.): a.a.O., S. 4.
13 Ich verwende hier den Begriff nach R. KÖNIG (Hrsg.): Soziologie. Das Fischer Lexikon Nr. 10. Frankfurt 1967, S. 74.
14 Über das Sororat s. S. 53.

älteste matrilineare männliche Verwandte. Spannungen zwischen den Vormunden der einzelnen Schwesterngruppen führen oft zur Spaltung der Großfamilie und zur Gründung von neuen Dörfern. Dies tritt meistens auf, wenn ein erwachsener Mann, der Vormund seiner Schwesterngruppe ist, sich der Autorität des Vormunds der Schwesterngruppe der nächst höheren Generation, des ältesten Bruders seiner Mutter, nicht mehr länger unterwerfen will[15]. Status und Vermögen werden innerhalb der matrilinearen Familie vererbt, d. h. ein Mann wird nicht von seinen Kindern, sondern von seinen Brüdern oder den Kindern seiner Schwestern beerbt[16].

Die Elementarfamilie Vater-Mutter-Kind hat bei den matrilinearen Stämmen keine große Bedeutung. Die durch die matrilineare Familienzugehörigkeit gegebenen Beziehungen sind stärker als die durch die Ehe entstehenden, das Verhältnis einer Frau zu ihrem Bruder enger als das zu ihrem Ehemann.

Der Ehemann, der nach der Hochzeit in dem Dorf seiner Frau(en) (uxorilokal) lebt, ist ein Fremder in der Familie seiner Frau. „He is a beggar; he has simply followed his wife"[17]. Der Bruder seiner Frau hat weit mehr Autorität über die Kinder als der Vater selbst, er muß für ihre Ausbildung sorgen, sie, falls erforderlich, züchtigen (ein Vater durfte seine Kinder z. B. nicht schlagen). Dementsprechend helfen ihm seine Neffen auf dem Feld, hüten seine Kühe und können erwarten, eines Tages in den Genuß seiner Erbschaft zu kommen[18].

Häuptlinge, Dorfälteste und die Oberhäupter der Großfamilien wohnen meistens in ihrem Geburtsdorf, um so ihren Aufgaben besser nachkommen zu können. Normalerweise gestatten aber sonst die Verwandten der Frau dem Ehemann nicht, die Frau aus ihrem Dorf wegzuholen.

Sehr beliebt und verbreitet ist daher die „cross-cousin-marriage", die einem Mann erlaubt, eine Frau aus dem eigenen Dorf zu heiraten[19]. Der Ehemann, besonders wenn er in seinem eigenen Dorf (virilokal) lebt, ist ständigen

---

15 Über diese Generationskonflikte und die Spaltung von Dörfern bei den Yao s. Mitchell: The Yao Village. S. 152 ff. Der Konflikt wird in der Regel durch den Vorwurf der Zauberei forciert, vgl. M. G. Marwick: The Social Context of Cewa Witchcraft Beliefs. In: Africa, Vol. 22, No. 3, S. 215 ff., auf S. 217. (Im folgenden zitiert als: Marwick: The Social Context. S. . . .)

16 Über die Erbfolge vgl. die Ausführungen auf S. 103 ff.

17 Cewa-Sprichwort nach A. I. Richards: Some Types of Family Structure Amongst the Central Bantu. In: Radcliffe–Brown und Forde (Hrsg.): a.a.O., S. 207 ff., auf S. 233.

18 Daß die Stellung des mütterlichen Onkels bei den matrilinearen Stämmen Nyasalands weit stärker ist als bei anderen matrilinearen Stämmen Afrikas, betont auch Richards: a.a.O., S. 230, 231.

19 S. Mitchell: The Yao Village. S. 197 ff. Hogdson berichtet, daß von dem Cewa erwartet wurde, als erste Frau eine Tochter des Bruders seiner Mutter zu heiraten. In: A. G. O. Hogdson: Notes on the Achewa and Angoni of the Dowa District of the Nyasaland Protectorate. In: J.R.A.I., No. 63, S. 123 ff., auf S. 136.

Konflikten ausgesetzt, da er seine Stellung als Vormund seiner Schwesterngruppe mit seiner Stellung als Ehemann und Vater oft nur unter Schwierigkeiten vereinbaren kann.

Die Spannungen zwischen matrilinearer Verwandtschaft und der Elementarfamilie führen oft zu Spaltungen von Dörfern, wobei sich aber meist die matrilineare Familie als der stärkere Teil erweist, und die Kinder des Mannes dann in das Dorf ihres mütterlichen Onkels ziehen[20].

Die patrilinearen Stämme

Bei den patrilinearen Stämmen hat die Elementarfamilie eine weitaus größere Bedeutung als bei den matrilinearen Stämmen. Die Ehe ist grundsätzlich virilokal, die Frau lebt im Dorf ihres Mannes.

Die Ngoni im Mchinji-, Dedza- und Ncheu Distrikt haben allerdings die uxorilokale Eheform der sie umgebenden matrilinearen Stämme weitgehend angenommen, bestimmen die Erb- und Nachfolge in Häuptlings- und Dorfältestenpositionen aber noch nach patrilinearen Regeln[21].

Auf der anderen Seite haben die matrilinearen Mang'anja im Süden des Landes weitgehend die patrilineare Eheform der Sena angenommen, bestimmen die Erb- und Nachfolge in Häuptlingspositionen aber weiterhin nach matrilinearen Regeln[22].

In polygamen Ehen wird die Bedeutung der einzelnen Elementarfamilien, der „Häuser", nach dem Senioritätsprinzip bestimmt. Die patrilineare Großfamilie setzt sich aus den Familien eines Mannes und den Familien seiner Söhne zusammen und umfaßt meistens drei Generationen.

b) Die Ehe und die Rechtsverhältnisse während der Ehe

Alle malawischen Stämme unterscheiden scharf zwischen einer Ehe – dem legalen Zusammenleben zweier andersgeschlechtlicher Personen – und der nicht als Ehe anerkannten Freundschaft. Die Kriterien, die das Zusammenleben zu einer Ehe machen, sind bei allen Stämmen in weitem Umfang dieselben:

- Die Zustimmung der Ehepartner.
- Die Zustimmung des Vormunds der Frau.
- Die formelle Zusammenkunft der „Heiratszeugen", der „ankhoswe"[23].
- Bei den Stämmen, die die Brautpreis-Ehe praktizieren, tritt als zusätzliches Erfordernis die Vereinbarung über die Zahlung des Brautpreises hinzu.

20 S. MITCHELL: The Yao Village. S. 195 ff. und MARWICK: Sorcery. Auch hier spielen meist Zaubereianschuldigungen eine große Rolle.
21 S. J. A. BARNES: Marriage; MAIR: Marriage and Family Life.
22 S. A. W. R. DULY: The Lower Shire District: Notes on Land Tenure and Individual Rights. In: Nyasaland Journal, Vol. 2, No. 1, S. 11 ff.
23 Die am häufigsten gebrauchten englischen Übersetzungen sind: marriage guardian, -trustee, -advocate, -surety, -sponsor und -witness.

Die Eheanbahnung ist bei allen Stämmen durch einen vielfältigen Austausch von Geschenken begleitet. Das Fehlen der Geschenke und der der Heirat vorausgehenden Zeremonien berührt die Wirksamkeit einer Ehe jedoch nicht, wenn die oben genannten Voraussetzungen erfüllt sind. Von dem Austausch von Geschenken ist die „lobola", der Brautpreis, zu unterscheiden, deren Zahlung bzw. Nichtzahlung wichtige rechtliche Konsequenzen hat und zugleich das Unterscheidungsmerkmal für die zwei in Malawi auftretenden Grundtypen der traditionalen Ehe bildet. Zunächst sollen jedoch die allen Stämmen gemeinsamen Gültigkeitsvoraussetzungen einer Ehe dargestellt werden.

Die Zustimmung der Ehepartner

Eine Ehe, die ohne Zustimmung der beiden Ehepartner geschlossen wird, ist keine bindende Ehe. Das gilt auch für Ehen, bei denen die Verwandten den zukünftigen Ehepartner für ihren Sohn, Neffen oder ihre Tochter oder Nichte ausgewählt haben, oder bei denen, wie bei den Cewa üblich, Mädchen schon vor der Pubertät „verlobt" werden. Natürlich konnte, wie in allen Gesellschaftsformen, ein gewisser sozialer Zwang auf widerspenstige Kinder ausgeübt werden, der sogar, wie beim Sororat und Levirat, institutionalisiert und sanktioniert war; rechtliche Zwangsmaßnahmen zur Durchsetzung dieser Eheformen gab es jedoch nicht. Im allgemeinen war die Wahrscheinlichkeit, daß es zu Zwangsehen kam, wohl geringer als in anderen Gesellschaftsformen.

Bei den Stämmen, die die Brautpreis-Ehe praktizierten, muß der Vater, der seine Tochter zu einer Ehe mit einem Mann zwingt, damit rechnen, daß es bald zu einer Scheidung kommt und er voraussichtlich den Brautpreis zurückzahlen muß, was zu erheblichen sozialen Spannungen zwischen den beiden Familien führen würde[24].

Bei den anderen Stämmen sind Zwangsheiraten wegen der relativ starken Position der Frauen kaum möglich.

1936 war die Frage der Zwangsehen in Nyasaland Gegenstand einer umfangreichen Untersuchung, da vom Kolonialministerium ein Bericht über die dortigen Zustände angefordert worden war[25]. Aus den Berichten der Provincial Commissioners geht klar hervor, daß Zwangsehen in Nyasaland nicht üblich waren[26].

---

24 Vgl. den Bericht des District Commissioner von Port Herald (heutige Bezeichnung: Nsanje) über das Brautpreis-System der Sena vom 3. 3. 1931. In: ZA NS 1/26/6.
25 S. den Brief des Kolonialministers an den Gouverneur vom 17. 8. 1936. In: ZA 918/31. Im Unterhaus war wegen eines Artikels im Africa Standard über Zwangsehen in Kenya eine Anfrage an das Kolonialministerium gerichtet worden.
26 S. die Berichte der Provincial Commissioners der Südprovinz vom 26. 10. 1936 und der Nordprovinz vom 28. 10. 1936. In: ZA 918/31.

„Consent is always in the hand of the girl" berichtete der Provincial Commissioner der Nordprovinz und betonte, daß in einem solchen Falle das Gericht sofort eine Scheidung aussprechen und den Vormund, der Zwang ausgeübt hatte, bestrafen würde.

Die Zustimmung des Vormunds

Ohne Zustimmung des Vormunds, vor allem der des Vormunds der Frau, kann eine Ehe nicht geschlossen werden. Die Zustimmung ist dabei unabhängig vom Alter der Heiratswilligen erforderlich[27].
Doch war die Zustimmung – des Vaters bei den patrilinearen Stämmen bzw. des Onkels mütterlicherseits bei den matrilinearen Stämmen – keine Entscheidung des Vormunds als Einzelperson. Die ganze Familie beriet den Fall, zog den Dorfältesten zu Rat und befragte das Mädchen, da die Ehe die ganze Familie, ja das ganze Dorf betraf. ROBERTS[28] berichtet, daß besonders bei den Tonga das ganze Dorf des Mannes Anteil an der Wahl hatte – seine Frau war auch „ihre" Frau.

Die „ankhoswe"

Jeder Ehepartner hatte in der Regel einen, bei den Yao und Cewa meist zwei „ankhoswe". Die ankhoswe sind die Schützer der Ehe, sie wachen darüber, daß die Ehe nicht auseinandergeht und schlichten eheliche Streitigkeiten. Diese Funktion wird meistens von einem nahen männlichen Verwandten, dem Bruder des Vaters oder der Mutter, dem eigenen Bruder oder von einem guten Freund ausgeübt.
Bei der Anbahnung der Ehe spielen die ankhoswe eine wichtige Rolle. Nachdem ein heiratswilliger junger Mann durch einen Freund oder persönlich ausgekundschaftet hat, daß das Mädchen ihn heiraten und ihr Vormund seine Zustimmung erteilen will, schickt er seine ankhoswe zu denen des Mädchens. Bei dem Treffen wird in der Regel ein Geschenk des Mannes an den Vormund des Mädchens übergeben[29] und die zukünftige Ehe besprochen. Diese formelle Zusammenkunft der ankhoswe ist die unabdingbare Voraussetzung für eine rechtlich anerkannte Ehe[30].
Daß dies auch heute noch gilt, mag folgender Fall illustrieren. In Derby Bweya v. A. D. Poya[31] klagte die Klägerin B. auf „Scheidung". B. und P. hatten heiraten wollen. Die formelle Zusammenkunft der ankhoswe war verabredet und die Höhe des Brautpreises schon festgelegt. Irgendwie war es aber nicht zu dem Treffen gekommen. B. und P. lebten etwa ein Jahr zusammen, bis sie sich entzweiten. Während ihres Zusammenlebens hatte P. auf

---

27 IBIK: Thesis. S. 524.
28 ROBERTS: Matrilineal Family Law. S. 24.
29 Vgl. HOGDSON: a.a.O., S. 141.
30 Vgl. MAIR: Marriage and Family Life. S. 108.
31 Civ. C. 372 of 1967, Linga L.C.

bestimmten Schriftstücken den Namen von „Fräulein B." in „Frau B." verändert, „he changed my name to be his wife", wie die Klägerin sich ausdrückte. Der Local Court schied die Parteien, da er sie für verheiratet hielt: "The second proof is that he changed the name of Miss B. to Mrs. B. which of course reveals the marriage between them."

Das Berufungsgericht war jedoch anderer Ansicht[32]. Da es zu keiner formellen Zusammenkunft der ankhoswe gekommen war, war es "proved beyond reasonable doubt that there was no proper marriage". Folgerichtig wurde das Scheidungsurteil aufgehoben.

Dabei ist es nicht so, daß der Local Court etwa „progressiv" gewesen sei. Auch heute noch, auch unter der den traditionalen Bindungen nicht mehr so sehr verhafteten Stadtbevölkerung, ist die formelle Zusammenkunft der ankhoswe das entscheidende Merkmal, das die Verbindung zwischen Mann und Frau legalisiert. Die Local Courts Chairmen von Blantyre, Zomba und Lilongwe, der drei größten Städte Malawis, versicherten einhellig, sie würden nie das Bestehen einer Ehe annehmen, wenn sich die ankhoswe nicht getroffen hätten[33].

Auch eine anfangs „wilde" Ehe kann durch die nachfolgende Zusammenkunft der ankhoswe und die Zustimmung des Vormunds legalisiert werden.

Die Brautpreis-Ehe

Die Stammesrechtsehe läßt sich grob in zwei Hauptformen unterscheiden. Unterscheidungsmerkmal ist die Zahlung oder Nichtzahlung des Brautpreises. Die Brautpreis-Ehe wird überwiegend bei den patrilinearen Stämmen praktiziert[34], heute hauptsächlich noch bei den Ngoni im Mzimba Distrikt und bei den Tumbuka. Der Brautpreis wurde früher nur in Rindern gezahlt, heute wird jedoch auch häufig Geld gegeben. Wenn hier der Begriff „Brautpreis" benutzt wird, so nur deshalb, weil er sich auch in der deutschen Sprache eingebürgert hat. Ein Preis im Sinne eines Kaufpreises ist er sicher nicht. Der Brautpreis war wohl ursprünglich als Entschädigung der Familie des Mädchens für den Verlust des Mädchens gedacht, dient aber in erster Linie als Unterpfand für das Bestehen der Ehe. Der Schwiegervater kann ihn nicht einfach seinem Vermögen einverleiben, er muß davon getrennt bleiben, da er u. U. nach der Scheidung zurückgegeben werden muß[35]. Stirbt ein Rind, muß der Schwiegervater das Fleisch einsalzen und dem Ehemann schicken, der das Rind dann ersetzen muß. Essen der Schwiegervater und seine Familie das Fleisch auf, so muß er es durch ein lebendes Tier ersetzen.

Der Brautpreis ist nicht unbedingt „verlorenes Gut" für den Ehemann. Ist sein Schwiegervater mit ihm zufrieden, wird er ihm für jedes Kind, das die

---

32 Derby Bweya v. A. D. Poya, Civ. App. 22 of 1967, Kasungu L.A.C.
33 Bei Diskussionen mit dem Verfasser.
34 Vgl. aber S. 75.
35 Vgl. die Ausführungen auf S. 82.

Frau gebiert, ein Rind zurückgeben oder sogar auf einen Teil der abgemachten Menge verzichten. Das liegt jedoch ganz im Ermessen des Schwiegervaters; ein Anspruch, für jedes Kind der Ehe ein Rind zurückfordern zu können, besteht nicht.

Die vollständige Zahlung des Brautpreises ist keine Gültigkeitsvoraussetzung für das Bestehen einer legalen Ehe. Sobald sich der Schwiegersohn und der Schwiegervater über den Brautpreis geeinigt, die ankhoswe sich getroffen haben und der Schwiegervater seiner Tochter das Zusammenleben mit dem jungen Mann erlaubt, ist die Ehe legal. Allerdings wird ein Schwiegervater nur selten seine Zustimmung zu dem Zusammenleben der zukünftigen Eheleute geben, wenn der junge Mann nicht in der Lage ist, wenigstens einen Teil des Brautpreises zu geben.

Die Zahlung oder Nichtzahlung des Brautpreises ist von großer rechtlicher Bedeutung, da sie das Recht über die Frau und die Kinder bestimmt. Hat ein Mann den Brautpreis gegeben, so steht ihm das alleinige Vormundschaftsrecht über seine Frau und die Kinder der Ehe zu.

"The children are where the cattle are not." [36]

Die Ehe ist daher virilokal. Solange der Schwiegersohn den Brautpreis nicht gezahlt hat, kann er nicht erwarten oder verlangen, daß er seine Frau in sein Dorf nehmen darf.

Er wird sich aber in der Regel spätestens zur Zahlung bequemen, wenn seine Frau Kinder bekommt, weil diese sonst dem Schwiegervater „gehören" [37]. Ist der Brautpreis teilweise gezahlt, so liegt es beim Schwiegervater, ob er seine Tochter gehen lassen will. Der Ehemann bleibt dann weiterhin zur Zahlung verpflichtet. Der Anspruch des Schwiegervaters auf die Kinder kann er jederzeit durch vollständige Zahlung zum Erlöschen bringen. Nach dem Tod des Ehemannes kann der Schwiegervater den offenstehenden Teil des Brautpreises von den Verwandten des Mannes verlangen, zahlen diese nicht, kehrt die Frau mit den Kindern zu ihrem Vater zurück.

Doch haben auch die Verwandten des Mannes die Berechtigung, von sich aus die Zahlung zu erbringen. Der Schwiegervater hat nicht das Recht, die Annahme zu verweigern und statt der Zahlung die Rückkehr seiner Tochter und seiner Enkelkinder zu verlangen.

Die Vormundschaftsrechte über Frau und Kinder stehen also dem Mann zu. Solange die Kinder klein sind – „until they understand" –, werden sie in der Regel in der Obhut der Mutter gelassen.

Die bevorrechtigte Stellung des Mannes zeigt sich auch bei den güterrechtlichen Beziehungen der Eheleute. Alles, was die Frau mitbrachte und was zum gemeinsamen Haushalt gehörte, gehörte früher dem Mann. Dahinter stand der Gedanke, daß ja auch die Frau und die Kinder dem Mann gehörten.

---

36 Radcliffe–Brown und Forde (Hrsg.): a.a.O., S. 80.
37 Vgl. Hogdson: a.a.O., S. 142.

"Wife and children are owned by the husband; it is only the law which neglects this",

wie sich ein Tumbuka Local Courts Chairman etwas wehmütig ausdrückte.

Heute wird anerkannt, daß auch Frauen zumindest Eigentum[38] an persönlichen Gegenständen haben, über das sie nach Belieben verfügen können. Doch kann die Frau nicht ohne Zustimmung ihres Mannes über gemeinsames Gut, z. B. Haushaltsgegenstände, verfügen, wohl aber der Mann, wenn auch seine Verhaltensweise als „schlechtes Benehmen" den Tadel aller auf sich ziehen wird.

Die Ehe ohne Brautpreis

Bei den matrilinearen Stämmen wird gewöhnlich kein Brautpreis gegeben. Der Ehemann lebt im Dorf seiner Frau und hat dort wenig Rechte[39]. Seine Kinder „gehören" seiner Frau und unterstehen der Vormundschaft des ältesten Bruders der Frau. Der Mann muß seiner Frau eine Hütte bauen und bei den meisten matrilinearen Stämmen zunächst auf dem Feld seiner Schwiegereltern arbeiten.

Die Frau nimmt dem Mann gegenüber eine weitaus stärkere Position ein als bei den patrilinearen Stämmen. An den Früchten der gemeinsamen Arbeit und an dem gemeinsamen Haushaltsgut hat sie dieselben Rechte wie ihr Mann. Was sie sich durch eigene Arbeit, z. B. durch Bierbrauen oder den Verkauf selbstgemachter Töpfe, verdient, gehört ihr allein[40].

Die Männer der matrilinearen Stämme sind oft bemüht, ihre Frauen und Kinder durch eine Brautpreis-Ehe an sich zu binden. Viele der in Südafrika und Rhodesien arbeitenden Malawier heiraten daher Frauen aus den durchweg patrilinearen Stämmen dieser Gebiete. Eine Frau aus ihrem eigenen Stamm werden sie meist nicht nach einer Brautpreis-Ehe heiraten können, da die Vormunde der Mädchen nur selten den Brautpreis annehmen. Tun sie das jedoch, dann „gehören" Frauen und Kinder dem Mann.

c) Eheliche Streitigkeiten und Scheidung

Die Beilegung ehelicher Streitigkeiten

Alle ehelichen Streitigkeiten werden zunächst familienintern und nicht vor Gericht geschlichtet. Hat eine Frau Streit mit ihrem Mann, so geht sie gewöhnlich erst zu ihrem Bruder oder ihrem Vater (bei den patrilinearen Stämmen) und beschwert sich dort.

Der Bruder oder Vater geht dann zu dem Mann und beide versuchen, den Streit aus der Welt zu schaffen. Gelingt ihnen das nicht, so wird der Streit

---

38 Nach der Auskunft von Local Courts Chairmen.
39 Vgl. aber S. 82/83.
40 Vgl. die Reports on the Status of Native Women. Report for the Blantyre and Central Shire District vom 28. 3. 1931. In: ZA NS 1/26/6.

den ankhoswe beider Ehegatten vorgetragen. Läuft ein Ehepartner dem anderen davon (meistens die Frau dem Mann), muß der ankhoswe dafür sorgen, daß sie/er zu ihrem Mann/seiner Frau zurückkehrt. Diese Pflicht ist, wie der folgende Fall verdeutlichen mag, eine Rechtspflicht, die das Stammesrecht sanktioniert. In Deliasi Mkwerela v. Jelemiya Fulawo[41] klagte ein Mann gegen den ankhoswe seiner Frau, da dieser nichts unternommen hatte, um die dem Kläger weggelaufene Ehefrau zurückzubringen. Der ankhoswe mußte 5 £ „Entschädigung" zahlen. In dem Urteil hieß es:

"You as an advocate was the one to get things settled and it was your duty to fetch the wife and give her back to her husband and since you did nothing you'll have to give a tip to the complainant for all the inconveniences thereof caused to soothe his troubled conscience. But see to it that the wife is back to her husband."

Die Scheidung

Bei den matrilinearen Stämmen sind Scheidungen seit jeher häufig. War der Ehemann den Verwandten der Frau nicht sympathisch oder mochte sie ihn selber nicht mehr, war es leicht, ihn „wegzuekeln". MARWICK spricht von der Cewa Frau und ihrem „current husband"[42]. Bei den Ngoni waren Scheidungen früher sehr selten. Die Frau konnte sich der Autorität ihres Mannes nur selten entziehen, auf Unterstützung ihres Vaters konnte sie nicht rechnen, da er befürchten mußte, den Brautpreis zurückzuzahlen[43]. Heute ist jedoch die Scheidung bei allen Stämmen recht häufig.

Das Familienrecht wird von dem allgemeinen Grundsatz beherrscht, daß Ehegatten nicht gezwungen werden können, gegen ihren Willen zusammenzuleben, d. h. verheiratet zu sein[44].

Als Scheidungsgründe, bei denen eine Scheidung als angemessen angesehen und die Zustimmung der übrigen Dorfbewohner finden wird, gelten Impotenz, Ehebruch[45], Grausamkeit und ständige Streitsucht. Mit dem Aufkommen der Wanderarbeit kam ein neuer Grund hinzu, das Verlassen der Ehefrau.

---

41 Civ. C. 74 of 1967, Mapuyu L.C., aufrechterhalten in Civ. App. 31 of 1967, Lilongwe L.A.C.

42 Nach RICHARDS: a.a.O., S. 233.

43 Vgl. M. READ: The Moral Code of the Ngoni and Their Former Military State. In: Africa, Vol. 11, No. 1, S. 1 ff., auf S. 16. (Im folgenden zitiert als M. READ: The Moral Code. S. . . .)

44 S. den Ausspruch des Richters in William Makumba v. Katerina Kara C.A. (L.C.) 26 of 1967, M.H.C.: „The three assessors unanimously advised me that in African law and custom one spouse cannot be compelled to cohabit with the other . . ."

45 Es ist jedoch nicht üblich, sich beim ersten Ehebruchsfall scheiden zu lassen; man wird vielmehr den Ehebrecher auf „Schadenersatz" verklagen. Bei den Ngoni hatte die Frau nicht die Berechtigung, die Scheidung zu verlangen, wenn ihr Mann die Ehe gebrochen hatte.

Eine Scheidung ist erst möglich, wenn die ankhoswe vergeblich versucht haben, die Ehe zu retten.

Der Akt der Scheidung, der die Beendigung der Ehe nach außen sichtbar machte, vollzog sich ebenfalls unter der Mitwirkung der ankhoswe. Bei den Brautpreis-Ehen führten die ankhoswe des Mannes die Frau in ihr Dorf zurück. Außer ihren persönlichen Sachen durfte die Frau nichts mitnehmen. Hausrat und Kinder blieben beim Mann. Die Frage der Rückzahlung des Brautpreises wurde unterschiedlich gehandhabt. Der Mann klagte den Brautpreis nur selten ein, wenn er selbst schuld an der Scheidung war [46], da sich sein Recht auf die Kinder der Ehe ja auf die Zahlung des Brautpreises gründete. Andererseits wurde es als unbillig empfunden, wenn ein Schwiegervater seine Tochter zurückhielt und u. U. noch einmal einen Brautpreis für sie „kassierte". Die Häuptlinge, d. h. die Gerichte, ordneten daher meist die Rückgabe des Brautpreises an; oft wurde für jedes Kind, das der Ehemann behielt, ein Rind abgezogen [47].

Bei den matrilinearen Stämmen wurde die Scheidung effektiv, wenn der Ehemann dem Vater der Frau in Gegenwart der ankhoswe einen bestimmten Gegenstand – ein Huhn, Pfeile oder eine Kette – gab und dieser es an den Vormund des Mädchens weitergab. Der Mann verließ dann das Dorf seiner Frau. Die Kinder blieben bei der Mutter und ihrer Familie. Die Erntevorräte wurden zwischen den Ehegatten geteilt. Sonst durfte der Mann mit Ausnahme der Fenster und Türen des Hauses, das er für seine Frau gebaut hatte, nichts mitnehmen. Außerdem wurde ihm oft eine kleine Entschädigung gegeben und die (Kopf- oder Hütten-)Steuer, die er für die Frau während der letzten Jahre gezahlt hatte, wiedererstattet [48].

d) Neue Entwicklungstendenzen im Ehe- und Familienrecht

In neuerer Zeit gewinnt im Zuge der Entwicklung bei allen Stämmen die Kleinfamilie Vater-Mutter-Kind immer mehr an Bedeutung. Das wirkt sich besonders bei den matrilinearen Stämmen aus: Die Stellung des Ehemannes gegenüber dem Bruder seiner Frau wird stärker, besonders wenn er nicht im Dorf seiner Frau, sondern in der Stadt wohnt, oder wenn er in einen anderen Teil des Landes gezogen ist. Vor allem Ehemänner, die eine Schulbildung genossen haben, lassen sich von dem Bruder ihrer Frau nicht mehr in ihr Eheleben und die Kindererziehung hineinreden [49]. Inwieweit hier jedoch von

---

46 Vgl. Nyasaland Government: Memorandum No. 2 on Native Customs in Nyasaland (Marriage, Divorce, Succession and Inheritance). Gov. Pr. Zomba 1937, S. 8. (Im folgenden zitiert als: Native Customs No. 2. S. ...)

47 Vgl. Memorandum on Marriage of African Girls des Provincial Commissioner der Nordprovinz vom 28. 10. 1936. In: ZA 918/31. Vgl. Hogdson: a.a.O., S. 142.

48 Hogdson: a.a.O., S. 138.

49 „All school people follow the father." Mair: Marriage and Family Life. S. 119.

einem Rechtswandel gesprochen werden kann, ist nur schwer abzuschätzen, da derartige Streitigkeiten kaum in den Gerichten verhandelt werden.

Scheidungen werden heute immer häufiger in den Gerichten verhandelt und entschieden. Beispielhaft für die sich wandelnde Einstellung ist die von der Klägerin in Alesi Kaseza v. Sandreya Andreya [50] vorgebrachte Meinung. Sie beschwerte sich, ihr Mann habe ihrem ankhoswe ein Huhn gegeben, der es ihr dann gegeben habe, um so zu zeigen, daß die Ehe beendet sei. Daraufhin ging sie vor Gericht:

"because one is not divorced at home but in court".

Das Gericht schied die Ehe bzw. bekräftigte die Scheidung.

Die Scheidung „at home" ist aber auch heute noch eine wirksame Scheidung, wie die Local Courts Chairmen versicherten [51].

Der Grund dafür, daß die überwiegend von Frauen eingebrachten Scheidungsklagen heute immer mehr vor Gericht verhandelt werden, ist in erster Linie in den damit verbundenen Entschädigungs- und Unterhaltsklagen zu suchen. Dies ist vielleicht eine der interessantesten Wandlungserscheinungen im traditionalen Recht [52]. Die Idee, daß ein Mann seine Frau und seine Kinder nach der Scheidung unterstützen muß, ist dem „alten" Stammesrecht völlig fremd [53].

Die Praxis der Local Courts in diesen Fragen ist noch ziemlich uneinheitlich. Die Gewährung von Unterhalt nach der Scheidung scheint bislang nur in den Urban Courts üblich zu sein. In Mchoma v. Chikaonda [54] und Usumani v. Dickson [55] verurteilte z. B. der Blantyre Urban Court die Beklagten, monatlich 1 £ pro Kind bis zur Erreichung des 16. Lebensjahres an die geschiedenen Ehefrauen zu zahlen.

Bei der Frage, welcher Ehegatte eine Entschädigung oder Abfindung (compensation) zu zahlen hat, scheint sich folgendes Prinzip eingespielt zu haben:

---

50 Civ. C. 188 of 1965, Mapuyu L.C.; aufrechterhalten in Sandreya Andreya v. Alesi Kaseza Civ. App. 4 of 1967, Lilongwe L.A.C.

51 Im Gespräch mit dem Verfasser. Ähnlich ist die Lage wohl auch nach dem traditionalen Recht der meisten afrikanischen Stämme in anderen Staaten. Vgl. A. N. ALLOT, A. L. EPSTEIN und M. GLUCKMAN: Introduction. In: M. GLUCKMAN (Hrsg.): Ideas and Procedures in African Customary Law. Studies presented and discussed at the Eighth International African Seminar at the Haile Selassie I University, Addis Ababa, January 1966. Oxford University Press for the International African Institute. London 1969, S. 65.

52 Vgl. auch die Ausführungen auf S. 154.

53 Vgl. den Bericht des Acting District Resident von Kota-Kota an den Attorney General vom 21. 12. 1925. In: ZA L 3/30/6. IBIK schreibt: „With respect any specific award for the maintenance and support of a spouse after divorce is contrary to the customary laws of Malawi." IBIK: Thesis. S. 633.

54 Civ. C. 101 of 1966, Blantyre U.C.

55 Civ. C. 153 of 1966, Blantyre U.C.

In erster Linie berücksichtigen die Gerichte, wer den Anstoß zur Scheidung gegeben hat, d. h. wer *in Wirklichkeit* den anderen Ehegatten nicht mehr länger haben will[56]. Erst in zweiter Linie spielt die Schuld an der Scheidung eine Rolle.

Wer *in Wirklichkeit* den Ehegatten nicht mehr haben will, den trifft die Verantwortlichkeit für die Scheidung:

"he/she is to divorce his wife/her husband".

Dabei spielt es keine Rolle, ob der Betreffende nun der Kläger ist oder nicht, oder ob er vor Gericht erklärt hat, er wolle die Scheidung gar nicht. In Seliva Banda v. Kassalika Chirwa[57] z. B. klagte die Ehefrau auf Scheidung. Gegen Ende der Verhandlung bekräftigte der Beklagte ausdrücklich, daß er nicht geschieden sein wolle. Dennoch kam das Gericht in seinem Urteil zu dem Ergebnis:

"This court has proved beyond reasonable doubt that it is the defendant who does not want his wife . . .",

und verurteilte den Beklagten „to divorce his wife".

Nach ähnlichen Gesichtspunkten wird auch über die Teilung des Brautpreises und des gemeinsamen Vermögens entschieden. Auch „wem die Kinder gehören", beurteilt sich nach wie vor nach den althergebrachten Regeln.

2. Die ehe- und familienrechtlichen Verhältnisse nach den Ehegesetzen

a) Die Ehe nach der Marriage Ordinance[58]

Die Marriage Ordinance regelt die Ehe auf der Basis des englischen Rechts[59]. In den Formen der Marriage Ordinance kann jeder Einwohner Malawis heiraten, es gibt keine rassischen oder religiösen Beschränkungen. Beide Ehepartner müssen 21 Jahre alt sein. Bei Minderjährigen muß die Zustimmung des Vaters vorliegen, ist dieser tot, die der Mutter, ist auch die Mutter ver-

---

56 Vgl. A. L. Epstein: The Administration of Justice and the Urban African: A Study of Urban Native Courts in Northern Rhodesia. Colonial Research Studies No. 7. London 1953. S. 69. (Im folgenden zitiert als: Epstein: The Administration of Justice. S. . . .) Epstein beobachtete in den Urban Courts im nordrhodesischen Copperbelt ähnliche Tendenzen.
57 Civ. C. 378 of 1967, Mthembwe L.C.
58 Gesetz Nr. 3 von 1902, Cap. 102, 1961 (Rev. Ed.).
59 Bis 1966 war der englische Foreign Marriage Act von 1892, ergänzt durch die britische Foreign Marriage Orders-in-Council von 1913, 1925 und 1933, als statute of general application in Kraft. Das Gesetz sah vor, daß britische Staatsangehörige (British subjects) nach englischem Recht heiraten konnten, wenn das Eherecht des betreffenden Landes diese Möglichkeit nicht vorsah. Meines Wissens ist in Malawi (Nyasaland) nach diesem Gesetz keine Ehe geschlossen worden.

storben, muß der Vormund seine Zustimmung erteilen. Die sonstigen Ehevoraussetzungen beurteilen sich nach englischem Recht.

Die Ehe kann kirchlich oder weltlich vor einem Standesbeamten (marriage registrar) geschlossen werden. In beiden Fällen müssen die Ehepartner ein Ehefähigkeitszeugnis (certificate of marriage) vorlegen, das vom Standesbeamten erteilt wird. Dem Antrag auf Erteilung des Ehefähigkeitszeugnisses folgt eine Aufgebotszeit, die von drei Wochen bis zu drei Monaten betragen kann. Die Absicht der Eheschließung wird in das Heiratsbuch (marriage notice book) eingetragen und öffentlich bekannt gemacht.

Während der Aufgebotszeit kann jeder, dessen Zustimmung zur Ehe erforderlich ist oder der um ein Ehehindernis weiß, im Heiratsbuch einen Widerspruchsvermerk (caveat) eintragen. Über die Berechtigung des Vermerks entscheidet der High Court in einem summarischen Verfahren, in dem die Ehepartner und die Person, die den Vermerk eingetragen hat, gehört werden müssen.

Für Afrikaner, die nach der Ordinance heiraten, gelten einige Sondervorschriften [60]. Keiner der Ehepartner darf mit einer dritten Person nach Stammesrecht verheiratet sein. Ein Verstoß gegen diese Vorschrift macht die Ehe nichtig. Bis 1967 hatte die Ordinance-Ehe für Afrikaner weitreichende erbrechtliche Konsequenzen [61]. Nach sec. 40 wurde der Nachlaß bis auf Stammesland nach englischem Recht vererbt. Dies galt nicht nur für die Eheleute selbst, sondern auch für ihre Abkömmlinge. Alle kirchlichen Ehen, die Afrikaner vor Erlaß der Marriage Ordinance geschlossen hatten, wurden als Ehen im Sinne des Gesetzes behandelt, so daß sec. 40 auch für die Afrikaner galt, die sich ohne jegliche Kenntnis des Gesetzes von Missionaren hatten trauen lassen [62].

Bigamie war strafbar. Im Verhältnis Ordinance-Ehe – Stammesrechtsehe galten besondere Strafvorschriften: Jeder schon nach Stammesrecht verheiratete Afrikaner, der nach der Marriage Ordinance eine weitere Frau heiratete, sowie jeder nach der Ordinance verheiratete Afrikaner, der eine weitere Frau nach Stammesrecht heiratete, wurde mit Gefängnis bis zu fünf Jahren bestraft [63].

Das Scheidungsrecht war in der Divorce Ordinance von 1905 [64] geregelt. Die Scheidungsgründe waren dem englischen Recht nachgebildet. Das Gesetz regelte weiter die Fragen der Ehenichtigkeit, der Unterhaltsansprüche nach

---

60 Wieweit darüber hinaus eine Marriage Ordinance-Ehe den rechtlichen Status eines Afrikaners änderte, wird in einem gesonderten Abschnitt behandelt. Vgl. dazu die Ausführungen auf S. 89 ff.

61 Sec. 40 der Marriage Ordinance wurde durch den Wills and Inheritance Act von 1967, Gesetz Nr. 25 von 1967, außer Kraft gesetzt.

62 Dies wurde vom High Court in Grayson and Harry Machinjiri v. Kapusa and others 5 Ny.L.R. 74 ausdrücklich bestätigt.

63 Sec. 54, 55 Marriage Ordinance.

64 Gesetz Nr. 5 von 1905, Cap. 106, 1961 (Rev. Ed.).

der Scheidung und der Vormundschaft über Kinder. Grundsätzlich galt nach sec. 4 sonst das Recht, das der High Court of Justice in England anwendete, also englisches Recht.

b) Die Ehe nach der Christian Native Marriage Ordinance von 1912 [65]

Dieses Ehegesetz war nur von 1912 bis 1923 in Kraft. Es erleichterte die Formalitäten bei der Eheschließung von christianisierten Afrikanern. Nach sec. 6 konnte jeder Priester einer christlichen Religionsgemeinschaft als Standesbeamter im Sinne der Marriage Ordinance fungieren. Die Rechtsfolgen dieser Ehe waren dieselben wie bei einer Ehe nach der Marriage Ordinance. Ein Unterschied bestand nur insoweit, als beide Ehepartner Christen sein mußten (both of whom profess the Christian religion). Dabei genügte nicht, daß sie sich zu einer christlichen Religion bekannten, sie mußten, wie der High Court in Amisi v. Zingarembo [66] und Mchenga v. Manesi [67] feststellte, getauft sein.

c) Die Trauung nach der African Marriage (Christian Rites) Registration Ordinance von 1923 [68]

Die African Marriage (Christian Rites) Registration Ordinance erlaubte die kirchliche Trauung von Afrikanern durch Priester aller christlichen Religionen. Sec. 3 bestimmte jedoch:
"Provided that the celebration of marriage under this Ordinance shall not as regards the parties thereto alter or affect their status or the consequences of any prior marriage entered into by either party according to native law and custom or involve any legal consequences whatever."
Die Trauung und die Registrierung dieser Trauung haben also keine Rechtsfolgen [69]. Rechtlich relevant kann nur eine der Trauung vorausgegangene oder gleichzeitig geschlossene Ehe nach Stammesrecht sein. Alle Rechtsbeziehungen der Ehepartner werden nach Stammesrecht beurteilt. In diesem Sinne äußerte sich auch der Richter in Gombera v. Kumwembe [70], der einzigen Entscheidung, die sich mit der Interpretation von sec. 3 befaßt:
"I read this as meaning that the marriage in such a case is completed by carrying out whatever is necessary to be carried out according to native law

---

65 Gesetz Nr. 15 von 1912.
66 Civ. C. 39 of 1916/17, Ny.H.C.
67 Civ. C. 18 of 1918/19, Ny.H.C.
68 Gesetz Nr. 7 von 1923, Cap. 104, 1961 (Rev. Ed.).
69 Die Trauung wäre hinsichtlich der Rechtsfolgen wie eine kirchliche Trauung nach deutschem Recht anzusehen.
70 1958 R & N 849.

and custom, and that the ceremony is merely an additional matter which enables the marriage to be registered under the Ordinance." [71]

Dieser Auffassung ist jedoch neuerdings widersprochen worden. IBIK [72] behauptet nach seiner Interpretation von sec. 3:

"It is our contention that on a proper analysis and careful balancing of the impact of the actual words utilized in the proviso under review, a marriage celebrated under the Ordinance of 1923 may be regarded as a marriage strictu sensu; albeit sui generis."

Ausgangspunkt für diese Behauptung ist die etwas hypothetische Situation, daß sich zwei Afrikaner nach der Registration Ordinance trauen lassen, ohne vorher nach Stammesrecht geheiratet zu haben. Aus den Worten „as regards the parties thereto" schließt IBIK, das Nichteintreten von Rechtsfolgen beziehe sich nur auf das Verhältnis der „Eheleute" untereinander, wirke jedoch nicht gegenüber Dritten. Folglich könne ein „Ehemann" trotz sec. 3 Schadenersatz wegen „Ehebruchs" verlangen, wobei als Rechtsgrund die verletzte „Ehe" nach der Registration Ordinance diene [73].

Weiter müßten auch die Kinder einer solchen „Ehe" Dritten gegenüber als ehelich angesehen werden. Ebenso gelte englisches Recht hinsichtlich der Ehefähigkeit der Ehepartner [74].

IBIKS Auffassung kann nicht zugestimmt werden. Auf welches Recht z. B. sollte eine „Ehebruchsklage" gestützt werden? – eine Frage, auf die IBIK nicht eingeht. Englisches Recht kommt nicht in Frage, also Stammesrecht? Doch auf Stammesrecht könnte eine solche Klage nicht gestützt werden, da die Voraussetzung dafür, die Ehe nach Stammesrecht, nicht gegeben ist. „Wo waren Deine ankhoswe?" würde das Gericht den Kläger fragen.

Wie sollte, falls Dritten gegenüber eine Außenwirkung besteht, die „Ehe" beendet werden? Eine Scheidung wäre nicht möglich, da die Ehegatten gar nicht verheiratet sind. Durch einen Akt der Kirche? Dieser wäre rechtlich irrelevant. Nach außen wäre die „Ehe" unauflöslich, doch im Innenverhältnis stände es den „Ehegatten" frei, zu tun, was ihnen beliebt; sie könnten heiraten usw.

Wie könnten Kinder als ehelich gelten, wenn das Gericht ihre Eltern als unverheiratet ansehen müßte [75]? IBIKS theoretische Überlegungen führen in ein Gewirr von unlösbaren Fragen. Es besteht kein Anlaß, von der in Gombera v. Kumwembe [76] vorgenommenen Interpretation abzugehen. Recht-

---

71 So auch T. D. THOMPSON: Notes on African Customs in Nyasaland. Gov. Pr. Zomba 1956, S. 4.
72 IBIK: Thesis. S. 195, 196.
73 —: S. 143, 144, 196.
74 —: S. 136.
75 Das fragt sich auch ROBERTS: Thesis, S. 346, der auf das Problem aber sonst nicht weiter eingeht.
76 1958 R & N 849, Ny.H.C.

lich relevant ist nur die Stammesehe. Die Trauung kann nur kirchenrechtlich sanktioniert werden; die Gerichte können auf kirchenrechtliche Normen jedoch keinen Zugriff nehmen[77].

d) Die Ehe nach der Asiatics (Marriage, Divorce and Succession) Ordinance von 1929[78]

Bis 1929 gab es keine gesetzlichen Vorschriften, die das Eherecht der im Lande lebenden Asiaten regelten. Die Einführung der Asiatics (Marriage, Divorce and Succession) Ordinance ging auf die Initiative der Regierung zurück, die Inder hatten keine entsprechenden Vorstöße gemacht[79].

Man hatte sich gescheut, das Eherecht der Asiaten irgendwie näher zu erfassen, obgleich das indische Religionsrecht kein geltendes Recht in Nyasaland war, und die von den Indern geschlossenen Ehen nicht die Gültigkeitsvoraussetzungen der Marriage Ordinance erfüllten.

Fälle, in denen die Wirksamkeit einer indischen Ehe vor Gericht angefochten worden wäre, waren bis 1929 nicht eingetreten. Das Gesetz beendete diesen unsicheren Rechtszustand. Fortan beurteilte sich das Ehe- und Scheidungsrecht der nichtchristlichen Asiaten nach dem Recht ihrer jeweiligen Religionsgemeinschaft[80].

3. Die Rechtskonflikte im Familienrecht

a) Die Anerkennung der Stammesrechtsehe durch das englische Recht

Die Stammesrechtsehe wurde in Nyasaland von vornherein als eine gültige und Rechtswirkungen schaffende Ehe anerkannt[81]. Dagegen fiel es in anderen Kolonialgebieten den Richtern oft schwer, die Stammesrechtsehe mit der Definition der Ehe, die in Hyde v. Hyde[82] für das englische Recht gegeben worden war –

"the voluntary union for life of one man and one woman to the exclusion of all others" –

in Einklang zu bringen[83]. Es wurde schon an anderer Stelle darauf hin-

---

77 In G. Bema v. Alieti Beneti C.A. (L.C.) 5 of 1967, M.H.C., betonte der High Court, daß eine Anwendung kanonischen Rechts in den staatlichen Gerichten nicht möglich sei.
78 Gesetz Nr. 13 von 1929, Cap. 105, 1961 (Rev. Ed.).
79 S. den Bericht des Attorney General vom 28. 6. 1929. In: ZA L 3/30/5.
80 Sec. 2.
81 Sec. 36 Marriage Ordinance spricht schon 1902 von der „validity of any marriage contracted under or in accordance with any native law and custom...".
82 (1866) L.R. 1 P & D. 130.
83 Vgl. dazu den nigerianischen Fall in Re Sapara (1911) Ren. 605, auszugsweise zitiert bei ALLOT: Essays. S. 212.

gewiesen[84], daß Institutionen wie die Polygamie und das Sororat, obgleich von den Missionaren als heidnisch verurteilt, nicht der repugnance-Klausel zum Opfer fielen.

Die Anerkennung der Stammesrechtsehe als einer auch an englischen Maßstäben gemessenen gültigen Ehe bedeutete jedoch nicht, daß beide Eheformen in jedem Fall die gleichen rechtlichen Konsequenzen hatten. Das wurde besonders im Strafrecht aktuell, wenn das Gesetz an den Status des Ehegatten eine besondere Rechtsfolge knüpfte.

Wie dieses Problem in Malawi (Nyasaland) gelöst wurde, wird im Zusammenhang mit der Darstellung des Strafrechts näher beschrieben werden[85].

Im Bereich des Zivilrechts hatte diese Frage im Testamentsrecht Bedeutung. Nach englischem Recht wird ein Testament durch eine der Testamentserrichtung nachfolgende Ehe widerrufen. Fraglich war, ob das auch gelten sollte, wenn eine Stammesrechtsehe der Testamentserrichtung folgte.

Die malawischen Gerichte wurden mit diesem Problem nicht befaßt, doch mag die Situation in Rhodesien (damals Südrhodesien) als Beispiel dienen. Dort war die erwähnte Regel in sec. 7 des Deceaseds' Estates Succession Act[86] niedergelegt. In Seedat v. The Master[87] wurde zunächst entschieden, daß eine Stammesrechtsehe nicht den Widerruf eines Testaments bewirke. Diese Entscheidung wurde 1958 jedoch vom Federal Supreme Court in Estate Mehta v. The Acting Master[88] umgestoßen[89]. Für Malawi ist die Lage in sec. 9 des Wills and Inheritance Act von 1967[90] geklärt worden: Ein Testament wird danach nur durch eine Ehe, die nach der Marriage Ordinance geschlossen wurde, widerrufen. Stammesrechtsehe und Ordinance-Ehe haben heute also auch im Zivilrecht nicht unbedingt die gleichen Rechtsfolgen.

b) Der rechtliche Status von Afrikanern nach Eingehung einer Ordinance-Ehe

Rechtliche Probleme besonderer Art ergeben sich, wenn Afrikaner nach der Marriage Ordinance heiraten, da die Gültigkeitsvoraussetzungen in beiden Bereichen z. T. sehr unterschiedlicher Natur sind[91]. Die gesetzlichen Vorschriften der Marriage Ordinance verdrängen in einem solchen Fall die ent-

---

84 Vgl. S. 52, 53.
85 Vgl. die Ausführungen auf S. 129 f.
86 Cap. 51, 1950 (Rev. Ed.).
87 1917 A.D. 302.
88 1958 R & N 570.
89 In Re Estate Koshen 1960 R & N 157 wurde Estate Mehta v. The Acting Master bestätigt.
90 Gesetz Nr. 25 von 1967.
91 Vgl. S. 75 ff.

sprechenden stammesrechtlichen Regeln[92]. Eine Ordinance-Ehe kann auch einer Stammesrechtsehe nachfolgen, wenn sich z.B. die in einer Stammesrechtsehe verheirateten Afrikaner entschließen, zusätzlich eine Ordinance-Ehe einzugehen. In einem solchen Fall werden die Rechtsfolgen der Stammesrechtsehe mindestens in dem Umfang, wie die gesetzlichen Vorschriften der Marriage- und der Divorce Ordinance eingreifen, durch das Recht der zweiten Ehe verdrängt.

Die Ordinance-Ehe hat einen höheren rechtlichen Rang: Ihre Rechtsfolgen können nicht etwa durch eine nachfolgende Stammesrechtsehe beseitigt oder verdrängt werden. Dies ist nur durch eine Scheidung möglich[93]. Die Ehe nach der Marriage Ordinance ändert also den rechtlichen Status der Ehepartner, Stammesrecht ist nicht mehr anwendbar[94].

Fraglich war und ist auch heute noch, wie weit diese Statusänderung geht. Die englischen Kolonialgerichte haben im Laufe der Entwicklung sehr unterschiedliche Entscheidungen gefällt. In der frühen Kolonialzeit überwog die Meinung,

"that a christian marriage clothes the parties to such marriage and their offspring with a status unknown to native law"[95].

Die Gerichte Nyasalands wurden in dieser Zeit nicht mit dem Problem befaßt. Die Auffassung, daß durch die Ordinance-Ehe die gesamten Rechtsbeziehungen der verheirateten Afrikaner, zumindest aber alle familienrechtlichen Beziehungen, nunmehr nach englischem Recht zu beurteilen seien, schien aber auch in Nyasaland vorzuherrschen: 1916 schrieb der Richter des High Court an den Chief Secretary:

"Educated Christian Natives who marry under this Ordinance, ipso facto lose their rights and position as members of a native community and acquire rights and duties of a totally different nature."[96]

Ähnlich äußerte sich 1929 der Attorney General von Nyasaland auf eine

---

92 Vgl. den kenyanischen Fall Re Lemama (1941) 19 K.L.R. 48, wo dieser Grundsatz für die Frage der Zustimmungsberechtigung bekräftigt wurde. S. auch ELIAS: Colonial Law. S. 207.

93 S. dazu Rattensey v. Rattensey 1960 E.A. 81, wo der Grundsatz aufgestellt wurde, daß eine Marriage Ordinance-Ehe nicht durch eine Ehe nach mohammedanischem Recht überlagert werden könne. Der allgemeine Gedanke wurde in G. J. Kamcaca v. S. P. Nkhota and another, Civ. C. 346 of 1967, M.H.C., J.A.L., Vol. 12 (1968), S. 178 ff. durch den malawischen High Court bestätigt.

94 Daß dies eine Frage der *applicability* und nicht eine Frage der *inconsistency* ist, betonen auch IBIK: Thesis. S. 77 und A. PHILLIPS: Marriage Laws in Africa. In: A. PHILLIPS (Hrsg.): Survey of African Marriage and Family Life. London 1953, S. 173 ff., auf S. 184, 185. (Im folgenden zitiert als: PHILLIPS: Marriage Laws. S. . . .). Die Frage der *inconsistency* ist in sec. 36 Marriage Ordinance geregelt, vgl. S. 55.

95 Cole v. Cole (1898) 1 N.L.R. 15, auf S. 22; in demselben Sinne Ackah v. Arinta (1893) Sar. F.L.R. 79 (Gold Coast); Re Otoo, D.Ct. '26–'29, 84.

96 Aus dem Brief vom 15. 8. 1916. In: ZA S 3337/12.

Anfrage des District Commissioner von Karonga: „Ein Eingeborener, der eine solche Ehe eingeht, verwirkt alle seine Rechte, die er nach Stammesrecht haben würde."[97]

Ein Festhalten an dieser Auffassung hätte, wie PHILLIPS richtig bemerkt[98], zur Bildung einer Schicht von „assimilados" führen können.

Langsam setzte sich jedoch die Ansicht durch, daß es nicht angemessen sei, nur wegen einer Marriage Ordinance-Ehe alle Rechtsbeziehungen eines Afrikaners nach englischem Recht zu regeln[99]. In dem nigerianischen Fall Smith v. Smith[100] führte der Richter aus:

"It would be quite incorrect to say that all persons who embrace the Christian faith or who married in accordance with its tenets, have in other respects attained that stage of culture and development as to make it just or reasonable to suppose that their whole lives should be regulated in accordance with English law and standards."

In Bangbose v. Daniel[101] hielt das Privy Council eine Entscheidung des West African Court of Appeal aufrecht, nach der die Tatsache, Kind einer monogamen Ehe zu sein, kein rechtliches Hindernis beim Eingehen einer Ehe nach Stammesrecht ist.

Starke Beachtung hat die Entscheidung des Ghana Court of Appeal in Shang v. Coleman[102] gefunden, die ebenfalls vom Privy Council aufrechtgehalten wurde[103]. Danach sind im Fall einer Ordinance-Ehe von Afrikanern nur die Rechtsbeziehungen durch englisches Recht geregelt, die im Gesetz besonders erwähnt werden, sowie andere sich aus der Ehe notwendig ergebende Konsequenzen (... and other matters which are the necessary consequences of the marriage under the Ordinance).

In Malawi (Nyasaland) wurden die Gerichte erst zweimal mit der Frage, in welchem Umfang Stammesrecht durch englisches Recht bei nach der Marriage Ordinance verheirateten Afrikanern verdrängt wird, befaßt. In E. Thipa v. K. Thipa[104] ging es um die Frage, wem die Vormundschaft (custody) über die Kinder bei der Scheidung von nach der Christian Native Marriage

---

97 Brief vom 14. 11. 1929. In: ZA L 3/30/1.

98 A. PHILLIPS: The Future of Customary Law in Africa. In: Afrika-Instituut Leiden (Hrsg.): The Future of Customary Law in Africa – L'Avenir du Droit Coutumier en Afrique. Symposium – Colloque. Amsterdam 1955. Universitaire Pers Leiden 1956, S. 88 ff., auf S. 95. (Im folgenden zitiert als: PHILLIPS: The Future of Customary Law. S. ...)

99 Schon 1912 wurde in B. Jembe v. P. Nyondo (1912) 4 E.A.L.R. 160 entschieden, daß die Tatsache, daß die Eheleute christlich geheiratet hätten, die Frage der Erbfolge nicht berühre. Die Frage der Erbfolge war in Nyasaland jedoch in sec. 40 Marriage Ordinance gesetzlich geregelt. Vgl. S. 85.

100 (1924) 5 N.L.R. 102.

101 (1955) A.C. 107.

102 1959 G.L.R. 390; J.A.L., Vol. 4 (1960), S. 160.

103 Coleman v. Shang (1961) A.C. 481.

104 5 Ny.L.R. 11.

Ordinance verheirateten Eheleuten zustand. Der Fall wurde nach Stammesrecht entschieden. Dem Urteil gingen folgende Überlegungen voraus:

- Da beide Parteien Afrikaner waren, mußte nach Art. 20 British Central Africa Order-in-Council Stammesrecht angewendet werden, falls es „applicable" war.
- Da es sich jedoch um eine Ehe nach der Christian Native Marriage Ordinance handelte, als deren Scheidungsrecht die Divorce Ordinance galt, waren primär die Vorschriften der Divorce Ordinance maßgeblich. Nach sec. 31 der Divorce Ordinance kann das Gericht Anordnungen über die Vormundschaft minderjähriger Kinder (minor children) treffen.
- Da in sec. 3 Divorce Ordinance Minderjährige wie folgt gesetzlich definiert werden: "'minor Children' means, in the case of Africans, boys who have not attained the age of 14 years and girls who have not attained the age of 12 years", die Kinder jedoch schon 16 oder 17 Jahre alt waren, schloß der Richter, daß die Divorce Ordinance nicht anwendbar sei und daher nach Art. 20 der Order-in-Council Stammesrecht angewendet werden müsse.

Ist die Entscheidung auch prima facie nicht zu beanstanden, so wirkt das Ergebnis etwas befremdlich: wären die Kinder drei Jahre jünger gewesen, wäre englisches Recht angewendet worden.

Der Grund liegt offensichtlich in der gesetzlichen Fassung des Minderjährigen-Begriffs. Der Gesetzgeber hatte wohl im Auge, daß afrikanische Kinder mit 14 bzw. 12 Jahren u. U. im heiratsfähigen Alter sind und damit nicht mehr „minderjährig". Der Begriff „minderjährig" impliziert jedoch, daß „nicht minderjährig" gleich „volljährig" ist. Über Volljährige wird aber in der Regel kein Vormundschaftsprozeß geführt. Nach der zwingend anwendbaren Divorce Ordinance war eine Vormundschaftsklage also gar nicht möglich.

Auch in G. J. Kamcaca v. S. P. Nkhota and another[105] ging der Streit um die Vormundschaft über die Kinder. Milton Kamcaca, ein Cewa aus Nyasaland, hatte 1962 in Rhodesien Grace, ein Ndebele-Mädchen, nach Ndebele-Recht geheiratet[106]. 1964 war das Ehepaar nach Nyasaland gezogen und hatte nochmals, diesmal in der Form der Marriage Ordinance, geheiratet. Im Laufe einer ehelichen Auseinandersetzung brachte Grace ihren Mann um. Sie wurde vom High Court zum Tode verurteilt, in der Berufung jedoch freigesprochen. Während sie im Gefängnis saß, hatten die Verwandten ihres Mannes die Kinder zu sich genommen. Nach ihrer Freilassung verlangte Grace Kamcaca die Kinder von den Verwandten.

Der Richter entschied den Fall nach Stammesrecht. Einer seiner Gründe dafür[107] war die Anwendung der Auslegungsregel „expressio unius – exclusio

---

105 Civ. C. 346 of 1967, M.H.C., J.A.L., Vol. 12 (1968), S. 178.
106 Die Ndebele sind ein patrilinearer Stamm und praktizieren die Brautpreis-Ehe.
107 Über die weitere Problematik des Falles s. F. von Benda-Beckmann: Conflict of Marriage Law in Malawi. In: J.A.L., Vol. 12 (1968), S. 173 ff.

alterius": Da auf von Afrikanern geschlossene Ordinance-Ehen die Anwendung englischen Rechts nur durch sec. 40 Marriage Ordinance für den Erbfall vorgeschrieben sei, könne man schließen, daß alle anderen Rechtsbeziehungen der normalerweise der Anwendung von Stammesrecht unterworfenen Afrikaner nach Stammesrecht zu beurteilen seien[108]. Die Anwendung englischen Rechts in der Frage der Vormundschaft über die Kinder im Verhältnis von einem Ehegatten zu Dritten war in den Augen des Richters also keine sich aus der Ordinance-Ehe ergebende notwendige Konsequenz im Sinne von Shang v. Coleman[109].

Die Entscheidung weckt wegen ihres logischen Ansatzpunktes Bedenken. Es ist unstreitig, daß durch die Ordinance-Ehe bestimmte Beziehungen der Ehepartner untereinander und gegenüber Dritten nunmehr nach englischem Recht beurteilt werden müssen – ob das in jedem Fall sinnvoll und angemessen ist, mag dahinstehen. Dazu gehören auch die Beziehungen der Eltern den Kindern gegenüber, die Frage der Vormundschaft während der Ehe beurteilt sich nach englischem Recht. Dies gilt sogar, wie schon festgestellt wurde, auch für die Beurteilung der Vormundschaft über Personen, die erst nach der Marriage Ordinance heiraten wollen[110]. Auch bei der Ehescheidung beurteilt sich die Frage der Vormundschaft nach englischem Recht, zumindest, wenn die Kinder minderjährig im Sinne von sec. 3 Divorce Ordinance sind[111]. „Wem die Kinder gehören" wird nicht mehr nach Stammesrecht – ob Brautpreis gezahlt wurde oder nicht –, sondern nach dem Grundsatz des common law entschieden, nach dem das Wohlergehen der Kinder die wichtigste Überlegung des Richters sein muß[112].

Warum sollte, wenn die Ehe nicht durch Scheidung, sondern den Tod eines Ehegatten beendet wird, auf einmal Stammesrecht die Beziehungen zwischen dem verbleibenden Elternteil und dem Kind bzw. Dritten regeln? Eine solche Lösung ist absurd. Würden – eine Variante des Kamcaca-Falles – bei einer Ehe zwischen zwei Cewa nach dem Tod der Frau die Kinder dem Bruder der Frau zugesprochen werden, da der Mann keinen Brautpreis gezahlt hat? Sicherlich nicht. Die Beurteilung der Vormundschaft über Kinder nach dem Tod eines Ehegatten ist daher eine notwendige logische Konsequenz, die sich aus der Ordinance-Ehe ergibt.

Die Frage, wie weit der rechtliche Statuswechsel geht, ist damit allerdings auch nicht beantwortet. Nur ein Hinweis findet sich in sec. 11 (d) Local Courts Ordinance, wonach alle Streitigkeiten „in connexion" mit einer

---

108 S. J.A.L., Vol. 12 (1968), S. 188.
109 1959 G.L.R. 390.
110 S. Re Lemama (1941) K.L.R. 48.
111 S. E. Thipa v. K. Thipa, 5 Ny.L.R. 11. Die allgemeine Regel ergibt sich eindeutig aus sec. 4 und 31 der Divorce Ordinance, die in G. J. Kamcaca v. S. P. Nkhota allerdings nicht bei den Überlegungen herangezogen wurden.
112 Philip v. Philip (1872) 41 L.J. (P & M) 89.

Ordinance-Ehe mit der Ausnahme von Brautpreisforderungen nicht in den Local Courts verhandelt werden können [113].

In den Local Courts kann bei diesen Ehesachen also kein Stammesrecht angewendet werden. Da andererseits der High Court seit 1966 kein Stammesrecht mehr anwenden kann [114], sind also alle „cases in connexion with (an Ordinance) marriage" nach englischem Recht zu entscheiden.

Als „cases in connexion with marriage" sind alle Fälle anzusehen, in denen das den Streitgegenstand bildende Recht bzw. die Verpflichtung nur auf Grund der Ehe besteht. Diese Fälle müssen, soweit nicht Spezialvorschriften eingreifen, nach englischem Recht entschieden werden [115]. Vormundschaftsfragen wären daher auch nach englischem Recht zu beurteilen [116].

Diese durch das Gesetz vorgeschriebenen Rechtsfolgen einer Ordinance-Ehe sind in der Mehrheit der Fälle wohl nur selten den sozialen Verhältnissen angemessen. Der rechtliche Statuswechsel wird in der Regel nicht durch einen sozialen Statuswechsel begleitet. Die nach der Marriage Ordinance verheirateten Afrikaner sind auch nach ihrer Eheschließung weiter den Anforderungen ausgesetzt, die das traditionale Ehe- und Familienrecht an sie stellt. Wenn sie zur Einhaltung dieser Verpflichtungen mangels der Anwendbarkeit von Stammesrecht auch nicht mehr gezwungen werden können, so wirken die stammesrechtlichen Normen doch weiter als soziale Normen auf sie ein.

Der Ausgleich dieses Mißverhältnisses kann nur durch eine Änderung des Rechts erreicht werden. Was in dieser Hinsicht im Laufe der Entwicklung an Versuchen unternommen wurde, wird im nächsten Abschnitt eingehend dargestellt.

4. Entwicklungs- und Planungsvorstellungen im Familienrecht

a) Die Einführung der Marriage Ordinance

Bei der Marriage Ordinance und der Divorce Ordinance handelte es sich im großen und ganzen um Modellgesetze, die in ähnlicher Form auch in den

---

113 Vgl. dazu Mchenje v. Kunaka 1912 S.R. 107.

114 Vgl. S. 58 ff.

115 Dem Wortlaut nach umfaßt der Begriff auch erbrechtliche Streitigkeiten. In der (allerdings nicht in Kraft getretenen) African Wills and Succession Ordinance, Gesetz Nr. 13 von 1960, war in sec. 24 (2) deshalb auch ausdrücklich festgestellt, daß erbrechtliche Streitigkeiten nicht als „cases in connexion with marriage" behandelt werden sollten.

116 In einem Gesetzentwurf zur Neuregelung des Zivilrechts, dem Civil Law Bill von 1968, sind „proceedings in connexion with marriage" in sec. 3 (2) (ii) wie folgt definiert: „The expression ... includes any proceedings in which the matter in issue is the custody or guardianship of any child of a marriage."

anderen britischen Gebieten galten. Abweichungen bestanden in der Regelung der erbrechtlichen Konsequenzen für Afrikaner und hinsichtlich der allgemeinen Voraussetzungen, nach denen Afrikaner heiraten konnten. Z. T. mußten eine Partei – wie in Tanganyika[117] – oder beide Parteien – wie in Sierra Leone[118] – Christen sein. In Nordrhodesien hatten Afrikaner bis 1963 überhaupt nicht die Möglichkeit, nach der Marriage Ordinance zu heiraten[119].

Von dieser allgemeinen Tatsache abgesehen, war die Entwicklung des Familienrechts durch die Untätigkeit der Regierung und die Interessengegensätze zwischen den Missionaren und den Vertretern afrikanischer Interessen bestimmt[120]. Hauptziel der damaligen missionarischen Aktivität war es, möglichst viele Afrikaner zum Christentum zu bekehren und mit Hilfe des Rechts zu einem „christlichen Leben" zu zwingen, Scheidungen zu erschweren und die Polygamie, wenn möglich, abzuschaffen.

Die Marriage Ordinance kam diesen Wünschen weitgehend entgegen. Zumindest die nach dem Gesetz verheirateten Afrikaner mußten monogam leben; nahmen sie sich dennoch andere Frauen, mußten sie mit einer Gefängnisstrafe rechnen. Auch eine Scheidung dieser Ehe war nur unter großen Schwierigkeiten möglich. Entsprach schon die enge Fassung der Scheidungsgründe nicht den afrikanischen Vorstellungen, so war durch den Umstand, daß allein der High Court in Blantyre in Scheidungssachen zuständig war, eine Scheidung nahezu unmöglich[121]. Wollte eine Frau, die im Norden des Landes lebte, sich scheiden lassen, so mußte sie den u. U. 700 Kilometer weiten Weg nach Blantyre machen und dort auch noch etwa 6 £ an Gebühren zahlen.

Der Erfolg dieser Gesetzgebung ließ nicht auf sich warten: Die Afrikaner, die nach der Marriage Ordinance geheiratet hatten, waren nicht gewillt, sich dem Zwang zu beugen, den das Gesetz ihnen auferlegte. Sie verließen einfach ihre Frauen ohne Scheidung oder heirateten Frauen nach Stammesrecht[122].

Das Konkubinat trat an die Stelle der christlichen Ehe, die gesetzlichen Strafvorschriften konnten nicht abschrecken. Auch wurde seitens der Verwaltungsbeamten und Richter nicht sonderlich darauf geachtet, daß Bigamisten zur

117 Sec. 3 Tanganyika Marriage Ordinance, Cap. 109.
118 Sec. 4 Civil Marriage Ordinance, Cap. 35.
119 Sec. 47 Northern Rhodesia Marriage Ordinance, Cap. 132. Sec. 47, wurde erst durch Gesetz Nr. 48 von 1963 abgeschafft.
120 Vgl. auch ROBERTS: Thesis. S. 322; JONES: a.a.O., S. 56; L. HARRIES: Christian Marriage in African Society. In: PHILLIPS (Hrsg.): Survey of African Marriage and Family Life. London 1953, S. 328 ff.
121 S. den Brief des Assistant Chief Secretary an den High Court Richter vom 18. 10. 1919. In: ZA 1622/19.
122 Vgl. den Bericht des Acting District Resident von Kota-Kota an den Attorney General vom 21. 12. 1925. In: ZA L 3/30/6.

Verantwortung gezogen wurden, worüber sich die Missionare bitter beklagten [123].

Die Missionare ließen sich in ihrer Aktivität durch die umständlichen Formalitäten der Marriage Ordinance nicht hemmen. Es wurden viele Ehen geschlossen, die den Erfordernissen des Gesetzes nicht entsprachen. Dies führte zu Spannungen zwischen der Regierung und den Missionaren. „Seit 30 Jahren", schrieb der Bischof von Likoma an den Gouverneur, „trauen wir Afrikaner in der Kirche. Wir sind nie davon ausgegangen, daß unsere Trauungen rechtlich bindende Ehen konstituieren, sondern daß die kirchliche Trauung eine rein religiöse, rechtlich indifferente Formalität ist" [124]. Das Antwortschreiben des Gouverneurs teilte dieses Selbstverständnis nicht [125]. Ausdrücklich forderte er den Bischof und seine Missionare auf, sich an das Recht zu halten, sonst könnten (würden) sie strafrechtlich verfolgt werden.

b) Die Einführung der African Marriage (Christian Rites) Registration Ordinance

Der erste Versuch, eine für christianisierte Afrikaner passende Eheform zu finden, war die Christian Native Marriage Ordinance von 1912. Sie brachte aber außer Erleichterungen bei der Eheschließung keine weiteren Neuerungen. Die Regierung war sich schon 1920 darüber im klaren, daß ein neues Gesetz geschaffen werden müsse. Der Gouverneur setzte eine Kommission ein, die einen Gesetzentwurf ausarbeiten sollte. Die Kommission bestand aus Missionaren und Verwaltungsbeamten, die je einen Alternativvorschlag machten [126]. Beide Entwürfe gingen davon aus, daß eine vorherige Stammesrechtsehe existieren müsse und daß aus der Ehe resultierende Streitigkeiten nach Stammesrecht entschieden werden müßten. Umstritten blieb die Frage der Scheidung. Der Forderung der Missionen, die Scheidungsgründe gesetzlich festzulegen, wurde nicht entsprochen. Die African Marriage (Christian Rites) Registration Ordinance, die im Bereich der afrikanischen Ehegesetzgebung einzig dasteht [127], war ein typischer Kompromiß zwischen den Missionen und der Regierung: Den Missionen wurde erlaubt, was sie seit langem schon un-

---

123 S. z. B. die Äußerung Dr. HETHERWICKS: „I have seen cases in which natives who transgressed it (das Polygamieverbot, Anm. d. Verf.) were not strictly dealt with by those before whom they were brought." In: Summary of the Proceedings of the 27th Session of the Legislative Council, April 1923. S. 13.

124 In dem Brief vom 27. 1. 1913. In: ZA 1622/19.

125 Brief vom 1. 3. 1913. In: ZA 1622/19.

126 Notes of the Proceedings of a Conference relating to the Marriage of Christian Natives according to the Rites of the Christian Churches vom 7. 4. 1920 und Report of a Conference appointed by the Governor to consider upon the 1902 and 1912 Ordinances and on the amendments which are desirable, 29. 10. 1920. In: ZA 1622/19.

127 PHILLIPS: Marriage Laws. S. 276.

erlaubt taten, doch der Staat stellte sein Recht und seine Gerichte nicht zur Sanktionierung der neuen Eheform zur Verfügung.

Die neue Eheform erfreute sich bald großer Beliebtheit. Ein Auszug aus der Ehestatistik mag dies verdeutlichen:

	Ehen nach der Marriage Ordinance	Ehen nach der Christian Native Marriage Ordinance	Ehen nach der Registration Ordinance
1918/19	27 (36)[a]	387[a]	
1920/21	54 (65)[a]	415[a]	
1922	44 (55)[a]	274[a]	
1923	59 (70)[a]	388[a]	
1924	19 (27)[a]		ca. 1150[a]
1933	4 (23)[a]		3129[d]
1938			3416[d]
1960	9 (95)[b]		4923[b]
1965			6512[c]
1966	9 (69)[c]		6826[c]

[a] ZA J 7/1/1. Bei den Marriage Ordinance-Ehen sind in der Klammer die insgesamt, also auch die von Europäern, nach der Marriage Ordinance geschlossenen Ehen angegeben.

[b] Nyasaland Government: Annual Report of the Department of the Registrar General. For the Year ended 31st December 1966. Gov. Pr. Zomba, S. 5.

[c] Annual Report of the Ministry of Justice for 1966. S. 7.

[d] Colonial Office: Nyasaland Colonial Reports No. 1739 und 1902. H.M.S.O. London. (Im folgenden zitiert als: Colonial Reports No. . . .)

Nach der Einführung der Registration Ordinance nahm die Zahl der Ehen nach der Marriage Ordinance schlagartig ab und ist auch heute noch geringer als beispielsweise 1919, obgleich sich die Gesamtbevölkerung in den letzten 50 Jahren ungefähr vervierfacht hat. Die Zahl der Registration Ordinance-Ehen ist dagegen im Verhältnis zum Anwachsen der Bevölkerung einigermaßen konstant geblieben.

Die Popularität dieser Eheform läßt sich leicht erklären. Sie vereint die alte Stammesrechtsehe mit der Zeremonie einer „christlichen Ehe" und verleiht den Ehegatten ein gewisses Prestige. Vor allem Frauen werden stolz darauf verweisen, daß sie die „Einzige" seien. Auf der anderen Seite besteht nur ein moralischer, kein gesetzlicher Zwang, die bei der Trauung gelobte Eheform zu wahren, was besonders von den Männern geschätzt wird. Von meinen Bekannten unter der „studierten Jugend", das sei am Rande vermerkt, hatte keiner nach der Marriage Ordinance geheiratet.

c) Die Vorschläge des Brown-Committee

Der bisher geschilderte Entwicklungsstand wurde 1923 erreicht. Bis heute ist die schon damals als unzulänglich empfundene Gesetzgebung noch nicht geändert worden.

Der letzte Reformversuch wurde nach dem Zweiten Weltkrieg unternommen. Am 13. 10. 1945 ernannte der Gouverneur ein Komitee, das sogenannte BROWN-COMMITTEE, das einen neuen Gesetzentwurf ausarbeiten sollte. Das Komitee bestand aus je fünf Missionaren und Laien, darunter zwei Afrikanern. Das Komitee schloß seine Arbeiten 1948 ab. Der veröffentlichte Bericht und der beigefügte Gesetzentwurf sah folgende Neuerungen vor[128]:

1. Die neue African Christian Marriage Ordinance sollte für die Ehen christianisierter Afrikaner gelten. Schon nach Stammesrecht oder der Registration Ordinance Verheirateten sollte die Möglichkeit gegeben werden, für den neuen rechtlichen Status zu optieren[129].

2. Sec. 40 der Marriage Ordinance, die viele Afrikaner von einer Ehe nach der Marriage Ordinance abhielt, sollte für die nach dem neuen Gesetz verheirateten Afrikaner nicht gelten. Es war vorgesehen, daß für alle Lebensbereiche Stammesrecht gelten sollte, doch sollte Stammesrecht dann nicht gelten, wenn es

- Witwen und Kinder von einem angemessenen (reasonable) Anteil an der Erbschaft ausschloß,
- einen Witwer zwang, das Haus in dem er wohnte, zu verlassen,
- eine Witwe zwang, einen Verwandten ihres verstorbenen Ehemannes zu heiraten.

3. Die Scheidungsgründe waren gesetzlich nicht umschrieben. Zuständig in Scheidungssachen sollten die Magistrates 1. und 2. Klasse sowie die Native Courts sein. Voraussetzung für eine Scheidungsklage in einem Native Court war jedoch, daß zuvor eine kirchliche Stelle Gelegenheit gehabt hatte, den Streit zu schlichten. Blieb dies erfolglos, so mußten in dem Scheidungsprozeß afrikanische Kirchenmitglieder als Beisitzer fungieren.

4. Die Zuständigkeit in Scheidungssachen, die aus einer nach der Marriage Ordinance geschlossenen Ehe herrührte, sollte auf die Magistrates Courts ausgedehnt werden.

5. Die Strafvorschriften der Marriage Ordinance sollten außer Kraft gesetzt werden. Strafbare Bigamie sollte nur noch gegeben sein, wenn jemand nacheinander nach der Marriage Ordinance und/oder dem neuen Gesetz mehr als eine Ehe einging.

Wohl selten sind die Interessen der Missionen und der afrikanischen Interessenvertreter so heftig aufeinandergestoßen wie bei den Beratungen, die den endgültigen Vorschlägen des Komitees vorausgingen. Schwerpunkt der Auseinandersetzungen war die Frage der Scheidung, in der die Missionen extreme und in ihrem Ziel nahezu unverständliche Forderungen durchzusetzen versuchten. Ein von den Missionaren dem Komitee 1946 vorgelegter Gesetz-

---

128 Report of the Committee appointed by the Governor on 13. 10. 1945, given Zomba 20. 2. 1948. Gov. Pr. Zomba, 1948.
129 Sec. 5.

entwurf sah z. B. vor, eine gesetzliche Scheidung auszuschließen und die Scheidung allein dem Kirchenrecht zu unterstellen[130]. Außerdem sollten christianisierte Afrikaner überhaupt nicht mehr nach Stammesrecht heiraten dürfen[131].

Diese Forderungen waren für die Verwaltungsbeamten und die Afrikaner nicht akzeptabel, in der Praxis hätten sie wohl auch kaum durchgesetzt werden können.

Besonders die afrikanischen Mitglieder des Komitees bestanden darauf, daß die Native Courts in Scheidungssachen zuständig sein müßten, da die Afrikaner kein Zutrauen zu den British Courts hätten: „Native Courts know our custom best."[132]

Schließlich kam es dann zu dem oben dargestellten Kompromiß.

d) Die heutige Situation

Der vom Brown-Committee erarbeitete Gesetzentwurf trat nicht in Kraft, er wurde nicht einmal im Legislativrat beraten. Seitdem ist kein neuer Versuch unternommen worden, das Familienrecht zu ändern.

Eine Ausnahme bildete, wie im nächsten Abschnitt gezeigt werden wird[133], die Entwicklung im Erbrecht. Doch dauerte es bis 1967, daß sec. 40 Marriage Ordinance aufgehoben wurde[134]. Augenblicklich scheint es nicht die Absicht der Regierung zu sein, neue Gesetze zu schaffen oder die bestehenden Gesetze zu ändern. Eingriffe in das traditionale Eherecht sind ebenfalls nicht geplant. Doch wird, wie noch näher darzustellen sein wird, das traditionale Eherecht durch das neue Erb- und Bodenrecht[135] beeinflußt.

---

130 Sec. 9 des Entwurfs: „No marriage celebrated under this Ordinance may be dissolved except in accordance with the tenets and rules of the church in which the parties of the marriage were married." In: ZA A.G. 84.

131 Sec. 2 des Entwurfs: „No marriage contracted by native law and custom by a christian native is of any legal effect." In: ZA A.G. 84.

132 Vgl. die Sitzungsprotokolle des Komitees vom 6. 11. 1946 und 6. 12. 1947. In: ZA A.G. 84.

133 Vgl. S. 100 ff.

134 Schon in der African Wills and Succession Ordinance, Gesetz Nr. 13 von 1960, war vorgesehen, sec. 40 außer Kraft zu setzen. Das Gesetz trat jedoch nicht in Kraft. Der Wegfall von sec. 40 wurde erst durch den Wills and Inheritance Act, Gesetz Nr. 25 von 1967, bewirkt.

135 Vgl. dazu die Ausführungen auf S. 100 ff. und 123 ff.

III. Rechtspluralismus und Rechtsentwicklung im Erbrecht

1. Das geltende Erbrecht nach dem Wills and Inheritance Act von 1967[136]

In dem Wills and Inheritance Act von 1967 wurde zum ersten Mal in der Geschichte Malawis das Erbrecht aller Bevölkerungsteile in einem Gesetz zusammengefaßt. Das Testamentsrecht ist ohne Rücksicht auf etwaige stammesrechtliche oder religiöse Beschränkungen vereinheitlicht. Bei der gesetzlichen Erbfolge hat man allerdings an einer differenzierten Regelung festgehalten.

a) Das Testamentsrecht

Die Vorschriften über die Errichtung und Gültigkeit von Testamenten sind stark an das englische Recht angelehnt, obgleich der englische Wills Act von 1837, der als statute of general application in Malawi galt[137], ausdrücklich außer Kraft gesetzt wurde.

Auch die Vorschriften, die für den Fall einer Enterbung die Sicherung der engeren Verwandten regeln[138], sind dem englischen Recht, dem Inheritance (Family Provisions) Act von 1938, nachgebildet: Das Gericht kann auf Antrag bis zu 2/3 der Erbschaft für die Versorgung Abhängiger sicherstellen. Doch ist bei der Fassung des Begriffs „dependant" auf die afrikanische Familienstruktur Rücksicht genommen worden: Abhängige im Sinne des Gesetzes sind nicht nur Frauen, Kinder, Eltern, sondern auch die Brüder der Mutter, alle Personen, die mit dem Verstorbenen zusammen lebten und alle minderjährigen Kinder, für deren Erziehung der Verstorbene sorgte – also auch Neffen und Nichten.

b) Die gesetzliche Erbfolge

Für die gesetzliche Erbfolge ist ein dreiteiliges Schema errichtet. Nach getrennten Regeln werden Personen beerbt, für deren Erbfolge

- vor Erlaß des Gesetzes kein Stammesrecht galt,
- vor Erlaß des Gesetzes ein bestimmtes Minderheitenrecht galt und
- vor Erlaß des Gesetzes Stammesrecht galt.

---

136 Gesetz Nr. 25 von 1967.
137 Vgl. S. 47, Fn. 9.
138 Sec. 14, Provision for dependants.

100

Wie schon ROBERTS[139] betont hat, ergeben sich bei der Abgrenzung des zuerst genannten Personenkreises Schwierigkeiten: Da sec. 40 der Marriage Ordinance erst durch das neue Erbgesetz außer Kraft gesetzt wurde, gehören bei einer wörtlichen Auslegung alle nach der Marriage Ordinance verheirateten Afrikaner zu den Personen, für deren Erbfolge Stammesrecht vor Erlaß des Gesetzes nicht galt. Ob diese Konsequenz vom Gesetzgeber beabsichtigt wurde oder nicht, ist ungewiß. Bei den Beratungen des Gesetzes im Parlament wurde dieser Punkt nicht erwähnt.

Das Erbrecht für Personen, für die vor 1967 kein Stammesrecht galt

Für die Personen, für deren Erbfolge vor 1967 Stammesrecht nicht anwendbar war, also den europäischen Bevölkerungsteil, gelten Vorschriften, die dem englischen Intestate Estates Act von 1952 nachgebildet sind:
Der Ehegatte erbt die ersten 5000 £, was darüber hinausgeht (den Rest), erben die Kinder. Sind keine Kinder vorhanden, erbt der Ehegatte neben Eltern, Geschwistern, deren Kindern und Halbgeschwistern die Hälfte des Restes, sonst den ganzen Rest.
Hinterläßt der/die Verstorbene keinen Ehegatten oder die oben erwähnten Verwandten, erben die Großeltern, danach die Onkel und Tanten nach Stämmen; sind auch diese nicht vorhanden, erbt der Staat[140].
Für Minderheiten, für die vor Erlaß des Gesetzes ein besonderes Erbrecht galt (member of a community among whom an established custom existed prior to the coming into operation of this Act, governing the rights of inheritance), soll dieses besondere Recht weiter gelten[141]. Diese Vorschrift bezieht sich auf die im Lande lebenden Asiaten, deren Erbrecht seit 1929 nach der Asiatics (Marriage, Divorce and Succession) Ordinance[142] das religiöse Recht des einzelnen war.

Das Erbrecht für Personen, für die vor 1967 Stammesrecht galt

Für diesen Personenkreis, die afrikanische Bevölkerung, gilt eine sehr differenzierte Regelung:
Für den Todesfall eines verheirateten Mannes, der Frau(en), Kind(er) und Abhängige hinterläßt[143], ist die Erbfolge folgendermaßen geregelt: War seine Ehe in der Nordregion oder im Nsanje Distrikt der Südregion[144] geschlossen, so wurde die Hälfte der Erbschaft nach Stammesrecht vererbt[145];

---

139 S. ROBERTS: The Malawi Law of Succession: Another Attempt at Reform. In: J.A.L., Vol. 12 (1968), S. 81 ff., auf S. 81, 82. (Im folgenden zitiert als: ROBERTS: The Malawi Law of Succession. S. ...)
140 Sec. 18 (1) und (2).
141 Sec. 18 (3).
142 Gesetz Nr. 13 von 1929.
143 S. S. 100.
144 In den Gebieten, wo die patrilinearen Stämme leben.
145 Über die Erbfolge nach Stammesrecht S. 103 ff.

war die Ehe in dem übrigen Gebiet Malawis[146] geschlossen, so wurden ³/₅ nach Stammesrecht vererbt. Der Rest des Nachlasses wird an die Frau(en), Kind(er) und Abhängige in gerechter Weise (fair distribution) verteilt. Für die gerechte Verteilung stellt das Gesetz einige Richtlinien auf[147]: Zuerst müssen alle Angehörigen vor Not gesichert werden (protection shall be provided from hardship), jede Frau darf „ihren" Hausrat behalten. Der Rest (falls noch etwas übrig ist) wird an die Frau(en) und Kinder verteilt. Dabei muß berücksichtigt werden,

- ob der Verstorbene besondere Wünsche hinsichtlich der Verteilung der Erbschaft hatte,
- ob Kinder oder Witwen von dem Verstorbenen schon besonders unterstützt worden waren, etwa durch Schenkungen oder durch Zahlung von Schulgeld,
- ob Töchter verheiratet sind oder nicht und
- inwieweit Witwen oder Kinder einen besonderen Beitrag zur Wertsteigerung der Erbschaft geliefert haben.

Hinterläßt der Verstorbene Frauen in verschiedenen Dörfern, so erben jede Frau und ihre Kinder nur von dem Vermögen, das der Verstorbene in dem betreffenden Dorf hatte.

Hinterläßt ein Mann weder Frauen noch Kinder noch Abhängige, so wird sein ganzer Nachlaß nach Stammesrecht vererbt.

Für Frauen gilt folgende Regelung:

Hinterläßt sie Kinder, so erben diese ihr ganzes Vermögen, hinterläßt sie keine Kinder, so wird alles nach Stammesrecht vererbt.

Die Vorschriften des Gesetzes gelten jedoch nicht für Stammesland[148], das weiterhin nach Stammesrecht vererbt wird.

Für alle Nachlaßstreitigkeiten und die Nachlaßverwaltung ist grundsätzlich der High Court zuständig. Wenn der Nachlaßwert 5000 £ nicht übersteigt, kann auch ein Subordinate Court diese Aufgaben wahrnehmen. Die Local Courts sind zuständig für Nachlaßstreitigkeiten, wenn der Nachlaßwert 2000 £ nicht übersteigt.

Doch können die nahen Verwandten einen Nachlaß, der 2000 £ nicht übersteigt, ohne Mitwirkung des Gerichts verteilen. Das Gericht entscheidet nur im Streitfall[149].

---

146 In dem Gebiet der matrilinearen Stämme.
147 Sec. 17.
148 Sec. 1 (3); über Stammesland s. S. 114 ff.
149 Sec. 61; eine andere Regelung war nach dem nicht in Kraft getretenen Gesetz von 1964 vorgesehen, s. S. 111.

2. Die Erbfolge nach Stammesrecht

Stammesrecht gilt also auch nach dem neuen Gesetz in einem bestimmten Rahmen weiter. Es ist nicht möglich, an dieser Stelle einen vollständigen Überblick über das Erbrecht aller Stämme mit den auftretenden örtlichen Varianten zu geben[150]. Es soll daher nur gezeigt werden, nach welchen Prinzipien die Erbfolge verläuft und welche Personen im allgemeinen erbberechtigt sind[151].

a) Allgemeine Prinzipien des Erbrechts

Der wohl wichtigste Grundsatz, auf den auch schon an anderer Stelle hingewiesen wurde[152], ist, daß Vermögen und Statusrechte nur innerhalb des Klans, der matri- bzw. patrilinearen Verwandtschaft, vererbt werden. Alle Stämme unterscheiden scharf zwischen dem Verwalter der Erbschaft und der (den) erbberechtigten Person(en).

Zu den Aufgaben des Verwalters gehört es, zusammen mit den Familienältesten Art und Zeit des Begräbnisses festzulegen und die Dauer der Trauerzeit zu bestimmen. Während der Trauerzeit muß der Verwalter den Nachlaß zusammensuchen und nach Ende der Trauerzeit dem (den) Erben übergeben. Zu diesem Zweck kann er Forderungen eintreiben und Schulden begleichen, ist jedoch nicht befugt, in Streitigkeiten über den Nachlaß vor Gericht aufzutreten.

Die Erbfolge kann sich nach unterschiedlichen Prinzipien vollziehen[153]:

- Alleinerbfolge einer Person.
  Hier tritt der Erbe mit allen Rechten und Pflichten in die rechtliche Stellung des Verstorbenen ein.
- Die Erbfolge mehrerer Personen.
  Diese vollzieht sich meist in der Form, daß eine Person Haupterbe wird und Rechte und Pflichten des Verstorbenen übernimmt, und andere Personen Nebenerben werden.

Nicht unbedingt, doch in der Regel parallel dazu wird unterschieden, wie die erbrechtlichen Wirkungen eintreten.

Bei manchen Stämmen steht der Erbe von vornherein auf Grund des Stammesrechts fest. Mit dem Tode des Erblassers wird er automatisch Erbe, die Erbfolge bedarf nicht der Bestätigung durch die Familienältesten.

---

150 Für eine ausführliche Darstellung des Erbrechts der zentralafrikanischen Stämme s. N. S. Coissoro: The Customary Law of Succession in Central Africa and Internal Conflicts of Laws. Ph. D. Thesis. University of London 1962, unveröffentlicht.

151 Die Angaben über das traditionale Erbrecht beruhen z. T. auf den Restatements der malawischen Stammesrechte.

152 S. S. 74.

153 Vgl. dazu die von Allot vorgeschlagene Terminologie. In: Allot, Epstein und Gluckman: a.a.O., S. 55.

Bei anderen Stämmen wird der Erbe von den Familienältesten ernannt. Zwar kommt auch hier nur ein begrenzter Personenkreis als mögliche Erben in Frage, die rechtliche Wirkung der Erbfolge tritt aber erst mit dem Beschluß der Familienältesten ein.

Bei allen Stämmen ist weiter möglich, daß der Erblasser seinen voraussichtlichen Erben enterben kann. Voraussetzung dafür ist, daß ein bestimmter Grund vorliegt und die Familienältesten ihre Zustimmung erteilen. Als Gründe gelten insbesondere Inzest, Ehebruch mit einer Frau des Erblassers, das fortgesetzte Begehen von Diebstahl, Zauberei und offener Ungehorsam.

Doch wird eine solche Enterbung nur wirksam, wenn sich die Familienältesten nach dem Tod danach richten und den Nächstberechtigten zum Erben erklären.

Ein Erblasser kann auch die Verteilung seiner Erbschaft mündlich bestimmen. Dieses „mündliche Testament" wird aber nur wirksam, wenn es nach dem Todesfall von dem eigentlichen Erben genehmigt wird. Grundsätzlich wird eine solche letztwillige Verfügung aus Respekt vor dem Toten befolgt. Es steht jedoch im Ermessen des eigentlichen Erben, ob er die Anteile der Bedachten herausgeben oder neu bestimmen will.

Grundsätzlich erben der Alleinerbe bzw. der Haupterbe und die Nebenerben alles, was dem Verstorbenen gehörte. Mit der Erbschaft gehen auch alle sozialen und wirtschaftlichen Verpflichtungen, die der Erblasser zu Lebzeiten hatte, auf den (die) Erben über. So muß er alle Personen unterstützen, die von dem Erblasser unterstützt wurden, also nicht nur die Verwandten des eigenen Klans, sondern je nach Stamm auch Frauen und Kinder. Diese Pflicht wird ganz eindeutig als eine Rechtspflicht anerkannt. In der Regel gibt der Erbe einen Teil des Nachlasses an diese Personen, was aber nicht bei allen Stämmen bedeutet, daß eine dahingehende rechtliche Verpflichtung besteht [154]. Der Erbe bzw. der Haupterbe haftet für die Schulden des Erblassers. Lediglich Forderungen aus Beleidigung, Ehebruch oder ähnlichen Vergehen können gegen ihn nicht geltend gemacht werden.

b) Die patrilineare Erbfolge

Zu den Stämmen mit patrilinearer Erbfolge zählen die Ngoni, Tumbuka, Tonga, Nyakyusa, Ngonde und Sena.

Der Verwalter der Erbschaft ist der Vater des Verstorbenen, oder, falls dieser schon verstorben ist, ein Bruder des Vaters. Der Nachlaß einer Frau wird von ihrem Mann verwaltet.

Bei den Erbberechtigten wird nach dem Status des Verstorbenen unterschieden.

Der Erbe einer ledigen Person ist in der Regel der Vater. Örtliche Varianten sehen vor, daß der Vater die Geschwister des/der Verstorbenen als Neben-

---

154 Z. B. bei den patrilinearen Stämmen.

erben einsetzen kann[155] oder daß die Familienältesten bestimmte Verwandte des Verstorbenen zu Miterben einsetzen können[156].

Der Erbe einer verheirateten Frau ist grundsätzlich der Ehemann. Persönliches Eigentum erbt der Vater der Frau.

Erbe eines verheirateten Mannes ist in der Regel der älteste Sohn aus dem „ältesten Haus"[157]. Erst wenn im ersten Haus keine Erben vorhanden sind, kommen Kinder aus dem zweiten Haus als Erben in Frage. Bei den Ngonde und Nyakyusa erbt nach dem ältesten Sohn der Vater des Verstorbenen.

Bei den Ngoni und Tumbuka im Karonga Distrikt ist die Erbfolge wie die bei einem ledigen Mann. Ist die Witwe jedoch eine Leviratsehe eingegangen[158], so geht die Erbschaft auf den Levir[159] über.

Der Nachlaß einer Witwe fällt in der Regel an ihren Vater. Lebte sie in einer Leviratsehe, so erbt bei den Ngonde, Nyakyusa und Tumbuka der Levir; bei den Tonga der Vater der Witwe und der Vater ihres Mannes als Miterben.

c) Die matrilineare Erbfolge

Zu den Stämmen mit matrilinearer Erbfolge zählen die Cewa, Yao, Lomwe, Nyanja, Mang'anja und Cipeta. Verwalter der Erbschaft sind der Bruder, der älteste Sohn der ältesten Schwester oder der Onkel mütterlicherseits.

Diese Personen sind auch in der Regel die Haupterben eines verstorbenen Mannes.

In welcher Generation die Erbfolge vor sich geht, ist bei den matrilinearen Stämmen unterschiedlich. Bei den Yao erbt fast immer der Neffe, bei den Cewa u. U. der Bruder des Verstorbenen vor dem Neffen.

Die Erbschaft einer Frau fällt in der Regel an ihren Onkel mütterlicherseits, sonst an ihren Bruder.

d) Das traditionale Erbrecht im Wandel

Das Erbrecht der malawischen Stämme befindet sich in einem langsamen Wandlungsprozeß. Die neuen sozio-ökonomischen Gegebenheiten haben das Erbrecht nicht unberührt gelassen. Zwei Faktoren stehen dabei im Vordergrund: Die allmähliche Auflösung der traditionalen Familienstruktur und Hinwendung zur monogamen Elementarfamilie und die neue Vermögensstruktur.

Wurde früher in der Hauptsache Land, das in den Augen der Afrikaner keinen in einem Gegenwert meßbaren Wert hat, und Vieh vererbt, so blieb

---

155 Z. B. bei den Tonga von Nkhata-Bay.
156 Bei den Ngoni und Tumbuka im Mzimba Distrikt.
157 Vgl. S. 75.
158 Vgl. S. 73.
159 Besonders bei den Tonga, Ngonde und Nyakyusa.

die Erbschaft doch als wirtschaftliche Einheit der Großfamilie erhalten, wenn auch einzelne das Vermögen durch individuelle Eigentums- und Besitzrechte kontrollieren konnten[160].

Heute geht es bei der Erbfolge schon immer mehr um Häuser in der Stadt, Autos, Radios und Bankguthaben, die sich nach dem alten Verteilungsmodus nur schwierig in einer Weise verteilen lassen, die von den Betroffenen noch als gerecht empfunden wird.

Die Abweichung von dem Grundprinzip des traditionalen Erbrechts, daß die Erbschaft nur noch an Klanzugehörige geht, ist ein sehr differenzierter Vorgang, der sich in den verschiedenen Teilen des Landes unterschiedlich vollzieht.

Am stärksten ist die matrilineare Familienstruktur und die matrilineare Erbfolge von der modernen Entwicklung betroffen. Väter finden immer weniger Gefallen an dem Gedanken, eines Tages nicht von ihren eigenen Kindern, mit denen sie zusammen leben, beerbt zu werden, sondern von ihren Neffen, zu denen sie vielleicht keine Verbindung haben.

THOMPSON[161] berichtet von einem Treffen der Yao-Häuptlinge im Jahre 1950, an dem alle bedeutenden Häuptlinge und Dorfältesten teilnahmen. Auf diesem Treffen wurde vorgeschlagen, daß zukünftig folgende Regeln für die Erbfolge gelten sollten:

Ein Mann sollte von seiner Frau und seinen Kindern beerbt werden. Der Witwer sollte seine Kinder selbst erziehen dürfen und nicht das Haus, in dem er (in dem Dorf seiner Frau) lebte, verlassen müssen.

Yao Local Courts Chairmen berichteten mir jedoch, diese Vorschläge seien bei der konservativ eingestellten Landbevölkerung nicht auf fruchtbaren Boden gefallen.

Es ist schwer abzuschätzen, inwieweit die Bevölkerung das überkommene Erbrecht ablehnt. Etwas verallgemeinernd läßt sich sagen, daß bei der Bevölkerung in den dicht besiedelten Gebieten, vor allem in den Städten, und unter den Bevölkerungsteilen, die eine Schulbildung erhalten haben, das Bestreben, die eigenen Kinder zu bevorzugen, vorherrscht, während in den entlegenen ländlichen Gebieten die alte Tradition bewahrt wird. Als beispielhaft mag folgende Äußerung eines Local Courts Chairman gelten:

"The old custom was bad. People want the change. We don't want the children to suffer. People appreciate this. The old people did not know this. They had no schools. But now we are educated. We are trained people."

Immer häufiger machen auch Afrikaner Testamente zugunsten ihrer Frauen und Kinder. MR. BLACKWOOD, der Führer der weißen Minderheit im malawischen Parlament, selbst Rechtsanwalt, sagte darüber bei der 2. Lesung des Wills and Inheritance Act:

"I don't know Mr. Speaker, but there are indications that I see as a lawyer.

---

160 Vgl. die Ausführungen auf S. 114 ff.
161 THOMPSON: a.a.O., S. 7.

People are now coming in making wills, and I speak of Africans who come to make wills, and they do seem more concerned with their wives and children and less concerned with their nephews and nieces. That seems to me to be the tendency, Mr. Speaker. The wills I make now for Africans are different to the ones I made when I first came here in 1946. When I first came here in 1946, we were making definite provisions for cows and where the cows went, and to the nephews and nieces and so forth. Now we are dealing with Post Office Saving Banks, free-hold land, houses and cars and it's the wives and the children in the main." [162]

Eine besondere Schwierigkeit bei der Feststellung der tatsächlich heute geltenden erbrechtlichen Regeln liegt darin, daß erbrechtliche Streitigkeiten nur in den seltensten Fällen vor Gericht kommen, sondern meistens innerhalb der Familie durch die Familienältesten beigelegt werden.

Die soziale Kontrolle, verstärkt durch das „Wissen" um die übernatürlichen Zauberkräfte mancher Menschen, hat auch für die Beilegung von Erbschaftsstreitigkeiten eine große Bedeutung [163].

"If there is a quarrel, they will say the death came from the quarrel." [164]

Das bedeutet: Derjenige, der wegen einer Erbschaft Streit macht, d. h. die Erbschaftsverteilung durch die Familienältesten, u. U. auch den Dorfältesten, nicht gelten lassen will, muß ja ein ganz besonderes Interesse an dem Tod des Verstorbenen gehabt haben. Mit ziemlicher Sicherheit hat er daher den Tod durch „mfiti", durch Zauberei, herbeigeführt. Die Furcht, als Zauberer beschuldigt zu werden, hält mit Sicherheit viele Afrikaner ab, vor Gericht eine für sie eventuell günstigere Verteilung der Erbschaft zu erreichen.

Allerdings muß bemerkt werden, daß diese „Waffe" nicht nur für die Beibehaltung der „old customs" wirkt. In Gebieten, wo es schon als selbstverständlich (als Recht? [165]) gilt, daß die Kinder den größten Teil der Erbschaft erben, mag die Furcht vor der Zaubercianschuldigung heute schon manchen Neffen [166] davon abhalten, vor Gericht die Erbschaft von dem Sohn „according to our custom" herauszuverlangen [167].

Nach den Informationen, die ich bei meinen Diskussionen mit Local Courts Chairmen erhielt, ergibt das heutige Erbrecht etwa folgendes Bild:

Überwiegend wird noch anerkannt, daß die matrilinearen Verwandten das Recht haben, den Nachlaß zu verwalten und zu verteilen. Ganz allgemein, auch in den ländlichen Gebieten, werden Frauen und Kinder in höherem

---

162 Malawi Hansard: 5th Session: 1st Meeting, October 1967. S. 45.
163 Vgl. dazu MARWICK: Sorcery, mit ausführlichen Falldarstellungen und -analysen.
164 So ein Local Courts Chairman.
165 Über diese Frage s. S. 153 ff.
166 Der Gegensatz Neffe–Sohn steht hier etwas pauschal für den Gegensatz „altes" und „neues" Stammesrecht.
167 Ein Local Courts Chairman hatte einen solchen Fall gerade (als Sohn) erlebt.

Maße als früher an der Erbschaft beteiligt. In den „zivilisierten Gebieten" und vor allem in den Städten, haben Frauen und Kinder einen Anspruch auf einen, wenn nicht gar den größten Teil der Erbschaft[168].

3. Die Problematik der Anwendung von Stammesrecht im Rahmen des Wills and Inheritance Act von 1967

Es wurde schon gezeigt[169], inwieweit auch heute nach sec. 17 des Wills and Inheritance Act noch Stammesrecht gilt.
Zwei Fragen bleiben nach der Darstellung des Stammesrechts offen:
a) Es ergeben sich teilweise Überschneidungen bei der Aufteilung der Erbschaft, da „wife", „issue" und „dependants" zugleich „customary heirs" sein können. Es fragt sich, welcher Personenkreis durch diese Überschneidung begünstigt wird bzw. werden soll.
Scheidet der Tumbuka-Sohn, der als Erbe nach Stammesrecht die Hälfte der Erbschaft erhalten würde, aus dem Kreis der Personen aus, an die die andere Hälfte der Erbschaft gerecht verteilt werden soll?
Scheiden die Abhängigen, die zugleich Erben nach Stammesrecht, vielleicht aber nur Nebenerben sind, aus dem Kreis der „customary heirs" aus, da sie ja einen Anteil aus der gerecht zu verteilenden Hälfte der Erbschaft verlangen können?
b) Die zweite Frage ist vielleicht die wichtigere: Wie bestimmt das Gericht, wer „customary heir" ist? Denn gerade unter Berücksichtigung der modernen Entwicklung ist die Feststellung der Erben nach Stammesrecht ja außerordentlich schwierig.
Es wäre müßig, hier zu versuchen, Regeln für die Lösung dieser Fragen aufzustellen. Die Entscheidung wird von Fall zu Fall von den Local Courts Chairmen getroffen werden müssen[170].

4. Entwicklungs- und Planungsvorstellungen im Erbrecht

a) Die Entwicklung bis zur Unabhängigkeit

Der erste tatsächliche Eingriff in das Stammesrecht geschah mit dem Wills and Inheritance Act von 1967. Die Kolonialregierung hatte nicht versucht, das Erbrecht der afrikanischen Stämme abzuschaffen oder zu ändern.

---

168 Ein Local Courts Chairman zeigte sich sogar beunruhigt über die Vorschrift des neuen Gesetzes, nach dem $3/5$ der Erbschaft an die „customary heirs" gehen soll. Nur $2/5$ für Frau und Kinder war ihm viel zu wenig.
169 S. S. 102.
170 Über die Bedeutung des neuen Erbgesetzes in der allgemeinen malawischen Justizpolitik s. S. 160.

Besondere Vorschriften galten lediglich für die wenigen Afrikaner, die nach der Marriage Ordinance geheiratet hatten[171]. Auch die in Zusammenhang mit der Entwicklung des Familienrechts geschilderten Bestrebungen, das Erbrecht zu ändern, sollten nur die Afrikaner erfassen, die „christlich" geheiratet hatten[172].

Seit der Rezeption des englischen Rechts durch Art. 15 (2) der British Central Africa Order-in-Council stand allerdings allen Afrikanern die Möglichkeit offen, ein schriftliches Testament nach den Vorschriften des englischen Wills Act von 1837 zu errichten[173]. Von dieser Möglichkeit wurde jedoch zunächst kaum Gebrauch gemacht, da u. a. die Formalitäten, wie Hinzuziehung und Bezahlung eines Anwalts usw., zu umständlich waren.

Als die private Vermögensbildung der Afrikaner anstieg und damit auch das Verlangen, für Frauen und Kinder zu sorgen, sahen sich die Afrikaner, die ein Testament errichten wollten, vor der Alternative, ein Testament nach dem Wills Act oder nach Stammesrecht zu machen. Die Testamentserrichtung nach dem Wills Act war zu umständlich, bei dem „mündlichen" Testament nach Stammesrecht war es ungewiß, ob der erklärte Wille je durchgesetzt werden würde[174].

1960 wurde die African Wills and Succession Ordinance[175] verabschiedet, die die Testamentserrichtung für Afrikaner erleichterte. Das Gesetz, das auch sec. 40 der Marriage Ordinance außer Kraft setzen sollte, trat jedoch nicht in Kraft[176].

b) Die Wills and Inheritance (Kamuzu's Mbumba Protection) Ordinance von 1964[177]

1964, kurz vor der Unabhängigkeit, doch schon unter der verantwortlichen Regierung der afrikanischen Politiker, wurde ein neues Erbgesetz geschaffen, die Wills and Inheritance (Kamuzu's Mbumba Protection[178]) Ordinance.

---

171 Vgl. S. 85.

172 Vgl. S. 94 ff.

173 Der Wills Act von 1837 galt als statute of general application, s. S. 47.

174 S. S. 104. Der Acting Secretary of Native Affairs sagte bei der Beratung der African Wills and Succession Ordinance: „When an African Court is faced with the problem of deciding wether a man's expressed wishes should prevail over custom or not, the advice I have received from most African Courts is that if there is a dispute they would be bound to hold that customary law overrides the man's wishes." In: Records of the Proceedings of the 75th Session, 1st Meeting of the Legislative Council. S. 35.

175 Gesetz Nr. 13 von 1960.

176 Mit den Rechtskonflikten zwischen den Stammesrechten, dem englischen Recht und der African Wills and Succession Ordinance befaßt sich ausführlich die Arbeit von Coissoro.

177 Gesetz Nr. 36 von 1964.

178 Kamuzu ist einer der Vornamen Dr. Bandas, des Präsidenten Malawis; als das Gesetz erging, war er Regierungschef.

Dieses Gesetz brachte neben einer Neuordnung des Testamentsrechts für die Afrikaner zum ersten Mal den Versuch, mittels eines massiven Eingriffs in das Stammesrecht die traditionale Familienstruktur einer klar zum Ausdruck gebrachten gesellschaftspolitischen Zielvorstellung anzupassen. Zu Recht wurde das Gesetz, das im Bereich der Erbgesetzgebung im englischsprachigen Afrika einzig dastand, als revolutionär bezeichnet [179].

Schon der Titel des Gesetzes enthielt ein gesellschaftspolitisches Programm. Er lautet:

"An Ordinance to provide for the making of wills and for intestate succession of Africans, for the purposes of promoting family-stability, the strengthening of marriage-ties and the proper provisions for wives and children."

Nach diesem Gesetz sollte folgende gesetzliche Erbfolge gelten:

Hinterließ ein Mann Frauen und Kinder, so wurde $1/5$ seiner Erbschaft nach Stammesrecht vererbt. Wurde er von nur einer Frau überlebt, so erbte diese die restlichen $4/5$.

Hinterließ er mehrere Frauen, so galt folgender Verteilungsschlüssel [180]:

Die erste Frau erbte $2/3$ der $4/5$;

die zweite Frau erbte $2/3$ des Restes bzw. den ganzen Rest bei nur zwei Frauen;

die dritte Frau erbte $2/3$ des neuen Restes bzw. den ganzen Rest;

die vierte Frau erbte $2/3$ des neuen Restes bzw. den ganzen Rest.

Hinterließ der Verstorbene neben seinen Frauen Kinder, so erbten diese die Hälfte des Erbteils ihrer Mutter zu gleichen Teilen; war die Mutter gestorben, so erbten sie deren vollen Erbteil.

Ein Beispiel mag diese komplizierte Regelung [181] verdeutlichen:

Ein Mann stirbt, er war mit vier Frauen verheiratet. Die erste Frau ist vor ihm gestorben. Mit seiner ersten Frau hatte er eine Tochter, mit seiner vierten Frau vier Söhne. Er hinterläßt ein Vermögen von 500 £.

Von den 500 £ werden 100 £ nach Stammesrecht vererbt.

Die Tochter der ersten Frau erbt	266 / 13 / 4 (£/s/d)
die zweite Frau erbt	88 / 15 / –
die dritte Frau erbt	29 / 13 / 9
die vierte Frau erbt	7 / 8 / 11 1/2
die Söhne der vierten Frau erben je etwa	1 / 17 / –

---

179 S. Roberts: A Revolution in the Law of Succession in Malawi. In: J.A.L., Vol. 10 (1966), S. 21 ff.

180 Sec. 11.

181 Durands Aussage: „In its aims, simplicity and recognition of existing needs the Ordinance is admirable" ist unverständlich. P. Durand: A Comment: Legislation in Malawi. In: J.A.L., Vol. 8 (1964), S. 109 ff., auf S. 109.

Das Beispiel mit der glatten Geldsumme ist das einfachste denkbare Beispiel. Übertragen auf afrikanische Vermögensverhältnisse wäre die Ausrechnung der einzelnen Erbteile sehr viel schwieriger. Die unverhältnismäßige Bevorteilung der ersten Frau kam einem direkten Angriff auf die Polygamie gleich, die Bevorzugung von Frauen und Kindern allgemein einem Angriff auf das matrilineare Familiensystem. Besondere Bedeutung erfuhr dies noch durch die im Gesetz enthaltene Anweisung an die Gerichte [182]:

... every Local Court shall have strict regard to the desirability of promoting

- family stability
- the strengthening of marriage-ties; and
- proper provision for dependant wives and children.

Um die Durchsetzung des Gesetzes sicherzustellen, war vorgesehen, daß jeder Todesfall dem Local Court gemeldet werden mußte. Nach dem Ablauf von einem halben Jahr, währenddessen der Local Court den Nachlaß verwaltete und Nachlaßschulden beglichen werden sollten usw., sollte der Local Court den Nachlaß nach den gesetzlich vorgeschriebenen Regeln verteilen.

Das Gesetz wurde nicht in Kraft gesetzt, doch scheint, daß einige Local Courts im Sinne der Vorschriften des Gesetzes in Erbschaftsstreitigkeiten entschieden [183]. Warum das Gesetz nicht in Kraft gesetzt wurde, ist unschwer zu erkennen. Die gesetzliche Erbfolge war zu modern und in dieser komplizierten Form nicht praktikabel. Darüber hinaus hätten sich kaum zu bewältigende organisatorische Schwierigkeiten ergeben. Nach der Schätzung des Solicitor General starben im Jahr etwa 100 000 Personen im Alter von mehr als 18 Jahren, womit etwa 40 000 bis 60 000 Erbschaften anfielen. Jeder Local Court hätte danach an jedem Arbeitstage einen neuen Nachlaß zu verwalten, d. h. nach einem halben Jahr hätte jeder Local Court etwa 150 Erbschaften zur gleichen Zeit zu verwalten und zu beaufsichtigen [184].

Es war daher beinahe zu erwarten, daß das Gesetz schon aus diesem Grunde nicht in Kraft gesetzt werden würde. Davon abgesehen unterscheidet sich das neue Gesetz von 1967 jedoch erheblich von dem Gesetz von 1964 hinsichtlich der gesetzlichen Erbfolge. Da es der Anwendung von Stammesrecht weit größeren Platz einräumt, wirkt es verglichen mit der Regelung des Gesetzes von 1964 ausgesprochen konservativ.

---

182 Sec. 15.
183 „Whilst the Ordinance has not been brought into force, the spirit of the Ordinance has been adopted in all cases involving the division of deceaseds' estates referred to in Local Courts. To cite an example, the estate of the late Mr. J. M. Phiri, M.P., where the sum of £8000 was involved." Aktennotiz des Solicitor General. In: Akte A.G. 996 des Justizministeriums. (Die Akten des Justizministeriums werden im folgenden zitiert als: F ...)
184 S. das Draft Memorandum to His Excellency on the Wills and Inheritance (Kamuzu's Mbumba Protection) Ordinance No. 36 of 1964, vom 1. 9. 1966. In: F A.G. 996.

Es war wohl auch nicht geplant, durch den Wills and Inheritance Act von 1967 das traditionale Erbrecht entscheidend zu verändern. Hauptsächlich wollte man einen einigermaßen angemessenen Rahmen für den heutigen Entwicklungsstand schaffen.

„This Bill", sagte Minister TEMBO bei der 2. Lesung des Gesetzes, „is intended to make practical provisions for most matters as they are today."[185]

ROBERTS[186] erklärt sich die konservative Haltung des Gesetzes aus der im Vergleich zu 1964 veränderten innenpolitischen Situation.

Damals sei es die allgemeine Einstellung der Regierung gewesen, daß die Tradition nur ein Hemmnis für die erstrebte politische und wirtschaftliche Unabhängigkeit sei. Seit der Kabinettskrise und den politischen Unruhen, die der Unabhängigkeit folgten, und in deren Zusammenhang sechs „progressive" Minister das Land verließen, herrsche jedoch ein anderes politisches Klima. Dr. BANDA verlasse sich mehr auf die Häuptlinge und andere traditionale Elemente und könne es sich gar nicht erlauben, Rechtsänderungen vorzunehmen, die diesem Bevölkerungsteil unangenehm sein würden.

Das scheint jedoch eine etwas einseitige Betrachtungsweise zu sein. Es darf nicht übersehen werden, daß das Gesetz von 1964 aus den schon erwähnten Gründen nicht praktikabel war. Wäre es in Kraft getreten, so wäre es mit ziemlicher Sicherheit toter Buchstabe geblieben. Die Initiative zu dem neuen Gesetz ging auch nicht vom Präsidenten, sondern eher von den überwiegend englischen Beamten des Justizministeriums aus[187]. Bei der Schaffung des Wills and Inheritance Act von 1967 standen sicher rein pragmatische Erwägungen im Vordergrund[188].

IV. Rechtspluralismus und Rechtsentwicklung im Bodenrecht

Auch im Bereich des Bodenrechts existieren englisches Recht und Stammesrechte nebeneinander. 1967 wurde durch die Bodenrechtsreform ein neues Recht geschaffen, das bislang aber nur für einen kleinen Teil Malawis, den Lilongwe Distrikt, gilt.

Bei der Darstellung der heutigen Rechtslage soll es zunächst zurückgestellt werden.

---

185 Malawi Hansard: 5th Session: 1st Meeting, October 1967. S. 43.
186 ROBERTS: The Malawi Law of Succession. S. 88.
187 Vgl. das Draft Memorandum to His Excellency on the Wills and Inheritance (Kamuzu's Mbumba Protection) Ordinance No. 36 of 1964, vom 1. 9. 1966. In: F A.G. 996.
188 Wie wenig Rücksicht z. T. die Regierung auf die Häuptlinge und die traditionale Bevölkerung nimmt, zeigt sich in den Bodenrechtsreformgesetzen. Vgl. dazu die Ausführungen auf S. 119 ff.

1. Die Klassifizierung von Land nach dem Land Act

Nach dem Land Act von 1965[189] ist die Gesamtbodenfläche Malawis in drei unterschiedliche Kategorien von Land eingeteilt: Staatsland (public land), Privatland (private land) und Stammesland (customary land).

a) Staatsland

Staatsland macht heute etwa 12,5% der Gesamtbodenfläche Malawis aus[190]. Es ist Land in öffentlichem Eigentum und untersteht der Verfügungsmacht des Ministeriums für Bodenschätze (Ministry of Natural Resources). Das Staatsland setzt sich vorwiegend aus Forstreserven, Stadtgrundstücken und anderem Land, das öffentlichen Zwecken dient, zusammen.

Der Minister kann Staatsland und Stammesland verpachten, wenn dies direkt oder indirekt dem Allgemeinwohl dient. Das verpachtete Land wird als Privatland klassifiziert[191] und unterliegt dem für Privatland geltenden Recht.

Abgesehen davon sind die Verfügungen des Ministers über Staatsland politische Akte und nicht justiziabel.

b) Privatland

Privatland bildet heute etwa 3% der Gesamtbodenfläche Malawis[192]. Es ist das Land im Eigentum oder Besitz von Personen, die ihre Berechtigung aus einem „certificate of claim", einem „freehold" oder einem „leasehold-title" herleiten.

Der größte Teil des Privatlandes, etwa 2,4% der Gesamtbodenfläche Malawis, steht in Privateigentum (freeholdland). Es ist der Rest des Landes, das die ersten Siedler und Geschäftsleute vor der Protektoratserrichtung von den Häuptlingen „gekauft" hatten.

Nach der Protektoratserrichtung forderte der Commissioner General, Sir H. H. JOHNSTON, die Siedler auf, ihre Ansprüche auf Grund und Boden geltend zu machen. Ein großer Teil dieser Ansprüche wurde durch ein „certificate of claim" anerkannt[193], das den Berechtigten das Volleigentum, ein „estate in fee simple", verschaffte[194].

---

189 Gesetz Nr. 25 von 1965.
190 Malawi Government: Annual Report of the Department of Lands. For the Year ended 31st December 1966. S. 1, 2. (Im folgenden zitiert als: Annual Report of the Department of Lands for 19 ... S. ....)
191 S. S. 114.
192 Annual Report of the Department of Lands for the Year 1966, S. 1, 2.
193 S. dazu das Memorandum von F. L. MOIR vom 27. 6. 1891. In: ZA L 3/26/1.
194 So das Memorandum vom 29. 8. 1924. In: ZA 1144/1924.

Mit der Rezeption des englischen Rechts wurde auch der Begriffsapparat des englischen Bodenrechts übernommen, nach dem es, wenigstens in der Theorie, kein absolutes Eigentum an Grund und Boden gibt, da alles Land der Krone gehört. Diese theoretische Einschränkung des Eigentumsbegriffs ist in Malawi, zumindest mit der Zerschneidung der letzten staatsrechtlichen Bindungen zu England durch die Erklärung zur Republik, hinfällig geworden.

Pachtbesitz (leaseholdland), das verpachtete Stammes- und Staatsland, bildet den Rest des Privatlandes[195].

Die Rechtsverhältnisse – Verkauf, Übertragung, Pfändung, Belastung usw. – an Privatland richten sich nach englischem Recht. Es gibt keine grundbuchmäßige Erfassung des Privatlandes, nur eine zentrale Registrierungsstelle, in der alle Dokumente und Urkunden, die ein Recht an Privatland übertragen, registriert werden müssen[196].

c) Stammesland

Das Stammesland, das mit etwa 84,5% den weitaus überwiegenden Teil der gesamten Bodenfläche Malawis ausmacht[197], ist das Eigentum des malawischen Volkes, vertreten durch den Präsidenten[198]. Es unterliegt der Kontrolle des Ministeriums für Bodenschätze. Der Minister kann durch Erlaß Stammesland zu Staatsland erklären und umgekehrt.

Die tatsächliche Kontrolle wird – unter der Oberhoheit des Ministeriums – durch die Chiefs, die nach dem Chiefs Act von 1967[199] anerkannten Häuptlinge und Dorfältesten, ausgeübt. Die Chiefs sollen die Landverteilung und -nutzung nach Stammesrecht regeln[200].

2. Das Bodenrecht der malawischen Stämme

Das Bodenrecht der malawischen Stämme ist ziemlich uniform, doch bedingt die unterschiedliche Sozialstruktur einige Abweichungen[201].

---

195 Zur Zeit ist weniger als 1% des Staats- und Stammeslandes verpachtet. Annual Report of the Department of Lands for 1966. S. 2.

196 Das ist in der Land Registration Ordinance (bis 1967 Deeds Registration Ordinance) von 1916 geregelt. Über die Regelung nach englischem Recht vgl. B. ERDELL: Übertragung des Eigentums an Grundstücken nach englischem Recht (unregistered and registered conveyancing). Diss. Kiel 1967.

197 Annual Report of the Department of Lands for 1966. S. 2.

198 Sec. 22 Land Act.

199 Der Chiefs Act, Gesetz Nr. 39 von 1967, ersetzte die Native Authority Ordinance.

200 Sec. 23 Land Act.

201 Die Angaben über das traditionale Bodenrecht beruhen z. T. auf den Restatements der malawischen Stammesrechte.

a) Die Zuteilung und das Recht auf Zuteilung von Land

Allen Stämmen gemeinsam ist das Prinzip, daß der Häuptling der „Vater"
des Landes ist, der das Land als Treuhänder der Geister der Ahnen für den
Stamm verwaltet. Ihm steht die oberste Landkontroll- und Verwaltungs-
befugnis zu, er entscheidet, auch heute noch[202], endgültig in allen Streitigkeiten bei der Landverteilung.
Er verteilt Land an seine Unterhäuptlinge bzw. Dorfältesten, die früher dafür Tribut zahlen mußten. In der dicht besiedelten Südregion Malawis ist
z. T. auf diese Weise schon alles verfügbare Land verteilt, so daß der Häuptling nur das Gebiet, in dem er selbst lebt, kontrolliert. Die Dorfältesten verteilen dann Land an die Oberhäupter der Großfamilien, diese wiederum an
die einzelnen Familienmitglieder. Wenn die Familie nicht ausreichend Land
hat, kann auch ein einzelner den Dorfältesten direkt um die Zuteilung einer
Parzelle bitten. Uxorilokal lebende Ehemänner haben in der Regel keine
Landkontroll- oder -verteilungsbefugnisse.
Grundsätzlich hat jeder erwachsene männliche Dorfbewohner einen Anspruch
auf die Zuteilung einer Parzelle. Inwieweit Frauen einen Anspruch haben,
ist etwas unklar. Früher konnten Frauen kein selbständiges Recht auf oder
an Land haben[203]. Die Restatements besagen, daß dies Prinzip bei den
mohammedanischen Yao im Fort Johnston Distrikt noch gilt[204]. Über die
anderen Stämme wird gesagt:
"... in practice infants and females are not considered 'eligible' to acquire
an interest in land as the legal (rather than the beneficial) owner thereof."
Eine Ausnahme besteht jedoch für Frauen, die ihren direkten Ernährer verloren haben, Witwen, geschiedene oder von ihren Ehemännern verlassene
Frauen.
Es wird auf der anderen Seite regelmäßig Land an Frauen verteilt – dessen
„*legal* owner" ist aber wohl der Bruder oder Onkel mütterlicherseits bei den
matrilinearen Stämmen bzw. der Ehemann oder Schwiegervater bei den
patrilinearen Stämmen. Eine scharfe Trennung zwischen *legal* und *beneficial*
scheint heute aber kaum noch möglich zu sein.
Land kann auch an Dorffremde verteilt werden. Der Fremde muß sich an
den Dorfältesten wenden und ihn um Land bitten. Dieser wird ihm in der
Regel Land geben, wenn die Landversorgung der Dorfgemeinschaft gesichert
ist, und der Fremde einen guten Eindruck macht.
Nach Stammesrecht werden drei Arten von Land unterschieden:

* Land, das im Allgemeingebrauch steht. Dazu gehören Wege, Straßen,
öffentliche Versammlungsplätze und Weideland.

---

202 S. S. 44.
203 Vgl. Notes on the Cewa (Lilongwe District). In: ZA 123/36.
204 Wahrscheinlich aus religiösen Gründen.

- Land, das in der Nutzung einer Familie oder einer Einzelperson steht. Dies umfaßt das Ackerland, den Gemüsegarten und den Bauplatz für die Hütte.
- Reserveland. Reserveland ist das noch unverteilte Land im Dorfgebiet.

b) Die Rechte an Land

An den unterschiedlichen Arten Land bestehen unterschiedliche Rechte: Rechte, die sich ganz allgemein aus der Zugehörigkeit zur Dorfgemeinschaft ergeben (allgemeine Rechte) sowie Rechte, die durch die Zuteilung von Land entstanden sind.

Zu den allgemeinen Rechten, die vor allem an Land im Allgemeingebrauch und an Reserveland bestehen, zählen:

- Das Wegerecht,
- das Jagdrecht,
- das Weiderecht,
- das Recht, Gras zum Dachdecken zu mähen,
- das Recht, aus Quellen und Brunnen Wasser zu schöpfen,
- das Recht, Steine, Erde und Lehm für den Hausbau zu holen,
- das Recht, Feuerholz zu sammeln.

Die Rechte, die sich aus der Zuteilung von Land ergeben, können sowohl einer Familie als auch einer Einzelperson zustehen. Durch die ordnungsgemäße Zuteilung von Land entsteht für den Empfänger ein unbeschränktes Besitz- und Nutzungsrecht. Dieses Recht ist vererblich und kann nur durch freiwillige Aufgabe, die ausdrücklich erklärt werden muß, oder durch Verwirkung erlöschen. Die Verwirkung kann nur vom Häuptling beim Vorliegen bestimmter Gründe ausgesprochen werden, wenn z. B. der Betreffende fortlaufend Verbrechen begeht oder trotz vieler Ermahnungen sein Land verkommen läßt. Die Verwirkung wird selten ausgesprochen; heute dürfte zusätzlich die Genehmigung des Ministers erforderlich sein. Liegen diese Voraussetzungen nicht vor, so kann kein Häuptling, kein Dorfältester, kein Familienoberhaupt einmal verteiltes Land wieder an sich ziehen. Diese Regel mag ein Fall illustrieren, der 1934 in dem Native Court des Cewa Häuptlings MwASE KASUNGU verhandelt wurde[205]. Im Urteil hieß es:

"Village Headman Chamama has been found guilty for taking away Alifeyu's gardens without reason. It is a serious thing for any man, though he may be a headman, to take away other peoples' properties. Therefore the court has ordered him to pay 5 £ – fine and give back Alifeyu all the gardens so that he being a headman must not take things from his people."

---

205 Alifeyu v. Village Headman Chamama, Civ. C. 8 of 1934, Kasungu N.C. In: ZA NN 1/17/2.

116

Eine Ausnahme gilt jedoch für die uxorilokal lebenden Ehemänner bei den matrilinearen Stämmen. Das Recht an dem ihnen im Dorf ihrer Frau zugeteilten Land erlischt grundsätzlich mit der Beendigung der Ehe und ist in keinem Fall vererblich.

Aus diesem Grunde haben uxorilokal lebende Ehemänner meist kein großes Interesse, auf den Äckern im Dorf der Frau eine große landwirtschaftliche Produktivität zu entfalten. Sie haben deshalb oft ein Stück Land in ihrem Geburtsdorf [206].

c) Die Übertragbarkeit von Rechten

Nach dem Recht aller Stämme darf Land nicht verkauft werden. Auch durch Verpfändung oder entgeltliche Verpachtung denkbare verdeckte Käufe sind nicht erlaubt [207]. Die Idee, für Land Geld zu nehmen, ist dem afrikanischen Denken fremd. Keiner der Informanten für die Restatements konnte sich an einen Fall erinnern, wo Land wirksam gegen Entgelt vergeben worden wäre. DULY [208] berichtet aus der dicht besiedelten Südregion von einigen Fällen, in denen Land „verkauft" werden sollte. Ein „Käufer" verteidigte sich vor Gericht mit dem Argument, er habe ja Geld für das Land bezahlt und müsse es deshalb behalten dürfen. In allen Fällen wurden die Beteiligten jedoch bestraft und das Land den ursprünglichen Besitzern zurückgegeben. „The laws of the chiefs are that no land should be sold or rented this way." [209]

Dieser Grundsatz gilt auch heute noch. Die Local Courts Chairmen versicherten, einen solchen Fall noch nicht erlebt zu haben. Vor Gericht sei ein Kauf von Land nicht durchzusetzen. „We ask them: Why do you want money for your land? Did you pay for it?" [210]

Land kann jedoch unentgeltlich auf bestimmte Zeit verpachtet werden, wozu die Zustimmung der Dorfältesten erforderlich ist. Wird Land an Dorffremde verpachtet, „soll" die Zustimmung der Dorfältesten eingeholt werden [211]. Dabei ist es durchaus üblich, daß der Pächter dem Verpächter ein Zeichen

---

206 MITCHELL berichtet, daß er einigen Yao-Männern Avacado-Saat gab und ihnen erklärte, daß sie erst nach sieben Jahren Früchte tragen würde. Keiner der Männer pflanzte die Saat in dem Dorf, in dem er verheiratet war. Alle pflanzten sie in ihrem Geburtsdorf an. J. C. MITCHELL: Preliminary Notes on Land Tenure and Agriculture Among the Machinga Yao. In: Nyasaland Journal, Vol. 5, No. 2, S. 18 ff., auf S. 24, 25. (Im folgenden zitiert als: MITCHELL: Preliminary Notes. S. . . . .).

207 In den „alten Zeiten" konnte Land aber als Schadenersatz gegeben werden; s. Phiri v. Chief Malanda, Civ.C. 160 of 1934, D.C. Chinteche. ZA NN 1/17/2.

208 DULY: a.a.O., S. 32; vgl. auch MITCHELL: Preliminary Notes. S. 25.

209 —: a.a.O., S. 32.

210 Bei Diskussionen mit dem Verfasser.

211 Dies ist zu unterscheiden von der Zuteilung von Land an Dorffremde. Durch die Zuteilung erhalten sie dieselben Rechte wie die Dorfbewohner.

seiner Dankbarkeit zukommen läßt. So wird er ihm, wenn die Ernte gelungen ist, ein Hühnchen schenken oder für ihn oder das ganze Dorf Bier brauen.

Diese Pachtverträge sind meist auf bestimmte Zeit begrenzt. Der Verpächter kann sonst den Vertrag jederzeit beenden, muß dem Pächter jedoch Zeit lassen, die Ernte einzubringen.

Mit dem Tode des Pächters oder Verpächters erlischt die Pachtberechtigung, selbst wenn sie für eine ursprünglich über den Zeitpunkt des Todes hinausgehende Periode gegeben war. Doch kann sie durch eine neue Abmachung mit dem (den) Erben wieder hergestellt werden.

Unklar scheint die Lage zu sein, wenn, was allerdings nur sehr selten passiert, der Pachtvertrag schriftlich fixiert ist. Auf die Frage, ob die Erben durch diesen Vertrag gebunden seien, gaben Local Courts Chairmen unterschiedliche Antworten, positive: „If there is a written thing they can stay" und negative: „Because we don't transfer friendship."

Das traditionale Bodenrecht, oft etwas abwertend als „kommunal" bezeichnet, kennt also individuelle Rechte an Grund und Boden, die unseren Vorstellungen von dem absoluten Eigentum nahekommen [212]. Land darf nur nicht der letzten Kontrolle durch die Gemeinschaft, vertreten durch den Häuptling, Dorfältesten oder Familienältesten, entzogen werden. Es fragt sich, ob auch diese Schranke vor der endgültigen Individualisierung und Absolutierung des Rechts, die auch den Verkauf, die Verpfändung oder Belastung erlaubt, in Malawi durchbrochen werden wird [213]. Obgleich die wichtigsten sozialen Bedingungen für eine solche Entwicklung – Bevölkerungsdruck, Bevölkerungsfluktuation und Abkehr vom Wanderfeldbau [214] – in der Süd-

---

212 Vgl. dazu ALLOT, EPSTEIN und GLUCKMAN: a.a.O., S. 55 ff. J. VANDERLINDEN: Réflexions sur l'Existence du Concept de Propriété immobilière individuelle dans les Droits africains traditionnels. In: M. GLUCKMAN (Hrsg.): a.a.O., S. 236 ff.; s. auch T. O. ELIAS: The Nature of African Customary Law. London 1956, S. 163. (Im folgenden zitiert als: ELIAS: The Nature. S. . . .)

213 Diese Entwicklung hat sich in den Stammesrechten anderer afrikanischer Stämme schon vollzogen. Vgl. über die Lage in Ghana ALLOT: Essays. S. 242 ff.; über die Kikuyu in Kenya vgl. C. K. MEEK: Land Law and Custom in the Colonies. Oxford University Press. London 1949, S. 275. (Im folgenden zitiert als: MEEK: Land Law and Custom. S. . . .); A. P. MUNRO: Land Law in Kenya. In: Th. W. HUTCHISON (Hrsg.): Africa and Law: Developing Legal Systems in African Commonwealth Nations. University of Wisconsin Press. Madison 1968, S. 75 ff. In Nigeria wurde zunächst entschieden – z. B. in Amodu Tijani v. Southern Nigeria (Secretary) (1921) 2 A.C. 399 –, daß Land nicht nach Stammesrecht verkauft werden könne. Dieser Standpunkt wurde jedoch mit dem Wandel der Stammesrechte aufgegeben, s. Oshodi v. Balogun (1936) 2 All E.R. 1632 und Alade v. Aborishade (1960) 5 F.S.C. 167. Vgl. auch C. M. McDOWELL: The Breakdown of Traditional Land Tenure in Northern Nigeria. In: GLUCKMAN (Hrsg.): a.a.O., S. 266 ff.

214 Vgl. Colonial Office: Native Land Tenure in Africa: A Report of an Informal Committee under the Chairmanship of Lord Hailey. Printed for the Colonial Office. H.M.S.O. London 1954, para 11. (Im folgenden zitiert als: Native Land Tenure. Para . . .)

region und in Teilen der Zentralregion gegeben sind, kann man bislang noch keine Anzeichen dafür erblicken. Falls die geplante Bodenrechtsreform[215] in naher Zukunft durchgeführt wird, wäre diese Entwicklung ohnehin nicht mehr möglich.

3. Rechtskonflikte im Bodenrecht

Durch den Land Act wird klargestellt, daß die Rechtsverhältnisse an Land nur durch Normen aus jeweils einem Rechtsnormenbereich geregelt werden können.

Über Stammesland kann nur der Minister in dem gesetzlich geregelten Rahmen[216] verfügen, alle sonstigen Rechtsverhältnisse beurteilen sich nach traditionalem Recht[217].

Anders als im Familienrecht können sich Afrikaner nicht durch die Wahl englischen Rechts der Anwendung von Stammesrecht entziehen und z. B. ein Recht an Stammesland in den Formen des englischen Rechts übertragen[218].

Auf der anderen Seite beurteilen sich alle Rechtsverhältnisse an Privatland, auch wenn Afrikaner Eigentümer sind, nach englischem Recht. Die Frage, welches Recht *applicable* ist[219], wird durch die Kategorie des Landes bestimmt, Rechtskonflikte sind daher nicht möglich.

4. Die Bodenrechtsreform

a) Die neuen Gesetze

1967 verabschiedete das Parlament drei Gesetze, die die Rechtsgrundlage für eine umfassende Bodenrechtsreform enthalten.

Der Customary Land (Development) Act[220] sieht die katastermäßige Erfassung und Flurbereinigung von Stammesland vor. Im Registered Land Act[221] ist die grundbuchmäßige Eintragung der erfaßten Grundstücke und das sonstige materielle Bodenrecht geregelt. Durch den Local Land Boards Act[222] werden Aufsichtsorgane geschaffen, die den gesamten Grundstücksverkehr überwachen sollen.

---

215 S. dazu die Ausführungen auf S. 119 ff.
216 Sec. 5, 22–27.
217 Das geht aus sec. 23 Land Act hervor.
218 Über die Lage in Ghana vgl. ALLOT: Essays. S. 242 ff., besonders S. 258 ff. In Ghana sind diese Konfliktsituationen möglich, da das Stammesrecht die Verfügung über Land erlaubt und das Land keinen unterscheidbaren rechtlichen Status hat; es gibt kein Land *under native tenure*.
219 Vgl. S. 62.
220 Gesetz Nr. 5 von 1967.
221 Gesetz Nr. 6 von 1967.
222 Gesetz Nr. 7 von 1967.

Der Übergang von traditionalem zu modernem Recht soll wie folgt vor sich gehen:

Ein bestimmtes Stammeslandgebiet wird zum Entwicklungsgebiet erklärt[223] und der Aufsicht von Verwaltungsbeamten unterstellt. Mit der Ankündigung der Neuaufteilung des Gebiets gehen die Landkontroll- und -verteilungsbefugnisse von den Häuptlingen auf den Allocation Officer über, dem ein beratendes Organ, das Land Committee, zur Seite steht. Die Bevölkerung wird aufgefordert, ihre Ansprüche auf den von ihr bebauten Grund und Boden anzumelden. Nach Eingang aller Ansprüche wird ein vorläufiger Verteilungsplan angefertigt. Bei der Aufstellung dieses Plans kann die gegenwärtige Feldverteilung zugunsten einer wirtschaftlich günstigeren geändert werden und Land, das für geplante Entwicklungsprojekte, Schulen, Friedhöfe, Wege und andere öffentliche Einrichtungen vorgesehen ist, freigestellt werden[224].

Ergeben sich über den Verteilungsplan Streitigkeiten oder melden mehrere Personen Ansprüche auf dasselbe Stück Land an, entscheidet das Land Committee darüber, das sich bei seinen Entscheidungen nach Möglichkeit an das Stammesrecht halten soll. Der dann endgültige Verteilungsplan wird nach nochmaliger Überprüfung in den Allocation Record, den Kataster, eingetragen. Der Kataster geht dann der Registry, dem Grundbuchamt zu, wo die im Kataster erfaßten Grundstücke in das Grundbuch als Privatland eingetragen werden.

Das Dorfgebiet, Weideland und sonstiges ungenutztes Land werden als Stammesland in den Kataster eingetragen. Durch spätere Verteilung und Eintragung im Grundbuch kann es zu Privatland werden.

Die Eintragung in das Grundbuch bewirkt, daß die Eingetragenen das Privateigentum an dem eingetragenen Grundstück erhalten. Das Gesetz sieht neben den auch dem englischen Recht bekannten Eigentumsformen – Allein-, Mit- und Gesamthandseigentum[225] – in Anlehnung an das Stammesrecht eine besondere Eigentumsform vor: Das Familieneigentum[226].

Ist ein Grundstück Familieneigentum, so wird als Eigentümer das Familienoberhaupt mit dem Zusatz „als Familienvertreter" eingetragen. Im Außenverhältnis ist der Familienvertreter allein verfügungsberechtigt. Im Innenverhältnis kann die Verfügungsberechtigung nach Stammesrecht geregelt werden.

Zur Eigentumsübertragung ist ein schriftlicher Vertrag und die Eintragung im Grundbuch erforderlich[227]. Die Grundbucheintragung genießt Gut-

---

223 Zum land registration district, zur customary land development area und zur local land boards division.
224 Sec. 13 Customary Land (Development) Act.
225 Sole property, joint property und property in common.
226 Sec. 121 Registered Land Act.
227 Sec. 79 Registered Land Act.

glaubenswirkungen und ermöglicht einen gutgläubigen Erwerb[228]. Das sonstige materielle und formelle Boden- und Grundbuchrecht – Verpachtung, Belastungen, Zwangshypotheken usw. – ist im Registered Land Act erschöpfend geregelt. Bei Gesetzeslücken ist nicht der Rückgriff auf englisches Recht gestattet, sondern es muß nach den Prinzipien von „justice, equity and good conscience" geurteilt werden[229].

Das neue Recht findet auf das Privatland nach dem Land Act[230] keine Anwendung[231]. In allen Streitigkeiten über grundbuchmäßig eingetragenes Land ist der High Court ausschließlich, liegt der Streitwert unter 200 £, sind auch die Resident Magistrates zuständig.

Den Local Land Boards kommt im Rahmen des neuen Bodenrechts eine besondere Bedeutung zu: Sie kontrollieren den gesamten Grundstücksverkehr. Ohne Zustimmung des Board ist kein Verkauf, keine Belastung, keine Verpachtung, keine Teilung oder sonstige Verfügung über eingetragenes Land zulässig und wirksam. Dies gilt sogar für die Erbfolge, wenn sie zu einer Unterteilung des Grundstücks führen würde[232].

Die Boards sind weiter für die Aufteilung von Familienland zuständig. Diese kann von dem Familienoberhaupt, jedem erwachsenen Familienmitglied oder dem Minister beantragt werden. Sie entscheiden auch über die Neueinsetzung des Familienvertreters.

Das Local Land Board ist an die Weisungen des Ministers (Ministry of Natural Resources) gebunden. Seine Entscheidungen sind nicht justiziabel, sie können auf Antrag nur dem Minister zur Nachkontrolle vorgelegt werden[233].

b) Der entwicklungspolitische Hintergrund der Bodenrechtsreform

Um diesen so harten Bruch mit dem traditionalen Bodenrecht zu verstehen, muß man sich die wirtschaftliche Lage Malawis vor Augen halten.

Malawi ist ein armes Agrarland ohne nennenswerte Bodenschätze oder Industrien. Rund 90% der Bevölkerung lebt von der Landwirtschaft, deren Beitrag zum Bruttosozialprodukt mit etwa 55% relativ gering ist. Hauptanbauprodukte der afrikanischen Bauern sind Mais, Tabak, Erdnüsse, Reis, Baumwolle und Bohnen, auf den europäischen Farmen wird überwiegend Tee angebaut. Zur Zeit dienen nur etwa 15% der bebauten Kulturfläche dem

---

228 Sec. 32 Registered Land Act.
229 Sec. 160 Registered Land Act. Der Begriff *equity* bedeutet hier *Billigkeit* und ist nicht mit dem *Equity-Recht* identisch.
230 S. S. 113, 114.
231 Für eine eingehendere Darstellung des neuen Rechts s. R. Simpson: New Land Law in Malawi. In: J.A.O. (1967), No. 4, S. 221 ff.
232 Sec. 6 Local Land Boards Act.
233 Sec. 7 Local Land Boards Act.

Anbau von marktwirtschaftlich orientierten Erzeugnissen, auf etwa 78%/o der bebauten Kulturfläche wird Mais, das Hauptnahrungsmittel der afrikanischen Bevölkerung, angebaut. Der Wanderfeldbau ist schon weitgehend verschwunden. In manchen Teilen der Südregion und der Zentralregion hat die hohe Bevölkerungsdichte schon zu einer Art Landnot geführt[234]. Man schätzt, daß mit besseren landwirtschaftlichen Methoden das drei- bis vierfache der heute durchschnittlich erzielten Erträge erreicht werden könnte[235].

Für den erforderlichen Übergang zur Marktwirtschaft ist die Steigerung landwirtschaftlicher Produktionsraten besonders wichtig, da die Fläche, die der eigenen Ernährung dient, kleiner werden kann und mehr Land für den Anbau von cash-crops frei wird.

Die Entwicklungspolitik Malawis ist daher auch in erster Linie Landwirtschaftspolitik. Das landwirtschaftliche Beratungssystem wird ausgebaut mit dem Ziel, die malawischen Bauern für die Anwendung von besserem Saatgut und Düngemitteln, für den Einsatz von Zugochsen und für zeitgerechten Anbau zu gewinnen.

Neben dem allgemeinen landwirtschaftlichen Entwicklungsprogramm soll nun auch das Recht als entwicklungspolitisches Mittel dienen. „These Bills when passed Acts of Parliament, enforced and carried out, will revolutionize our agriculture and transform our country from a poor one to a rich one", rief Dr. BANDA, der Präsident Malawis, auf den die Initiative zur Bodenrechtsreform zurückgeht[236], bei der 2. Lesung der Reformgesetze aus[237].

In erster Linie erhofft man sich durch das neue Recht die Beendigung des Wanderfeldbaus und eine wirtschaftlichere Feldverteilung durch die nach dem Gesetz mögliche Flurbereinigung. Daneben ist von großer Bedeutung, daß Land als Sicherheit für Kredite gegeben werden kann, und die Bauern so das zur Anschaffung von landwirtschaftlichen Maschinen, Kunstdünger usw. erforderliche Geld leihen können[238]. Das Gefühl, auf „eigener Scholle" etwas für sich selbst zu schaffen, soll für die Bauern ein erhöhter Anreiz sein, ihre landwirtschaftlichen Erträge zu steigern[239].

---

234 Vgl. Statistisches Bundesamt: Allgemeine Statistik des Auslandes. Länderberichte: Malawi. Wiesbaden 1967, S. 22, 65. (Im folgenden zitiert als: Länderbericht Malawi. S. . . .)

235 Vgl. die Tabelle in: Länderbericht Malawi. S. 31.

236 Die Gesetze wurden von einem englischen Juristen ausgearbeitet. Sie sind stark an die kenyanischen Bodenreformgesetze von 1959 angelehnt. Die Einrichtung von Familieneigentum ist aber neu und heute noch einzigartig im afrikanischen Bodenrecht. Vgl. R. SIMPSON: a.a.O.

237 Malawi Hansard: 4th Session: 4th Meeting, April 1967, S. 402.

238 S. die Rede Dr. BANDAS in: Malawi Hansard: 4th Session: 4th Meeting, April 1967, S. 403.

239 S. die Rede Mr. PANGANIS, des Parlamentarischen Sekretärs im Ministerium für Bodenschätze, in: Malawi Hansard: 4th Session: 4th Meeting, April 1967, S. 415.

Mit den Local Land Boards glaubt man ein Instrument in der Hand zu haben, mit dessen Hilfe man den Eintritt der mit der Bodenrechtsreform verbundenen Gefahren – Rentenkapitalismus, Desintegration der ländlichen Bevölkerungsstruktur, leichtsinnige und nicht auf landwirtschaftlichen Fortschritt gerichtete Kreditaufnahme[240] – vereiteln kann. Über den Local Land Boards Act sagte Dr. BANDA:

"Its purpose is to prevent people to whom land has been allocated, from disposing of it irresponsibly, too easily, too freely, and too frequently or stupidly. You know there are many, many people who are stupid or careless about their own future. The intention of the Bill is to protect the foolish people."[241]

Praktische Erfahrungen mit dem neuen Bodenrecht liegen noch nicht vor. Bislang wurde nur der Lilongwe Distrikt, ein Gebiet von 500 000 acres, in dem etwa 190 000 Menschen leben, zum Entwicklungsgebiet erklärt[242]. Für die Durchführung der Reform ist eine Laufzeit von 13 Jahren berechnet; sie wird mit einem Kredit von 9 Mio. £ der Weltbank finanziert. Darüber hinaus will die Regierung den Geltungsbereich der Reformgesetze nur vorsichtig und langsam ausdehnen und „das Eigentum an Land niemand aufzwingen, der es nicht haben will"[243].

c) Voraussichtliche Auswirkungen des neuen Bodenrechts in anderen Lebens- und Rechtsbereichen

Das neue Bodenrecht, würde es geltendes Recht in ganz Malawi, würde mit Sicherheit erhebliche Änderungen des Familien- und Erbrechts bedingen, die die Sozialstruktur der ländlichen Bevölkerung nicht unberührt lassen würden. Wenn dies auch für die Landwirtschaft und das Bodenrecht gerade die Absicht der Gesetze ist, so fragt sich doch, ob die weitergehenden Folgen genügend berücksichtigt werden.

Ein besonderes Problem bietet die Einordnung des matrilinearen Familiensystems und der uxorilokalen Ehe. Soll das Land, das der Ehemann im Dorf seiner Frau zugeteilt erhält, eintragungsfähig sein? Wenn ja, dann dürfte man es ihm nach Auflösung der Ehe wohl kaum wieder wegnehmen. Außerdem könnte auf diese Weise die Polygamie nach dem Motto: „Je mehr Frauen, desto mehr Land" ein lohnendes Geschäft werden. Wird für die uxorilokal lebenden Ehemänner jedoch kein Privatland im Grundbuch eingetragen, so würden die Männer mit Sicherheit noch viel weniger Interesse haben, auf

---

240 Die Erfahrungen, die diesbezüglich in Kenya gemacht wurden, sind ein warnendes Beispiel.
241 Malawi Hansard: 4th Session: 4th Meeting, April 1967, S. 408.
242 Durch G.N. 250 von 1967.
243 So Dr. BANDA in: Malawi Hansard: 4th Session: 4th Meeting, April 1967, S. 403.

dem fremden Land, das durch die neue Eigentumsform noch viel fremder wirken wird, produktiv zu arbeiten. Gerade das Gegenteil der erstrebten „Schollenbindung" würde eintreten. Oder werden sich die Ehemänner in dem Dorf ihrer Frau „einkaufen" können oder müssen, was zu einer verdeckten Brautpreis-Ehe führen könnte.

Eine andere Alternative wäre natürlich das allmähliche Zurückgehen der uxorilokalen Ehe, was aber ebenfalls zum Ansteigen der Brautpreis-Ehen führen könnte.

Der Trend zur langsamen Auflösung der matrilinearen Familienstruktur könnte also durch das neue Recht beschleunigt werden.

Im Lilongwe Distrikt will man zunächst, um einen gleitenden Übergang vom alten zum neuen Recht zu ermöglichen, für die afrikanischen Bauern überhaupt kein Alleineigentum eintragen, sondern nur Familieneigentum. „Familie" wird in dem überwiegend von den Cewa bewohnten Lilongwe Distrikt die matrilineare Familie, Familienvertreter das Oberhaupt der matrilinearen Großfamilie oder ein Vormund einer jüngeren Schwesterngruppe, auf jeden Fall aber ein matrilinearer Verwandter sein. Das birgt die Gefahr der Verfestigung der matrilinearen Familienstruktur in sich, deren allmähliche Auflösung andererseits als entwicklungspolitisch unumgänglich empfunden wird und wohl auch ist. Die Entwicklung zu der Elementarfamilie würde gehemmt und traditionale Abhängigkeitsverhältnisse würden quasi künstlich versteift.

Weiter bliebe die schon aufgeworfene Frage nach der Rechtsstellung der uxorilokal lebenden Ehemänner zu lösen.

Auch das Erbrecht wird betroffen. Wie schon erwähnt[244], ändert das neue Bodenrecht das geltende Erbrecht dahingehend, daß eine zur Teilung von Land führende Erbfolge genehmigungspflichtig wird, da für das grundbuchmäßig eingetragene Land, anders als für das Stammesland, die Vorschriften des Wills and Inheritance Act angewendet werden müßten. In Anbetracht der komplexen gesetzlichen Erbfolge[245] wären die Local Land Boards praktisch bei jedem Todesfall eines Landeigentümers vor die Frage gestellt, ob sie die Zustimmung erteilen sollten. Wird sie erteilt, so besteht die Gefahr der Unterteilung in unwirtschaftliche Grundstücke. Wird sie nicht erteilt, würden auf einmal bislang unbekannte Abfindungsprobleme entstehen, da den anderen Erben ja etwas entgeht, was einen finanziell meßbaren Wert hat.

Was können die nicht berücksichtigten Erben, die ja in der Regel selbst eine Familie haben werden, machen? Wer wird ihnen Land geben?

Die bevölkerungspolitischen Bedenken sind vielleicht die schwerwiegendsten. Malawi hat heute rund 4 Millionen Einwohner, und schon heute ist Land teilweise knapp geworden. In 20 Jahren, innerhalb einer Generation, wird

244 S. S. 121.
245 Vgl. S. 101.

sich nach der Hochrechnung die Bevölkerung Malawis verdoppelt haben[246]. Wird man die zu erwartende Landflucht rechtzeitig durch den Aufbau einer Sekundärindustrie, durch Schaffung neuer Arbeitsplätze kompensieren können? Das Problem wird noch durch den Rückgang der Wanderarbeiterbewegung verschärft[247].

Die malawische Regierung wird jedoch aus dem Experiment im Lilongwe Distrikt mit Sicherheit Erfahrungen sammeln und diese für die weitere Planung verwerten können[248].

V. Rechtspluralismus und Rechtsentwicklung im Strafrecht

1. Das malawische Strafrecht

Mit der Rezeption des englischen Rechts durch Art. 15 British Central Africa Order-in-Council von 1902 wurde auch das common law-Strafrecht übernommen. Dieses wurde 1929 durch ein Strafgesetzbuch, den Penal Code[249], überlagert und größtenteils außer Kraft gesetzt[250].

a) Der Penal Code

Der Penal Code geht auf einen Modellentwurf des englischen Kolonialministeriums zurück, der in fast allen ehemals englischen Gebieten in mehr oder weniger gleicher Form, z. T. in wörtlicher Übereinstimmung in Kraft ist[251]. Er ist eine umfangreiche Kodifikation[252] des allgemeinen und besonderen Strafrechts.

---

246 Malawi Government Information Department: Malawi – Land of Promise. A Comprehensive Survey. Blantyre 1967, S. 99.

247 Nach den jüngsten Schätzungen der malawischen Regierung arbeiten z. Z. etwa 270 000 Malawier, wenn auch nur zeitweilig, in Südafrika, Zambia und Rhodesien.

248 Über die Zukunft des malawischen Rechtssystems vgl. die Ausführungen auf S. 164 ff.

249 Gesetz Nr. 22 von 1929.

250 S. aber S. 126, 127.

251 S. die vergleichenden Tabellen der Codes von Malawi, Zambia, Kenya, Tanganyika, Zanzibar, Uganda und Gambia in: COLLINGWOOD: Criminal Law of East and Central Africa. African University Press. London 1967, S. XIII bis XXXI, und bei R. B. SEIDMAN: A Sourcebook of the Criminal Law in Africa. African University Press. London 1966, S. 631, 632. (Im folgenden zitiert als: SEIDMAN: Sourcebook. S. ...) – Dem Entwurf des Kolonialministeriums lag der zyprische Penal Code zugrunde, der wiederum im wesentlichen die Vorschriften eines Gesetzentwurfs übernommen hatte, der 1878/79 für England ausgearbeitet worden war. In den ostafrikanischen Gebieten galt bis zum Ende der zwanziger Jahre der indische Penal Code, s. SEIDMAN: Sourcebook. S. 324.

252 Der Penal Code – 1967 Rev.Ed. – umfaßt 409 Paragraphen.

Der erste Teil[253] enthält Vorschriften über die strafrechtliche Verantwortlichkeit, Täterschaft und die Strafen. Dabei handelt es sich im wesentlichen um kodifiziertes common law.

Als wichtigste Prinzipien seien folgende hervorgehoben:

Die strafrechtliche Verantwortlichkeit beginnt mit dem Alter von sieben Jahren. Doch kann ein noch nicht zwölfjähriger Täter nur bestraft werden, wenn ihm nachgewiesen wird, daß er in der Lage war, das Unrecht seiner Tat einzusehen[254].

Als Gründe, die die strafrechtliche Verantwortlichkeit ausschließen[255], gelten:

- Die Notwehr. Dieser wird die „unvermeidbare Putativnotwehr" gleichgestellt[256].
- Der Irrtum über Tatsachen, falls das Handeln bei der irrtümlich angenommenen Tatsachenlage nicht strafbar gewesen wäre[257].
  Rechtsunkenntnis hat auf die Strafbarkeit grundsätzlich keinen Einfluß[258].
- Geisteskrankheit[259].
- Handeln unter dem direkten Zwang eines Mittäters[260].

Im zweiten Teil[261] sind die einzelnen Straftatbestände in sehr kasuistischer Weise geregelt.

b) Das Verhältnis Penal Code — Common Law

Aus sec. 2 Penal Code[262] geht hervor, daß der Penal Code das besondere Strafrecht nicht ausschließlich regelt. Die Strafbarkeit nach dem common law und anderem Strafrecht bleibt erhalten. Das ist jedoch einschränkend zu verstehen: Wenn ein Straftatbestand im Penal Code geregelt ist, kann der entsprechende Tatbestand des common law nicht eingreifen.

---

253 Sec. 7–37.

254 Sec. 14.

255 Nach dem Penal Code wird nicht, wie im deutschen Recht, zwischen Rechtfertigungs- und Schuldausschließungsgründen differenziert, es gibt nur Gründe, die die strafrechtliche Verantwortlichkeit ausschließen (a person is not criminally responsible . . .).

256 Sec. 17.

257 Sec. 10. Ähnlich dem Tatbestandsirrtum im deutschen Recht, doch braucht sich nach sec. 10 der Irrtum nicht auf Tatbestandsmerkmale zu beziehen. S. S. 131, Fn. 295.

258 Sec. 7: „Ignorance of the law does not afford any excuse for any act or omission . . ."

259 Sec. 12.

260 Sec. 16. Es gibt keine weitergehenden Vorschriften über das Handeln in Notstand oder Nötigung, wie sie z. B. in §§ 54 und 52 StGB geregelt sind.

261 Sec. 38–409.

262 Sec. 2: „. . . nothing in this Ordinance shall affect the liability or trial or punishment of a person for an offence against the common law or against any other law in force in the Republic other than this Code."

Fraglich ist, inwieweit englisches Recht und englische Entscheidungen bei der Interpretation der einzelnen Vorschriften des Penal Code, soweit deren Tatbestandsmerkmale auch dem common law bekannt sind, herangezogen werden dürfen bzw. müssen. Diese Frage wurde besonders bei den im Penal Code definierten Begriffen „Provokation" und „Geisteskrankheit (insanity)" akut.

Das Privy Council entschied in dem ghanaischen Fall Wallace Johnson v. The King[263], daß bei der Interpretation dieser Begriffe von jeglicher Bezugnahme auf die Auslegungsregeln des common law abzusehen sei, soweit das Gesetz nicht ausdrücklich das Gegenteil vorschreibe[264]. Dieser Entscheidung wurde in Nyasaland in Maclean v. The King[265] und Mussa v. R.[266] gefolgt[267].

In dem nordrhodesischen Fall R. v. Tembo[268] legte das Gericht dar, wie in solchen Fällen zu verfahren sei:

"It seems apparent that sec. 13 of the Penal Code[269] though founded upon relevant English law, is intended to contain as far as possible a full and complete statement of the law as to the circumstances in which insanity removes criminal responsibility in this Territory. It must therefore be construed in its application to the facts of this case free from any glosses or interpolations and from any exposition, however authoritative, of the law of England."

Dieser Ausspruch des Gerichts und ebenso die anderen angeführten Entscheidungen stehen jedoch im Widerspruch zu sec. 3 des Penal Code, die als allgemeinen Grundsatz aufstellt, daß die Vorschriften des Gesetzes in Einklang mit den englischen Auslegungsregeln interpretiert werden sollen[270].

Mit Sicherheit läßt sich daher nicht sagen, ob die malawischen Gerichte in Zukunft Mussa v. R.[271] folgen werden. In Zambia entschied inzwischen der Court of Appeal in J. Chitenge v. The People[272], daß der in Wallace Johnson v. The King aufgestellten Regel nicht mehr zu folgen sei.

---

263 (1940) A.C. 231.

264 Wie z. B. in sec. 17 des Penal Code für den Notwehrbegriff: „... criminal responsibility for the use of force in the defence of person or property shall be determined according to the principles of English common law."

265 R.N.C.A.L.R. 1947–1952, 102.

266 1959 (I) R & N 1.

267 Ebenso in Nordrhodesien in Shabuhomwe v. The King R.N.C.A.L.R. 1947–1952, 54, und R. v. Tembo 1961 R & N 858.

268 1961 R & N 858.

269 Die wörtlich sec. 12 des malawischen Penal Code entspricht.

270 Sec. 2: „This Code shall be interpreted in accordance with the principles of legal interpretation obtaining in England, and expressions used in it shall be presumed, so far as it is consistent with their context, and except as may be otherwise provided, to be used with the meaning attaching to them in English criminal law and shall be construed in accordance therewith."

271 1959 (I) R & N 1.

272 J.A.L., Vol. 11 (1967), S. 141 ff.

c) Die Anwendung von traditionalem Strafrecht

Da sec. 2 des Penal Code die strafrechtliche Verantwortlichkeit „under any other law" zuließ, konnte über Art. 20 der Order-in-Council von 1902 grundsätzlich auch traditionales Strafrecht angewendet werden. Diese Möglichkeit wurde jedoch den Local Courts 1962 und den British Courts 1966 genommen[273]. Doch schon vorher waren nicht alle Gerichte der Auffassung, daß Stammesstrafrecht angewendet werden könnte.

Eine ganze Skala von Gründen gab der Richter in R. v. Robert und Aluwani[274] für seine Weigerung, die Angeklagten wegen Ehebruchs zu verurteilen:

- „Native law knows nothing of what we call criminal law." D. h. für den Bereich des Strafrechts kann Stammesrecht als anwendbares Recht überhaupt nicht in Betracht kommen.
- „Any other law was never intended to include native law." D. h. die Gerichte wären nicht befugt, Stammesstrafrecht anzuwenden, wenn es dieses doch gäbe.
- Selbst wenn Stammesrecht grundsätzlich angewendet werden könnte, würde eine Anklage wegen Ehebruchs keinen Erfolg haben, da dies mit dem Penal Code „unvereinbar" wäre.

Die oben aufgeführten beiden ersten Gründe können aus der heutigen Sicht als überholt gelten. Ehebruch war bei den meisten Stämmen ein Unrecht, dem auch der europäische Richter durchaus Strafrechtscharakter zumessen konnte[275].

Daß die British Courts nach Art. 20 der British Central Africa Order-in-Council Stammesrecht anwenden konnten, ist schon an anderer Stelle gezeigt worden[276]. Auch verurteilten viele Gerichte wegen Vergehen gegen das Stammesrecht[277]. Die Statistiken der Subordinate Courts weisen bis 1963 eine eigene Sparte für „offences against native law and custom" auf. Noch 1962 wurden 24 solcher Fälle verhandelt, von denen es in 20 Fällen zu einer Verurteilung kam[278].

Der oben aufgeführte dritte Grund wiegt jedoch schwer. Stammesrecht, das nur auf Grund von Art. 20 der Order-in-Council angewendet werden konnte, durfte mit dem Penal Code nicht unvereinbar sein (inconsistent). Was wäre jedoch mehr *inconsistent* gewesen als Freispruch auf der einen und Ver-

---

273 S. S. 37 und 58.
274 5 Ny.L.R. 2.
275 Vgl. RANGELEY: a.a.O., S. 29 ff. Häuptling Mwase Kasungu ließ Ehebrechern die Nase abschneiden.
276 S. S. 58 ff.
277 R. v. Sidney and Emily 4 Ny.L.R. hielt sich das Gericht z. B. als Strafgericht in einem Ehebruchsfall für zuständig.
278 Annual Report of the Judicial Department for 1962. S. 10, 11.

urteilung auf der anderen Seite? Die gedankliche Basis der Gerichte, die trotzdem Ehebruch bestraften, war – wenn auch nirgends expressis verbis erwähnt wurde –, daß Stammesrecht nicht unvereinbar war, wenn der Penal Code schwieg, selbst wenn das Schweigen im englischen Recht Straffreiheit bedeutete.

2. Besondere Probleme bei der Anwendung des Penal Code auf Afrikaner

Die Anwendung des Penal Code und des common law-Strafrechts auf Afrikaner barg und birgt verschiedene Schwierigkeiten in sich, besonders in den Fällen, in denen das Gesetzesrecht zu weit von den traditionalen Rechts- und Denkvorstellungen abweicht. Im folgenden sollen die wichtigsten Probleme kurz dargestellt werden.

a) Die Beurteilung des Ehegatten-Status

Das englische Recht und der Penal Code gehen für eine Reihe von Tatbeständen von der Fiktion aus, Eheleute wegen der besonders engen menschlichen und rechtlichen Bindung als eine Person anzusehen. So können sich Eheleute z. B. nicht untereinander „verschwören" oder sich gegenseitig „bestehlen". Wegen der Unterschiede zwischen der monogamen englischen Ehe[279] und der – zumindest potentiell – polygamen traditionalen Ehe war es fraglich, ob diese Privilegierung des Ehegatten-Status auch für nach Stammesrecht verheiratete Afrikaner gelten sollte[280].
In R. v. Kwalira and another[281], wo das Gericht mit der Frage befaßt war, wie der Ehegatten-Status von nach Stammesrecht verheirateten Afrikanern hinsichtlich des Zeugnisverweigerungsrechts zu beurteilen sei[282], wurde jedoch

---

279 Vgl. die in Hyde v. Hyde (1866) L.R. 1 P & D 130 gegebene Definition der englischen Ehe auf S. 88.
280 Über die unterschiedliche Behandlung der beiden Eheformen im Zivilrecht vgl. die Ausführungen auf S. 89.
281 1962 R & N 556.
282 Nach sec. 151 des Criminal Procedure Code von 1929, heute nach sec. 194 des Criminal Procedure and Evidence Code von 1967 können Ehegatten nur unter bestimmten Voraussetzungen gezwungen werden, gegeneinander auszusagen. Ob dieses Privileg auch für nach Stammesrecht verheiratete Afrikaner gelten solle, wurde zunächst in Robin v. Rex 3 Ny.L.R. 34 und R. v. Ziyaya 4 Ny.L.R. 54 verneint. In R. v. Mpepo – wie aus dem Brief des Crown Counsel an den Acting Chief Secretary vom 14. 2. 1939 hervorgeht. In: ZA L 3/9/2 – und R. v. Kwalira and another entschied der Richter jedoch, daß „husband" and „wife" alle Ehegatten einer von dem Recht Nyasalands als gültig anerkannten Ehe seien. Über die Lage in Ostafrika vgl. R. v. Amkeyo 7 E.A.C.A. 14; ELIAS: Colonial Law. S. 111; über die Lage in Ghana s. ALLOT: Essays. S. 211, 212.

die ostafrikanische Entscheidung Laila Ghina Mawji and another v. R.[283] mit Zustimmung zitiert. In dieser später vom Privy Council aufrechterhaltenen [284] Entscheidung hatte der East African Court of Appeal ausgeführt, daß auch Ehegatten einer potentiell polygamen Ehe sich nicht im Sinne des Penal Code „verschwören" könnten.

Andererseits wurde in Mphumeya v. Regina[285] und Neva v. Regina[286] entschieden, daß eine nach Stammesrecht verheiratete Frau entgegen dem auch indirekt in den Penal Code[287] aufgenommenen Grundsatz des common law wegen Diebstahls an ihrem Mann verurteilt werden müsse.

Dem Urteil in Mphumeya v. Regina[285] lag eine eigentümliche Subsumption zugrunde: Die Frau war wegen Diebstahls nach dem Penal Code angeklagt. Das Gericht stellte fest,

- daß das Ehegattenprivileg nicht für die Ehegatten einer Stammesrechtsehe gelte, und
- daß die Frau verurteilt werden müsse, weil nach Stammesrecht der Diebstahl zwischen Ehegatten strafbar sei.

Bei der letzteren Überlegung ging der Richter davon aus, daß das Stammesrecht den common law-Grundsatz verdränge [288]. Verurteilt wurde die Frau jedoch wegen des Verstoßes gegen den Diebstahlsparagraphen des Penal Code, wenn auch bei der Ermittlung, ob dieser erfüllt war, Stammesrecht herangezogen wurde.

b) Die Beurteilung des Begriffs *lawful*

Ähnliche Schwierigkeiten ergeben sich, wenn beurteilt werden soll, ob ein bestimmtes Verhalten rechtmäßig (lawful) oder rechtswidrig (unlawful) ist.

Kann nach Stammesrecht beurteilt werden, ob das Verhalten eines im traditionalen Rechtsdenken verhafteten Afrikaners *lawful* war, wenn dieses *lawful* zugleich Tatbestandsmerkmal einer gesetzlichen Vorschrift war?

Ein eindeutiger Standpunkt wurde in dem nordrhodesischen Fall R. v. Ndhlovu[289] bezogen. N. war wegen „common assault"[290] angeklagt, da er seine Frau verprügelt hatte.

---

283 (1956) 23 E.A.C.A. 609.
284 (1957) A.C. 126.
285 1956 R & N 240.
286 1961 R & N 673.
287 Sec. 277: „A person who, while a man and his wife are living together, procures either of them to deal with any thing which is, to his knowledge, the property of the other in a manner which would be theft if they were not married, is deemed to have stolen the thing . . ."
288 Vgl. S. 49, 50.
289 5 N.R.L.R. 298.
290 Sec. 253: „Any person who unlawfully assaults another is guilty of a misdemeanour . . ."

Die Verteidigung brachte vor, daß der tätliche Angriff des Mannes auf seine Frau *lawful*, da nach Stammesrecht gerechtfertigt, gewesen sei. Der Richter wies das Argument jedoch zurück, da Stammesrecht im High Court nicht angewendet werden könne.

Flexibler sind die Entscheidungen des High Court von Nyasaland bzw. Malawi in R. v. Damaseki[291] und The Republic v. Ganizani Inusa[292]. In beiden Fällen gestanden die Richter zu, daß bei der Frage, ob das Verhalten der angeklagten Afrikaner rechtswidrig gewesen sei, Stammesrecht eine Rolle spielen könne[293]. Endgültig entschieden wurde diese Frage jedoch nicht[294].

c) Die Beurteilung des Begriffs *reasonable*

Noch akzentuierter stoßen englisches und traditionales Rechtsdenken aufeinander, wenn die Verhaltens- bzw. Denkweise eines Angeklagten an allgemeinen Rechtsbegriffen wie *reasonable* gemessen werden muß. Dies ist z. B. der Fall, wenn einem Angeklagten ein Irrtum zugute gehalten werden kann, der, wie bei der „Provokation", die Strafbarkeit mindern oder, wie bei der Putativnotwehr, ausschließen kann. Die Regel, die das englische Recht dafür aufstellt, ist, daß der den Irrtum bedingende Glaube ehrlich und verständlich (honest and reasonable) sein müsse[295].

Aktuell wurde dieses Problem am häufigsten in den Fällen, in denen Afrikaner Zauberer getötet hatten, weil sie diese für den Tod von Verwandten verantwortlich hielten oder sich durch deren übernatürliche Kräfte bedroht fühlten.

Ob der Glaube an die magischen Kräfte bestimmter Personen ein *honest and reasonable belief* war, wurde anfänglich sehr unterschiedlich beurteilt[296].

---

291 1961 R & N 673.

292 Cr.C. 17 of 1967, M.H.C.

293 In R. v. Damaseki fragte sich der Richter: „... unlawful means contrary to law: quaere if this includes customary law?" und kam später zu der Erkenntnis, „that customary law might conceivably affect the matter".

294 In Tanganyika wurde die Frage, ob eine Festnahme „lawful" sei, in Ndembera v. Rex (1947) E.A.C.A. 85 nach Stammesrecht beurteilt.

295 Sec. 10 Penal Code definiert den „mistake of fact" wie folgt: „A person who does or omits to do an act under an honest and reasonable, but mistaken, belief in the existence of any state of things is not criminally responsible ... to any greater extent than if the real state of things had been such as he believed to exist."

296 Als strafmildernd berücksichtigt in R. v. Feresiya 5 Ny.L.R. 38; nicht berücksichtigt in Kwaseka v. The King R.N.C.A.L.R. 1947–1952, 241. Vgl. dazu die unmißverständliche Aussage in dem südafrikanischen Fall R. v. Mbombela 1933 A.D. 93: „In deciding whether a mistake of fact is reasonable, the standard is that of a fictitious legal figure 'the reasonable man' ... the race, idiosyncrasies, superstitions or intelligence of the accused do not enter into the question."

Am deutlichsten läßt sich das Problem an den kontroversen Entscheidungen R. v. Jackson[297] und Att.-Gen. for Nyasaland v. Jackson[298] illustrieren:
Der Fall wurde zunächst im High Court Nyasalands entschieden. Eine ältere weibliche Verwandte hatte Jackson mit einem Zauber belegt, als dessen Folge er, wie er glaubte, in unmittelbarer Todesgefahr schwebte. Sie hatte ihm gedroht, er „werde heute die Sonne nicht mehr sehen", was er so verstand, als werde er an dem betreffenden Tag die Sonne nicht mehr untergehen sehen. Er war daher überzeugt, daß die einzige Chance, sein Leben zu retten, in dem Umbringen der Frau liege. Er suchte sie, fand sie und tötete sie mit Pfeil und Bogen.
Der Richter des High Court entschied, daß Jackson ehrlicher- und verständlicherweise (honestly and reasonably) geglaubt habe, daß ihn die Frau mit ihren übernatürlichen Zauberkräften töten, und daß er sein Leben nur durch ihren Tod retten könne. Dies sei zwar ein Irrtum gewesen, doch könne ihn keine größere strafrechtliche Verantwortlichkeit treffen, als wenn die irrtümliche Vorstellung der Wahrheit entsprochen hätte. Zwischen einem physischen und metaphysischen Angriff auf Jackson bestehe daher kein Unterschied, sein Verhalten sei so zu bewerten, als ob ihn die Frau mit Mordabsicht angegriffen habe. Jackson wurde daher freigesprochen.
Auf die Berufung des Attorney General entschied der Federal Supreme Court, daß Jacksons Handlung als Mord zu bewerten sei. Aus folgendem Grund:
Der Test der *reasonableness* im common law sei ein objektiver Test, der sich danach bemesse, was der Durchschnittsmensch in den Straßen Londons für *reasonable* halte. Da der Durchschnittsmensch in den Straßen Londons den Glauben an die Wirksamkeit von Zauberei für unsinnig halte, könne dieser Glaube bei der Beurteilung, ob der Tatbestand der Notwehr bzw. der von strafrechtlicher Verantwortlichkeit befreienden Putativnotwehr vorliege oder nicht, nicht berücksichtigt werden.
Wenn der Richter des High Court geglaubt habe, was *reasonable* sei, könne man an den Vorstellungen der Afrikaner messen, so sei ihm ein Rechtsfehler unterlaufen („then he was wrong in law").
Das Urteil des Federal Supreme Court ist in späteren Urteilen kritisiert[299] und für falsch erklärt worden[300].

---

297 1956 R & N 666.
298 1957 R & N 443.
299 Treffend sagte der Richter in Mapeto Chitewera Nyuzi and Lackson Kudmera v. The Republic, Cr.App. 331 von 1966, M.H.C.: „With respect there is a certain Olympian detachment from reality by imputing to the accused, who was occupied in a pre-scientific culture, awareness of modern scientific culture, with the result that he was judged, not upon the facts as if he honestly believed in them, but as though he could not have honestly believed in them any more than an ordinary educated Englishman could have believed in them."
300 Vom High Court in The Republic v. Willard Andiseni Lufazema., Cr.C. 34 of 1967, ohne allerdings dazu berechtigt zu sein, da die Entscheidung des F.S.C.

Der malawische Supreme Court of Appeal stieß in Willard Andiseni Lufazema v. The Republic[301] die Entscheidung des Federal Supreme Court um und deklarierte den Rechtssatz, dem die malawischen Gerichte in Zukunft folgen müssen: Was *reasonable* ist, bemesse sich nach dem, was der Durchschnittsmensch in der Gemeinschaft, der der Angeklagte angehöre, für *reasonable* halte. Dies sei zwar nur für den Begriff „provocation" im Penal Code ausdrücklich erklärt[302], doch sei dieser Gedanke ganz allgemein dem Penal Code immanent.

Notwehr oder von der strafrechtlichen Verantwortlichkeit befreiende Putativnotwehr liege aber weiterhin nur dann vor, wenn die Bedrohung gegenwärtig (immediate) sei und sich der Täter ihr nicht ohne Gewaltanwendung entziehen könne.

3. Rechtsentwicklung im Strafrecht

Die Entscheidungen Mphumeya v. Regina[303], R. v. Damaseki[304], R. v. Jackson[305] und Willard Andiseni Lufazema v. The Republic[306] kennzeichnen den wohl bedeutendsten Entwicklungstrend im malawischen Strafrecht: Die langsame Anpassung des common law und des Penal Code an die spezifisch afrikanischen Verhältnisse.

Die dabei gebrauchte Methode ist, wenn auch nicht immer gleich, so doch ähnlich: In Mphumeya v. Regina[303] zog der Richter bei der Entscheidung, ob ein Tatbestand des Penal Code erfüllt sei, traditionales Recht heran – er mußte sich allerdings den berechtigten Vorwurf machen lassen, den Penal Code nicht „sauber" angewendet zu haben[307].

Auf derselben Linie liegen die Zugeständnisse der Richter in R. v. Damaseki[304] und The Republic v. Ganizani Inusa[308], daß Stammesrecht bei der Beurteilung der Rechtswidrigkeit eines bestimmten Verhaltens eine Rolle spielen könne – und daß dieser Gedanke nicht, wie ihr nordrhodesischer Kollege in R. v. Ndhlovu[309] es tat, entschieden zurückzuweisen sei.

In R. v. Jackson[305] und Willard Andiseni Lufazema v. The Republic[306] han-

---

für den High Court bindend war. Offengelassen wurde die Frage in Cummings Kholiyo and Fernande Mablesi v. R., Civ.App. 25 of 1965, M.S.C.A., J.A.L., Vol. 10 (1966), S. 63.
301 Civ.App. 40 of 1967.
302 In sec. 214.
303 1956 R & N 240.
304 1961 R & N 673.
305 1956 R & N 666.
306 Civ.App. 40 of 1967, M.S.C.A.
307 ROBERTS: Thesis. S. 115, 116: „It is submitted that the approach adopted by the court involved a confusion of readily severable issues ..."
308 1962 R & N 556.
309 5 N.R.L.R. 298.

delt es sich schon nicht mehr unbedingt um einen Rückgriff auf Stammesrecht: was *reasonable* ist, wird an den allgemeinen afrikanischen Lebensvorstellungen gemessen.

Alle Entscheidungen gehen jedoch von dem entsprechenden Tatbestand des Penal Code bzw. des common law aus: Es ist der Diebstahls-Tatbestand des Penal Code, nach dem Mphumeya verurteilt wurde; es ist der objektive Test des common law, der ergab, ob Jacksons Verhalten *reasonable* war oder nicht.

Und allen Entscheidungen scheint – unabhängig von „Anwendung" oder „Nichtanwendung" von Stammesrecht – das gleiche Prinzip zugrunde zu liegen.

Die Richter abstrahieren die Begriffe – „Diebstahl", „rechtswidrig" und „verständlich (reasonable)" – von dem Begriffsinhalt, der, in England im Laufe der Jahrhunderte verobjektiviert, Recht wurde und lassen zu, daß für Afrikaner ein neuer Begriffsinhalt gebildet wird[310].

Es wird jedoch nicht versucht, und das wird in Willard Andiseni Lufazema v. The Republic[311] besonders deutlich, systematisch eine neue Entwicklung einzuleiten: Die Zugeständnisse an die traditionalen afrikanischen Rechts- und Lebensvorstellungen sind so gering wie möglich oder gerade notwendig: Wird auch, was *reasonable* ist, nicht mehr danach beurteilt, was der Durchschnittsmensch in den Straßen Londons dafür hält, so gilt für den „gegenwärtigen" Angriff schon wieder der englische Begriffsinhalt; ob dieser von der traditionalen afrikanischen Denkweise abweicht, wird nicht untersucht.

Scheint nach den erwähnten Entscheidungen ein Ansatz für ein allmähliches Verschmelzen englischer und afrikanischer Rechtsvorstellungen gegeben zu sein, so wird doch durch die jüngste Justizreform[312] eine neue Perspektive eröffnet. Bei der Schaffung der Traditional Courts wurde an eben die Fälle gedacht, in denen traditionale afrikanische Rechts- und Lebensvorstellungen eine Rolle spielen. Es ist zu erwarten, daß die afrikanischen Richter in den Traditional Courts traditionalen Denkvorstellungen einen weitaus größeren Platz einräumen werden, als die englischen Richter es taten. So bahnt sich eine janusköpfige Entwicklung an: Einerseits könnte durch die afrikanischen Rich-

---

310 Dies scheint mir die zutreffendste Charakterisierung dieses Prozesses zu sein. Auch im deutschen Recht sind die Begriffe verobjektiviert. Durch die größere Betonung des subjektiven Elements ist aber eine größere Flexibilität gegeben, die eine Anpassung an Lebensverhältnisse erlaubt, die anders als diejenigen sind, die in Deutschland zur Objektivierung der Begriffe geführt haben. Im englischen Recht müssen sich wegen der geringeren Betonung des subjektiven Elements und des Fehlens eines differenzierten Schuldstrafrechts die Begriffsinhalte ändern, um eine Anpassung an fremde Lebensverhältnisse möglich zu machen. Nach außen wirkt das dann als Rechtsänderung.

311 Civ.App. 40 of 1967, M.S.C.A.

312 Vgl. die Ausführungen auf S. 39, 40.

ter ein echtes „malawisches common law" herausgebildet werden; diese Entwicklung würde jedoch andererseits parallel zu der Entwicklung des Strafrechts im High Court laufen und so einen neuen Rechtsdualismus begründen.

VI. Rechtspluralismus und Rechtsentwicklung im Verfahrensrecht

1. Vorbemerkung

Die unterschiedlichen materiellen Normen des „englischen" und des traditionalen Rechts, die in den vorausgegangenen Abschnitten dargestellt wurden, lassen sich rational noch mit einiger Leichtigkeit erfassen. Sehr viel schwieriger ist dies im Hinblick auf die beiden Systemen immanente Rechtslogik, die vor allem in der Verfahrenstechnik und Beweiswürdigung ihren Ausdruck findet. Hier tritt der Konflikt zwischen „englischem" und traditionalem Recht vielleicht am stärksten hervor: Denn die materiellen Normen können in beiden Normenbereichen gleich sein, die unterschiedliche Rechtslogik, die Beweiswürdigung sind es nur selten[313].

Dies fällt um so mehr ins Gewicht, als das „englische" und das traditionale Recht in den beiden Gerichtszweigen jeweils von Richtern angewendet wird, die, nur in dem einen juristischen Denksystem aufgewachsen, meist nicht in der Lage sind, die dem anderen System immanente Rechtslogik zu erfassen und nachzuvollziehen – was sich wiederum als Hemmnis für ein allmähliches Zusammenwachsen beider juristischer Denkweisen auswirkt.

Nach der Darstellung des Rechtspluralismus in einzelnen Bereichen des materiellen Rechts sollen daher nun einige Aspekte des Konflikts im Verfahrensrecht, besonders aus der Sicht des traditionalen Rechts, aufgezeigt werden.

2. Prinzipien des traditionalen Verfahrens und ihre Weitergeltung in den heutigen malawischen Gerichten

a) Grundzüge des traditionalen Prozesses

Das traditionale Verfahren folgte je nach dem Gegenstand der Verhandlung unterschiedlichen Grundsätzen. Familieninterne Streitigkeiten wurden zunächst von den Familienältesten, eheliche Streitigkeiten von den ankhoswe geschlichtet[314].

---

313 Mögen auch die abstrakten Prinzipien, auf denen sie beruhen, in den beiden Rechtsbereichen ähnlich oder gleich sein.
314 Vgl. die Ausführungen auf S. 80.

Blieb diese Schlichtung erfolglos, ging man zum Dorfältesten und brachte dort seine Beschwerde vor. Hatten zwei nicht miteinander Verwandte einen Streit, gingen sie sofort zum Dorfältesten. Der Dorfälteste entschied jedoch nicht allein, im „Bwalo" mußten immer seine Ratgeber anwesend sein, oft sogar den Prozeß selbst leiten. War eine Partei mit der Entscheidung des Dorfältesten nicht zufrieden, konnte der Fall vor dem Häuptling und dessen Ratgebern verhandelt werden.

Normalerweise brachte zuerst der Kläger in ausführlicher Darstellung seine Klage vor, danach erzählte der Beklagte seine Version. Beide Parteien konnten dann Zeugen aufrufen, die von dem Dorfältesten, dem Häuptling und deren Ratgebern befragt wurden.

Grundsätzlich nahm das ganze Dorf an der Verhandlung teil, jeder wußte etwas über den Fall und von dem Fall zu sagen [315].

Die „Überführung" des Täters

War ein Verbrechen geschehen und der Täter nicht bekannt, gingen der Betroffene oder seine Verwandten zu einem „sing'ana", dem „Zauberdoktor", der seine Lose oder andere symbolische Gegenstände nach dem Täter befragte. Der angegebene Täter wurde dem Häuptling gemeldet, der seine Boten anwies, den Bezeichneten festzunehmen und vor Gericht zu bringen. Manchmal wurde das Verbrechen auch gleich dem Häuptling gemeldet, der dann veranlaßte, daß der Zauberdoktor den Täter „fand". Leugnete der Angegebene die Tat, konnte er eine Wiederholung der Befragung der Lose verlangen. Leugnete er weiter, gab es Methoden, seine Schuld festzustellen. Zwischen seine Finger wurden Bambusstöckchen gesteckt und zusammengebunden, oder es wurde ihm ein schweres Holzjoch um die Schultern gelegt „to enable him to admit the charge". Für alle Anwesenden war dabei klar, „that he could not admit unless he had committed the crime" [316]. Alle Geständnisse, auch die erzwungenen, wurden als wahr akzeptiert. Der durch das Los Bezeichnete mußte seine Unschuld beweisen. In der Regel blieb ihm keine andere Wahl, als sich einem Ordal zu unterziehen.

Am gebräuchlichsten war das Mwabvi-Ordal. Mwabvi ist eine giftige Substanz, die aus der Rinde eines Baumes gewonnen und mit Wasser vermischt wurde. Vor Gericht wurde es einem Huhn oder einem Hund, meistens aber dem Beschuldigten selbst gegeben. Erbrach er es, so war seine Unschuld bewiesen. Starb er, so war bewiesen, daß er der Schuldige war.

Das Wichtigste an dem Ordal waren die beschwörenden Formeln, mit denen das Mwabvi gebeten wurde, den Lügner zu töten. Ohne diese Beschwörungsformeln konnte Mwabvi seine wahrheitsfindende Kraft nicht entfalten. Die

---

315 S. den Bericht des Acting Resident Kota-Kota auf S. 30, 31.
316 Aus dem unveröffentlichten Zwischenbericht der Presidential Commission on Criminal Justice. Zomba 1967.

ganze Prozedur mußte von einem Zauberdoktor geleitet werden, der allein um die Geheimnisse der Zubereitung des Mwabvi und der Beschwörungsformeln wußte. Stand in einem Streit Anschuldigung gegen Anschuldigung, so mußten oft beide Parteien Mwabvi nehmen [317].

Die größte Bedeutung hatte das Mwabvi-Ordal bei der Entlarvung und Überführung von Zauberern. Der Glaube, daß manche Menschen durch übernatürliche Kräfte wirken und Schaden zufügen können („People kill people with witchcraft"), war bei den malawischen Stämmen, besonders bei den Cewa, Lomwe und Yao, sehr weit verbreitet [318].

„Mfiti", Zauberei, ist die für den Afrikaner logische ex post-Erklärung für unerklärliche außergewöhnliche Vorfälle [319], die auf die Frage nach dem Warum in jedem Falle eine befriedigende Antwort gibt [320]. Auch heute glauben, wie man schätzt, noch etwa 3/4 der malawischen Bevölkerung fest an „mfiti". Einige Local Courts Chairmen erzählten von persönlichen Erlebnissen, die in ihren Augen jeden Zweifel an der Existenz von Zauberern ausschlossen [321]. Auch ein großer Teil der „aufgeklärten" Bevölkerung glaubt in irgendeiner Form noch daran. Typisch für die geläuterte Form dieses Glaubens ist die von GLUCKMAN [322] berichtete Geschichte, in der ein afrikanischer Lehrer für den Tod seines an Typhus gestorbenen Kindes Zauberei verantwortlich machte. Auf Vorhalt, daß er doch wisse, daß Typhus durch den Biß einer Laus übertragen werde, antwortete er, das wisse er wohl, „aber warum kam die Laus zu meinem Kind und nicht zu seinen Spielkameraden"?

Geschahen in einem Dorf eine Reihe von unerklärlichen Vorfällen, starben z. B. Menschen ohne ersichtliche äußere Ursache, war es klar, daß nur „mfiti" die Ursache sein konnte. War von vornherein niemand besonders verdächtig, unterzog sich oft die ganze erwachsene Bevölkerung eines Dorfes unter der

---

317 Vgl. den Bericht über das Mwabvi-Ordal in dem Annual Report on the Southern Province for 1930. In: ZA NS 2/1/2.

318 Vgl. B. HECKEL: The Yao Tribe, Their Culture and Education. University of London. Institute of Education. Studies and Reports 4. London 1925; L. T. MOGGRIDGE: The Nyasaland Tribes, Their Customs and Their Poison Ordeal. In: J.R.A.I., Vol. 32, No. 28, S. 467 ff.; H. W. GARBUTT: Witchcraft in Nyasa. In: J.R.A.I., No. 41, S. 301 ff.; MARWICK: Sorcery.

319 Vgl. die Darstellungen aus anderen Gebieten Afrikas, z. B. J. MIDDLETON und E. WINTER (Hrsg.): Witchcraft and Sorcery in East Africa. London 1963; E. E. EVANS-PRITCHARD: Witchcraft, Oracles and Magic Among the Azande. Oxford 1937.

320 S. J. C. MITCHELL: African Conception of Causality. In: Nyasaland Journal, Vol. 5, No. 2, S. 18 ff., auf S. 51 ff. (Im folgenden zitiert als: MITCHELL: African Conception of Causality. S. . . .)

321 Im Gespräch mit dem Verfasser.

322 M. GLUCKMAN: The Logic of African Science and Witchcraft. In: Rhodes-Livingstone-Journal, No. 1, S. 65 ff., auf S. 65. (Im folgenden zitiert als: GLUCKMAN: The Logic of African Science. S. . . .)

Leitung eines Zauberdoktors dem Mwabvi-Ordal[323]. Dabei kam oft eine große Anzahl von Menschen ums Leben. So berichtet der Provincial Commissioner der Zentralprovinz 1920 von 20 Todesfällen innerhalb von zwei Monaten in einem Distrikt[324].

Die Feststellung der Schuldigen und der Zauberer durch das Mwabvi-Ordal beruhte jedoch nicht nur auf reinen Zufälligkeiten.

In Mapeto Chitewera Nyuzi and Lackson Kudmera v. The Republic[325] erwähnte der Richter eine neue wissenschaftliche Theorie, nach der Mwabvi selbst kein tödliches Gift sei, sondern nur in Zusammenwirkung mit Adrenalin, einem Hormon des Nebennierenmarks, zu einem Gift werde. Dieses werde im Zustand innerer Erregung abgesondert. Das Mwabvi könne daher als „todbringender Lügendetektor" wirken und nur die Personen, die auf Grund von Schuldgefühlen innerlich besonders erregt seien, töten.

Das Herausfinden eines unbekannten Täters oder eines Zauberers durch den Zauberdoktor war meistens das Ergebnis einer sorgfältigen Analyse der sozialen Spannungen im Dorf. Der Zauberdoktor fragte zunächst, weshalb man ihn zu Rate ziehe, ließ sich alle Umstände des Falls erklären und gab dann eine vage Andeutung, wer als Täter in Frage kommen könne. Der Ratsuchende interpretierte diese Worte zusammen mit seinem Verdacht und schlug den voraussichtlichen Täter vor. Der Zauberdoktor befragte dann seine Instrumente, ob der Verdacht stimme oder nicht. Auf diese Weise fand er fast immer den Grund, der zu der Verdächtigung führte[326].

Die Regeln des Beweises

Die Regel, daß der Beschuldigte seine Unschuld zu beweisen habe, beherrschte das ganze traditionale Prozeßverfahren[327]. Dieser Satz darf jedoch nicht miß-

323 Das Abhalten von Ordalen, besonders der Mwabvi-Ordale, ist seit 1911 durch die Witchcraft Ordinance, Gesetz Nr. 4 von 1911, mit strengen Strafen bedroht.

324 In dem Schreiben an den Agent of the Authority in Villa Couthinho (Mosambik) vom 22. 7. 1920. Zwischen den englischen und portugiesischen Verwaltungsbehörden herrschte zu jener Zeit ein heftiger Papierkrieg. Die Engländer warfen den Portugiesen vor, nicht energisch genug gegen das Abhalten der Mwabvi-Ordale einzuschreiten. In: ZA 1468/27; 30/22; 471/29.

325 Cr.C. 331 of 1966, M.H.C. Die beiden Angeklagten hatten ein Mwabvi-Ordal abgehalten, an dem 16 Dorfbewohner teilgenommen hatten. Vier starben daran. Ein Chemiker untersuchte die ihnen verabreichte Substanz, die kein Gift enthielt. Bei der Obduktion der Toten konnte kein Gift festgestellt werden.

326 Nach MITCHELL: African Conception of Causality. S. 55. Über die Rolle der Zauberei im sozialen Spannungsfeld s. MARWICK: Sorcery.

327 In dieser Form jedenfalls charakterisieren auch die Afrikaner ihr Prozeßverfahren, s. Punkt f) und i) des Zwischenberichts der Presidential Commission on Criminal Justice, wiedergegeben auf S. 149, 150. GLUCKMAN, der bei den Barotse im heutigen Zambia die wohl bisher ausführlichste Studie und Analyse eines traditionalen Gerichtsverfahrens gemacht hat, spricht allerdings von der „mistaken idea that African courts consider the defendant guilty till he is

verstanden werden. Er besagt lediglich, daß glaubwürdige Anschuldigungen geglaubt werden, solange sie der Angeschuldigte nicht widerlegen kann, d. h. daß glaubwürdige Anschuldigungen den Angeschuldigten beweispflichtig machen.

Die einer glaubwürdigen Anschuldigung innewohnende Wahrscheinlichkeit ihrer Wahrheit ist Beweis[328]. Der Maßstab, an dem die Glaubwürdigkeit gemessen wird, ist das Verhalten der Parteien. Wer sich so benahm oder benommen hatte, wie *man* es nach den für alle geltenden Verhaltensnormen bzw. den für eine bestimmte Personengruppe gleichen Status geltenden Verhaltensnormen erwarten konnte, war glaubwürdig; wer davon abwich, war unglaubwürdig, und diese Unglaubwürdigkeit war ein Zeichen wahrscheinlicher Schuld des Betreffenden[329]. In der „Atmosphäre des Vertrauens"[330] machte *man* keine Anschuldigungen ohne Grund.

„If people live friendly together, why should they lie?"[331] Konnte jedoch für die Anschuldigung ein besonderer Grund erblickt werden, hatten z. B. die Parteien gerade einen Streit gehabt, war die Anschuldigung nicht mehr glaubwürdig. Denn „es war ja klar", daß es sich dabei nur um einen Racheakt handeln konnte. Die „Atmosphäre des Vertrauens" wurde durch strenge Strafen sanktioniert. Wer jemand zu unrecht anschuldigte – was sich beim Mwabvi-Ordal ja daraus ergab, daß der Angeschuldigte das Mwabvi erbrach und deshalb schuldlos war –, mußte hohen Schadenersatz zahlen. Tat er es mehrmals, konnte er verbannt oder getötet werden[332]. Wer mehrmals fälschlich anschuldigte, „was breaking the village", seine Handlungsweise traf das ganze Dorf, da sein Beispiel die Atmosphäre des Vertrauens in Frage stellte.

Gewisse Beweisvermutungen gründeten sich auf magische Vorstellungen: Die Instrumente des Zauberdoktors logen nicht. Eine Frau konnte bei der Angabe eines Ehebrechers oder des Vaters ihres Kindes nicht lügen. Denn wenn sie das tat, konnte sie ihr Kind nicht oder nicht lebend gebären. Starb das Kind bei der Geburt, ohne daß die Frau „gestanden" hatte, so war

---

proved innocent". M. GLUCKMAN: The Judicial Process Among the Barotse of Northern Rhodesia. Manchester University Press. London 1955, S. 76. (Im folgenden zitiert als: GLUCKMAN: The Judicial Process. S. . . . .)

328 Vgl. B. CARDOZO: The Growth of the Law. Yale University Press. New Haven 1924, S. 33: „Law must be satisfied to test the validity of its conclusions by the logic of probabilities rather than the logic of certainty." Als abstraktes Prinzip gilt dieser Satz wohl in allen Rechtssystemen, es ist nur unterschiedlich, wann eine glaubwürdige Aussage vorliegt.

329 S. M. GLUCKMAN: Reasonableness and Responsibility in the Law of Segmentary Societies. In: H. und L. KUPER (Hrsg.): African Law: Adaptation and Development. University of California Press. Berkeley and Los Angeles 1965, S. 120 ff., auf S. 120. (Im folgenden zitiert als: GLUCKMAN: Reasonableness and Responsibility. S. . . . .)

330 In Anlehnung an GEIGER: a.a.O., S. 136.

331 So drückte es dem Verfasser gegenüber ein Local Courts Chairman aus.

332 RANGELEY: a.a.O., S. 14.

dies durch den Ehebruch ihres Mannes verursacht worden, und der Mann mußte an seine Frau bzw. deren Verwandte hohen Schadenersatz zahlen[333]. Es war ein System von „self-fulfilling prophesies", die Leute machten keine falschen Anschuldigungen und das Gericht hatte meistens nur die Aufgabe, Streitigkeiten, deren „Sachverhalt unstreitig" war, zu schlichten und die Höhe des Schadenersatzes zu bestimmen[334].

b) Die Geltung von traditionalem Verfahrensrecht in den Local Courts

Der äußere Rahmen des Verfahrens in den Local Courts ist heute weitgehend reglementiert. Für die Strafverfahren schreiben die Local Courts (Procedure) Rules[335] den Prozeßverlauf ziemlich eingehend vor. Auch in den Zivilverfahren ist heute die Anwendung von traditionalem Verfahrensrecht durch die Local Courts (Procedure) Rules eingeschränkt[336]. Die Form der Klageerhebung, Aktenführung, Zeugenvorladung und der Eidesleistung ist gesetzlich vorgeschrieben. Trotzdem werden, besonders in den ländlichen Gerichten, oft noch zivil- und strafrechtliche Aspekte eines Falles in ein und demselben Verfahren geklärt. Die Klagen selbst sind meist noch allgemeine Beschwerden, über die vom Gericht nach eingehender Würdigung entschieden wird. Häufig kommt es vor, daß über einen Punkt entschieden wird, der in der ursprünglichen Klage gar nicht erwähnt worden war, ohne daß eine formelle Klageänderung vorgenommen wäre. Auch halten sich die Gerichte oft nicht an den Antrag des Klägers, sondern entscheiden ohne formelle Widerklage zugunsten des Beklagten[337].

Außer den oben erwähnten Beschränkungen gilt nach sec. 35 der Local Courts (Procedure) Rules weiterhin traditionales Verfahrensrecht. Die Grundsätze, nach denen die Local Courts Chairmen entscheiden, ob dem Kläger oder dem Beklagten zu glauben ist, haben sich im Verhältnis zu früheren Zeiten nur wenig geändert.

Klagen Frauen gegen den Erzeuger ihres unehelichen Kindes, so gilt auch heute noch ausnahmslos die Regel „that the woman is the only witness to the child". Gibt der beklagte Mann zu, einmal mit der Frau geschlechtlich ver-

---

333 RANGELEY: S. 43, 44.

334 —: S. 14

335 G.N. 175 von 1962, in sec. 26 bis 33.

336 In den Native Courts galt noch nach sec. 21 Native Courts Ordinance das traditionale Verfahrensrecht. Der Einfluß des Verfahrens vor den englischen Gerichten blieb jedoch nicht aus. Mitchell berichtet, wie ein Beisitzer einen Zeugen, der sich etwas weitläufig äußerte, mit den Worten unterbrach: „None of these long stories. We are conducting the case according to the customs of the whites." MITCHELL: Political Organisation. S. 156.

337 Wie z. B. in E. J. Nyirenda v. W. L. Magodi der Ntenjera Local Court: N. verklagte M. auf Zahlung von £10, das Gericht verurteilte N., an M. £5 zu zahlen.

kehrt zu haben, ist das Beweis genug. Er mag fest darauf beharren, er könne als Vater gar nicht in Frage kommen, da er zur fraglichen Zeit die Frau nicht gesehen habe usw., er mag einen Bluttest verlangen, das Gericht wird dies nur als Ausflüchte ansehen.

Wie selbstverständlich diese Regel noch für die Local Courts Chairmen ist, mag der Fall S. T. Kanthumkumwa v. Laisi Labsoni [338] verdeutlichen. K., der Berufungskläger, war zunächst [339] wegen „adultery" [340] zu 15/5/- £ Schadenersatz verurteilt worden. Er hatte zugegeben, einmal mit der Klägerin geschlechtlich verkehrt zu haben, aber darauf bestanden, daß das Kind nicht von ihm sein könne, da es viel zu früh gekommen sei. Der Local Court hatte seine Verteidigung nicht berücksichtigt.

In der Berufungsverhandlung wurde K. gefragt:

„Do you agree to have committed adultery?"

Antwort: „I agree about the adultery."

Frage: „Why did you appeal then?"

Mit dieser lakonischen Frage stellte das Gericht die Rechtslage klar: Die Berufung war „unbegründet", sinnlos. Folgerichtig hieß es im Urteil: „Since adultery was done, there is no exception that the adultery was the result of the baby or not according to the appellant's defence." [341]

Streitet der Mann ab, überhaupt mit der Klägerin geschlechtlich verkehrt zu haben, so wird ihm das auch nichts helfen, wenn das Gericht das Verhalten der Klägerin für einsichtig hält.

In Edala Banda v. R. E. Kaunga Nyirenda [342] verklagte eine Schülerin einen ihrer Lehrer wegen „adultery". Der Beklagte bestritt das und wandte ein, er sei während der fraglichen Zeit überhaupt nicht in der Schule gewesen. Das Gericht war jedoch überzeugt, daß die Klägerin die Wahrheit sagte, denn: „... there are six teachers at the school where defendant was teaching and this is a proof that as defendant was mentioned, he is the one who committed adultery with her." Hätte die Klägerin lügen wollen, so hätte sie ja einen anderen Lehrer als Vater bezeichnen können.

Die meisten dieser Fälle stammen aus ländlichen Local Courts, wo an die magische Sanktion einer eventuellen Lüge der Frau noch fest geglaubt wird. Aber auch in den Urban Courts gilt dies Prinzip unverändert weiter. Die Urban Courts Chairmen von Blantyre, Zomba und Lilongwe, der drei größten Städte Malawis, mit der Existenz moderner wissenschaftlicher Errungen-

---

338 Civ.App. 8 of 1967, Dedza L.C.

339 Laisi Labsoni v. S. T. Kanthumkumwa Civ.C. 198 of 1967, Maonde L.C.

340 Als „adultery" wird jede Form des Beischlafs zwischen zwei nicht miteinander verheirateten Personen bezeichnet.

341 In gleicher Weise wurden Nkudzole v. Azoro Civ.C. 130 of 1966, Mtsilo L.C., Azoro v. Nkudzole Civ.App. 5 of 1967 Ntclusi L.A.C.; Kozamkamwa v. Kazandu Civ.C. 292 of 1967, Masangano L.C.; W. Kazembe v. Antonyo Silva Civ.C. 153 of 1967, Mkhaza L.C. entschieden.

342 Civ.C. 386 of 1967 Nthembwe L.C.

schaften wie dem Blutgruppentest wohl vertraut, waren fest davon überzeugt, daß die Aussage der Frau weit mehr Gewicht habe als „irgendeine europäische Erfindung". Der Blutgruppentest kann ein falsches Ergebnis bringen, „but a woman cannot lie".

Wer etwas geltend macht, das nicht den allgemein anerkannten Verhaltensregeln entspricht, der muß das auch beweisen[343]. Wie wenig sich trotz der modernen sozio-ökonomischen Entwicklung die allgemein anerkannten Verhaltensregeln für manche Local Courts Chairmen gewandelt haben, zeigt der Fall Henoki Tsoka v. Malinesi Nkhomphola[344] aus dem Mapuyu Local Court, der in der Berufung allerdings aufgehoben wurde[345].

Der Kläger trug vor: „1943 ging mein älterer Bruder mit dem Beklagten als Wanderarbeiter nach Südafrika. Als der Beklagte später mit drei anderen Leuten aus unserer Gegend von Südafrika wieder nach Hause gehen wollte, gaben ihm mein Bruder und zwei andere Leute Geld mit. Von dem Geld sollte der Beklagte eine Kuh kaufen und meinem zweiten, hier lebenden Bruder geben.

Ich selbst habe von der ganzen Sache erst erfahren, als mein zweiter Bruder starb und mein ältester Bruder aus Südafrika schrieb, wie es seinem Vieh gehe. Ich schrieb ihm, daß ich nichts davon wisse. Darauf schrieb mir mein Bruder die ganze Geschichte."

Zeugen oder andere Beweise waren nicht vorhanden. Der Local Courts Chairman fragte den Beklagten:

„What made him (den Bruder in Südafrika, Anm. d. Verf.) send no money with you like the others did?"

Antwort: „He had no money as he was fond of high life."

Frage: „How many of the area were you?"

Antwort: „We were four."

Frage: „Why did he (der Kläger, Anm. d. Verf.) not accuse the rest but you?"

Antwort: „I don't know why he accuses me of that."

Frage: „Whom do you think he would accuse?"

Im Urteil hieß es:

"According to the evidence[346] given and questions answered I find there is a case to answer. If you would have been only two there would be another way, but since you were four but he did not claim anything from the rest but from you I believe you had such an agreement."

Zwei Punkte überzeugten das Gericht. Einmal war es üblich, daß in Südafrika arbeitende Malawier ihren nach Hause fahrenden Kollegen Geld für die Verwandten mitgaben. Warum sollte gerade der Bruder des Klägers dies

---

343 Vgl. GLUCKMAN: Reasonableness and Responsibility. S. 122.
344 Civ.C. 175 of 1967, Mapuyu L.C.
345 Malinesi Nkhomphola v. Henoki Tsoka, Civ.App. 35 of 1967, Lilongwe L.A.C.
346 Außer den Aussagen der Parteien lag kein Beweismaterial vor!

nicht getan haben? Zum anderen hätte der Kläger, wenn er einen falschen anschuldigen wollte, ja einen der anderen drei Arbeitskollegen verklagen können. Doch zeigt das Gericht die Grenzen der Glaubwürdigkeit: Wäre neben dem Beklagten nur ein anderer Kollege zurückgekommen, dann hätte das Gericht mißtrauisch sein müssen.

Die Logik der Richter in den beiden letzten Fällen zeigt deutlich, daß sie davon ausgehen, daß allein schon die nach ihrem Rechtsdenken sachliche Anschuldigung der Wahrheit entspricht und die Beklagten zum Gegenbeweis zwingt. Die Argumente: „Sonst hätte sie ja einen anderen der Lehrer als Vater angeben können" bzw. „sonst hätte er ja einen anderen der Arbeitskollegen verklagen können" dürfen nicht weiter verfolgt werden: Denn hätte der Kläger z. B. wirklich einen anderen Arbeitskollegen verklagt, so hätte das Gericht diesem Beklagten genau dasselbe Argument entgegengehalten.

c) Die Anwendung von traditionalem Recht durch die englischen Richter

Gerade der zuletzt dargestellte Aspekt des Stammesrechts und der Funktion der Local Courts Chairmen läßt ahnen, auf welche Schwierigkeiten die Anwendung von Stammesrecht in den British Courts durch die englischen Richter stoßen muß.

De jure muß nach der Art, in der die Richter Stammesrecht anwenden, unterschieden werden:

Sollte Stammesrecht erstinstanzlich angewendet werden [347], so galt nicht der Grundsatz „jura novit curia", sondern für eine von einer Partei in Anspruch genommenen Stammesrechtsregel mußte Beweis erbracht werden, zumindest so lange, bis eine bestimmte Stammesrechtsregel gerichtsnotorisch geworden war [348]. In der Berufung über Urteile von Native- bzw. Local Courts müssen die Richter jedoch das Recht in derselben Weise wie die Local Courts anwenden [349].

De facto ist diese Unterscheidung jedoch bedeutungslos (gewesen).

Die Schwierigkeit bei der Anwendung von Stammesrecht durch den englischen Richter liegt darin, daß er zwar durch Zeugenaussagen oder die Meinung der

---

347 Nach Art. 20 der Order-in-Council von 1902, später sec. 15 (b) Malawi Independence Order von 1964.

348 Nach der Privy Council-Entscheidung in dem nigerianischen Fall Angu v. Attah 1916 P.C. '74 – '28, 43: „As is the case with all customary law, it has to be proved in the first instance by calling witness acquainted with the native customs until the particular customs have, by frequent proof, become so notorious that the courts will take judicial notice of them." Dies wurde für Nyasaland – wenn auch nicht expressis verbis – in Chitema v. Lupanda 1962 R & N 290 und Mwale v. Kaliu 6 Ny.L.R. 169 bestätigt.

349 Chitema v. Lupanda auf S. 292: „Where, however, the court of first instance administers customary law it would only be reasonable that an appellate court must administer the same law, and as the court of first instance takes judicial notice of the customary law then the appellate court does also."

143

Assessoren[350] über das Stammesrecht gut informiert werden kann, nicht jedoch die Beweiswürdigung und die Anwendung der bestimmten Stammesrechtsregel auf den Einzelfall im Sinne des Stammesrechts vornehmen kann[351].

Ein Beispiel ist die Anwendung von Ndebele-Eherecht in G. J. Kamcaca v. S. P. Nkhota and another[352].

Milton Kamcaca hatte von dem Brautpreis 23 £ gezahlt. Ein unbekannter Restbetrag stand noch aus. Der Richter rekapitulierte die Zeugenaussage des Ndebele-rechtskundigen Zeugen: „Wenn der Brautpreis nicht oder nur zum Teil gezahlt ist, kann der Vater der Frau ihre und ihrer Kinder Rückkehr verlangen", und schloß daraus, daß schon aus diesem Grund allein die Beklagten, die Brüder des verstorbenen Ehemannes, keinen Anspruch auf die Kinder hätten[353].

Dazu ist zu sagen: Die Zeugenaussage über das Ndebele-Recht ist richtig, die Folgerung des Richters jedoch falsch[354], d. h. die Anwendung des angeführten Rechtssatzes war keine Anwendung von Stammesrecht, denn:

- Die Verwandten des Mannes hatten das Recht auf die Kinder zumindest, solange der Vater der Frau nicht den ausstehenden Teil des Brautpreises verlangte. Dem Vater der Frau, nicht etwa der Mutter der Kinder, stand ein Anspruch wegen des noch teilweise ausstehenden Brautpreises zu.
- Selbst wenn der Vater den Anspruch gestellt hätte, wären die Verwandten des Mannes berechtigt, ihn zu erfüllen, um so die Kinder für sich zu behalten.
- Grace Kamcaca hätte – wegen des fehlenden Brautpreises – einen Anspruch gar nicht stellen können, „because a woman can never dispute on her bride-price".

Die Gefahr einer „falschen" Anwendung von Stammesrecht durch die englischen Richter offenbart sich am deutlichsten im Berufungsverfahren. Hier muß der englische Richter entscheiden, ob der traditionale Richter das Stammesrecht „richtig" angewendet hat.

---

350 Die Aussagen der Assessoren über Stammesrecht haben Beweiskraft, sec. 89 Courts Ordinance. Insofern war die Lage in Malawi (Nyasaland) wohl unterschiedlich zu den meisten anderen afrikanischen Gebieten, wo dies nicht der Fall war. Vgl. dazu ALLOT: Essays. S. 79.
351 Damit soll nicht gesagt werden, daß es keine Engländer gab, die das nicht konnten. Anders ist die Lage in Westafrika, wo Afrikaner schon früh Richter an den Obergerichten waren.
352 Civ.C. 346 of 1967, M.H.C., J.A.L., Vol. 12 (1968), S. 178 ff.; vgl. auch S. 90, 91.
353 J.A.L., Vol. 12 (1968), S. 190.
354 Ich habe diesen Fall mit einer Reihe von Local Courts Chairmen und Mr. Fumulani, der in dem Prozeß als sachverständiger Zeuge über Ndebele-Recht aussagte, diskutiert. Alle waren sich darüber einig, daß nach Stammesrecht die Kinder bei den Verwandten des Vaters bleiben mußten.

Von den Fällen, in denen die Urteile der Local Courts offensichtlich falsch sind, einmal abgesehen, vollzieht sich die „Korrektur" des angefochtenen Urteils oft in zwei typischen Verfahrensweisen.

1. Die Entscheidung des Richters wird, bewußt oder unbewußt, durch sein englisches Rechtsdenken, von dem er sich nicht lösen kann, diktiert.

Hierher gehören die Fälle, wo der Richter Local Courts-Urteile wegen (in seinen Augen) fehlenden Beweismaterials aufhebt oder durch offensichtliche Nicht-Stammesrecht-Urteile ersetzt.

Beispielhaft für die erstgenannten Fälle ist Clement D. Muyebe v. Laston Kumbali[355]. Hier war der Mlanje L.A.C. zu dem Ergebnis gekommen, der Berufungskläger müsse der Vater des unehelichen Kindes sein. Dieser hatte die „Einrede des Mehrverkehrs" geltend gemacht, die vom Gericht jedoch mit der Begründung zurückgewiesen wurde: „that he had failed to reveal who these other men were."

Der High Court-Richter sagte dazu:

"I consider this to have been a wrong approach as it was Mr. Kumbali and his daughter (die Mutter des unehelichen Kindes, Anm. d. Verf.) who were alleging that Mr. Muyebe was the father of the child. That being so, the onus was on them to prove it, there was no onus on Mr. Muyebe to prove that some other man might have been the father of the child",

und verkannte dabei, daß die Anschuldigung der Mutter Mr. Muyebe nach Stammesrecht beweispflichtig machte[356].

Als Beispiel für ein offensichtliches Nicht-Stammesrecht-Urteil mag die Entscheidung in William Makumba v. Katerina Kara[357] dienen: Hier hob der High Court das Scheidungsurteil des Zomba L.C. auf und ersetzte es durch eine Trennungsanordnung (judicial separation), die es im Stammesrecht nicht gibt.

2. Der Richter weicht dem Zwang, eine eigene Entscheidung zu treffen, aus und übernimmt die Auffassung der Assessoren oder auch nur der Mehrheit der Assessoren als rechtsverbindlich.

Dies geschah z. B. in Chokandwe v. Chigwaya[358]: Zwei Assessoren vertraten die Auffassung, der Berufungsbeklagten stehe ein Schadenersatzanspruch zu, da der Berufungskläger geschlechtlich mit ihr verkehrt habe. Der dritte Assessor teilte diese Ansicht nicht, da die Frau unverheiratet war und schon zwei uneheliche Kinder hatte. Obgleich es der Richter selbst für zweifelhaft hielt, daß der Frau ein Anspruch zustehe, folgte er der Auffassung der ersten beiden Assessoren.

---

355 C.A. (L.C.) 6 of 1967, M.H.C.
356 Über die ähnliche Problematik im Strafrecht vgl. R. v. Paul 1956 R & N 58 und R. v. Anderson 1956 R & N 571.
357 C.A. (L.C.) 26 of 1967, M.H.C.
358 C.A. (L.C.) 23 of 1967, M.H.C.

3. Rechtsentwicklung im Verfahrensrecht

a) Im Zivilverfahrensrecht

Im Bereich des Zivilverfahrensrechts wurden im Laufe der Zeit nur wenige Änderungen durchgeführt. Da die meisten zivilrechtlichen Streitigkeiten, an denen Afrikaner beteiligt waren, in den Local (Native) Courts verhandelt wurden, und in diesen Gerichten in weitem Umfang noch traditionales Verfahrensrecht galt, ergab sich auch keine zwingende Notwendigkeit, den bestehenden Dualismus etwa durch Aufnahme traditionaler Vorstellungen in das englische Verfahrensrecht aufzuheben.

Es ist bezeichnend, daß Änderungen dort vorgenommen wurden, wo Afrikaner notwendigerweise mit dem englischen Recht in Berührung kommen mußten[359]. Als bedeutendste Änderung wäre die Neufestlegung der Beweisanforderungen bei Vaterschaftsklagen nach englischem Recht im Rahmen der Affiliation Ordinance[360] zu nennen. Diese waren zunächst in sec. 5 Affiliation Ordinance folgendermaßen geregelt:

"... a Magistrate shall hear the evidence of such woman and such other evidence tendered by or on behalf of the person alleged to be the father, and *if the evidence of the mother be corroborated in some material particular by other evidence to the satisfaction of the Magistrate,* he may adjudge the person summoned to be the father of the child ..."

1963 wurde der kursiv gedruckte Teil der Vorschrift gestrichen, die Beweisanforderungen quasi denen des traditionalen Rechts angeglichen. Über den politischen Hintergrund dieser Änderung wurde schon berichtet[361]: Durch die Angleichung der Beweisanforderungen sollte verhindert werden, daß sich Europäer ihren Vaterschaftspflichten gegenüber Kindern mit afrikanischen Frauen entzogen.

b) Im Strafverfahrensrecht

Die allgemeine Situation

Eine andere Situation ergab sich im Strafverfahrensrecht. Werden auch etwa 75% aller Straffälle in den Local Courts entschieden[362], so hat das Verfahren

---

359 Eine der weniger einschneidenden Änderungen war die Verlängerung der Verjährungsfrist für Ansprüche Dritter aus Tötung von einem auf drei Jahre, Fatal Accidents, sec. 4 Statute Law (Miscellaneous Provisions) Act, Gesetz Nr. 27 von 1967. Minister MSONTHI erklärte den europäischen Parlamentsabgeordneten: „As regards our African customs even this three years is not enough. We have in our language – Chinyanja – a saying 'Mlandu suwola' – 'A case is never rotten'." In: Malawi Hansard. 5th Session: 1st Meeting, October 1967. S. 26.
360 Gesetz Nr. 25 von 1946.
361 Vgl. die Ausführungen auf S. 37.
362 Vgl. S. 71.

in den British Courts wegen der Schwere und Bedeutung der Fälle ein ganz anderes Gewicht. Vor den British Courts galten jedoch die dem englischen Recht nachgebildeten Verfahrensregeln, in denen kaum Zugeständnisse an das traditionale Recht gemacht waren. Es war lediglich vorgesehen, daß eine ausgeworfene Geldstrafe als Schadenersatz an die Betroffenen gegeben werden konnte, was bei einem späteren Zivilprozeß berücksichtigt werden mußte[363]. Doch half dies den Verwandten eines ermordeten Afrikaners wenig, die in der Verhandlung im High Court gegen den Mörder ihres Vaters oder Bruders darauf warteten, daß ihnen das Gericht Schadenersatz zusprechen würde. Wenn, wie in der Regel, der Richter dies nicht tat, kehrten sie tief enttäuscht von der „englischen Gerechtigkeit" in ihr Dorf zurück. Nur selten wußten sie, und ebenso selten wiesen die englischen Richter sie darauf hin, daß ein Schadenersatzanspruch in einem gesonderten Zivilverfahren geltend gemacht werden konnte[364].

Wie auch im Zivilrecht wichen die traditionalen Vorstellungen oft weit von dem englischen Beweisrecht ab. Beispielhaft ist The Republic v. Kazigele White and Victor Chiwanda, ein spektakulärer Mordprozeß aus dem Jahre 1967.

W. und C. waren angeklagt, ein achtjähriges Mädchen ermordet zu haben, um sich aus ihren Geschlechtsteilen „Medizin" zu machen.

Die Anklage stützte sich auf die Aussage eines Jungen D., der gesehen hatte, wie W. und C. das tote Mädchen durch den Busch geschleift hatten. Neben weiteren Indizien lagen die Geständnisse der beiden Angeklagten vor.

In der Hauptverhandlung erklärte D., der von seiner Beobachtung erst einige Tage nach dem Vorfall berichtet hatte, er habe nur ausgesagt, weil ihn der den Fall bearbeitende Polizeibeamte S. geprügelt habe. Beide Angeklagten widerriefen ihre Geständnisse und erklärten, sie hätten die von S. fabrizierten Geständnisse nur gemacht, weil S. sie nach der Gegenüberstellung mit D. geprügelt und gequält habe.

S. sagte aus, er habe weder die Angeklagten noch den Zeugen in irgendeiner Form zur Aussage gezwungen.

Nach eingehender Beweiswürdigung kam der Richter zu dem Ergebnis, daß D.'s Aussage glaubwürdig war, daß die Angeklagten mit ziemlicher Sicherheit von S. geprügelt worden waren und daß sie ihre Geständnisse unabhängig von den Prügeln gemacht hätten, da sie sich durch D. entlarvt sahen.

Die drei Assessoren erklärten übereinstimmend, für sie bestehe an der Schuld der Angeklagten nicht der geringste Zweifel.

Die Angeklagten wurden zum Tode verurteilt.

---

363 Sec. 74 Subordinate Courts Ordinance von 1906; sec. 180 Criminal Procedure Code von 1929. Dieselbe Regelung gilt heute in den Local Courts, sec. 15 Local Courts Ordinance.

364 Vgl. ELIAS: The Nature. S. 300; über die Lage in Ostafrika s. D. BROWN: The Award of Compensation in Criminal Cases in East Africa. In: J.A.L., Vol. 10 (1966), S. 33 ff.

In der Berufung hob der Supreme Court of Appeal das Urteil auf und sprach die Angeklagten frei[365]. Einer der Berufungsrichter hielt das Urteil aufrecht, wurde jedoch von seinen Kollegen überstimmt. Diese gingen davon aus, daß die Geständnisse, deren Inhalt sie für wahr hielten[366], durch die Mißhandlung von S. erzwungen seien. Da nach geltendem Recht[367] unfreiwillige Aussagen nicht als Beweis verwertet werden dürften, und da außer der Aussage D.'s kein Zusatzbeweis (corroboration) vorliege, müßten die Angeklagten freigesprochen werden. „Wieder einmal" war in den Augen der Afrikaner „bewiesen", daß dem englischen Recht und den englischen Richtern „technicality" über Gerechtigkeit ging[368].

Die Richter konnten sich diesem Konflikt auch nicht völlig entziehen, was aus ihrem eindrucksvollen Schlußwort hervorgeht:

"We feel impelled to say that while we do not want guilty persons to escape just punishment we accept that this is bound to occur from time to time if the laws of evidence applicable in Malawi are to be observed. While we are impatient of an over-technical approach we think that it would be disastrous if judges were to override the rules of evidence whenever they personally believe an accused person to be guilty. To do so would not, in our opinion, advance the cause of justice, for the rules of evidence exist in order to protect members of the public from the limitations to which all persons, including judges, are subject. It has long been recognized that to admit extorted confessions is highly dangerous, not only because a confession so obtained may well be worthless but also because to do so would encourage those in authority to exercise intolerable methods. We consider ourselves obliged to do what we conceive to be our duty in accordance with the judicial oath which we have taken, even if occasionally there were what may be considered a miscarriage of justice."

Fälle wie dieser und die negative Reaktion der Bevölkerung lösten in der Folgezeit mehrere Änderungen im Strafverfahrensrecht aus, die zugleich ein wichtiges Kapitel der malawischen Rechtspolitik darstellen[369].

Die Presidential Commission on Criminal Justice

Ende 1966 setzte Dr. BANDA eine Kommission ein, die Vorschläge für eine Neugestaltung des Strafverfahrensrechts machen sollte. Der Kommission ge-

---

365 In Kazigele White and Victor Chiwanda v. The Republic, Cr.App. 68 of 1967, M.S.C.A.

366 Im Urteil heißt es: „There is a strong indication that the statements contained in general a true account of what took place."

367 Im Urteil heißt es: „...the number of cases in which it has been ruled that confessions must be proved to have been made freely and voluntarily is legion..."

368 Die beiden Richter, die die Geständnisse als beweiskräftig akzeptierten, taten das allerdings aus rein rechtlichen Gründen.

369 Vgl. die Ausführungen auf S. 43 und 162 ff.

hörten der Chief Justice, der Attorney General, der Führer der weißen Minderheit im Parlament, drei bedeutende Häuptlinge und der Chairman des Blantyre Urban Court an[370].

Die Kommission legte ihren Bericht im Februar 1967 vor. Die Empfehlungen der Kommission enthielten neben Vorschlägen zur Effektivierung der Strafverfolgung auch Zugeständnisse an die afrikanische Bevölkerung:

- Das Schadenersatzproblem bei Tötungsfällen sollte neu geregelt werden. Nach Abschluß eines Tötungsfalls sollte der Registrar des High Court dem District Commissioner, in dessen Distrikt die Familie des Getöteten lebt, Meldung machen. Der District Commissioner sollte die Familie dann bei einer Schadenersatzklage im Local Court beraten.
- Die Zuständigkeit bei Sexualdelikten sollte auf die Local Courts ausgedehnt werden, da diese besser geeignet seien, in solchen Fällen zu urteilen.
- Eine Verurteilung sollte nicht mehr wegen eines Verfahrensmangels aufgehoben werden können, sondern nur, wenn das Berufungsgericht überzeugt sei, daß der Angeklagte, auch von den Verfahrensfehlern abgesehen, zu Unrecht verurteilt worden sei.

Der Bericht der Kommission sowie deren Änderungsvorschläge sind jedoch kein getreues Spiegelbild der Kritik der afrikanischen Bevölkerung an dem englischen Recht. Wie groß der Zwiespalt zwischen englischem und traditionalem Rechtsdenken auch heute noch ist, zeigt der unveröffentlichte Zwischenbericht, den die drei Häuptlinge und der Chairman des Blantyre Urban Court der ganzen Kommission vorlegten[371]. Vor Anfertigung dieses Berichts hatten die Häuptlinge in den einzelnen Regionen die Beschwerden über das „englische" Verfahrensrecht gesammelt. Die wichtigsten Punkte des Zwischenberichts seien hier wiedergegeben:

b) "That any confessions made by the defendant at a Police Station should be accepted by all courts, as was done in customary law, because most criminals find loopholes in modern courts by saying that the confessions were made unvoluntarily."

e) "That in criminal cases like murder, manslaughter and theft which may have been tried by a competent Magistrate or Judge and the defendant convicted, it is proposed that such decisions should not be reversed or substituted by acquittals in Appeal Courts. If in murder cases the defendant or the defendants were sentenced with death the same sentence must be carried out with the least possible delay."

---

370 Malawi Government: Report of the Presidential Commission on Criminal Justice. Gov.Pr. Zomba 1967. Über den Bericht vgl. auch C. BAKER: Criminal Justice in Malawi. In: J.A.L., Vol. 11 (1967), S. 147 ff.

371 Report by CHIEF CHIKUMBU, CHIEF MWASE, CHIEF KATUMBI and MR. S. G. PHOMBEYA, 21. 1. 1967. Dieser Bericht wurde vom Verfasser im Justizministerium eingesehen.

f) "That the practices of casting lots, or ordeals which were previously uniform in Malawi are not encouraged. But we strongly recommend their rules of evidence with which the defendant was presumed guilty unless he satisfied the court to the contrary."

g) "That there were no lawyers in customary law to defend their clients. But while we appreciate the fact that they usually appear in modern courts to help the sound administration of justice, we recommend that they should not disturb certain facts in criminal cases on technical reasons with the view to saving such criminals when it is clearly shown to all members of the public including the lawyer himself that such criminal had actually committed the crime and that he has been acquitted due to certain technicalities."

i) "It will be appreciated that the rules of evidence were alike throughout the country in all criminal cases especially when the defendant was asked to prove his innocence at the Bwalo where each of them suggested 'ordeal' for a final proof. In order to have uniform administration of justice in cases of that nature we recommend that such a rule must be strictly adhered to and that the defendants should give a least proof to the court of their innocence similar to the one which did not give doubts to the chief and his assessors in customary law."

Die Änderungen des Strafprozeßrechts

Im Anschluß an den Bericht der Kommission wurde ein neues Strafprozeßrecht verabschiedet, der Criminal Procedure and Evidence Code[372]. Dieses baute im wesentlichen auf den alten Criminal Procedure Code auf, wurde aber um einen Beweisrechtsteil erweitert[373].

Daneben weist er einige Neuerungen auf, die teilweise auf die Vorschläge der Kommission zurückgehen.

- Als neue prozeßrechtliche Maxime gilt, daß wirkliche Gerechtigkeit geschehen soll ohne unnötige Betonung der prozessualen Förmlichkeiten[374].
- Kein Urteil darf allein wegen Verfahrensfehlern aufgehoben werden, es sei denn, der Verfahrensfehler habe zu einem Justizirrtum geführt.
- Der Angeklagte muß, falls die Anklage eine Verteidigung erforderlich macht, als Zeuge unter Eid aussagen. Weigert er sich, den Eid zu leisten oder überhaupt eine Zeugenaussage zu machen, kann das Gericht das Verhalten des Angeklagten zu seinem Nachteil werten.

Hinsichtlich der Empfehlungen g) und i) kommt das neue Gesetz den im Zwischenbericht der Kommission genannten Forderungen entgegen, obgleich

---

372 Gesetz Nr. 36 von 1967.

373 Es wurden fast wörtlich die Vorschriften des Uganda Evidence Act, Cap. 43 1964 Rev.Ed. übernommen.

374 Sec. 3: „The principle that substantial justice shall be done without undue regard for technicality shall at all times be adhered to in applying the provisions of this Code."

fraglich ist, in welcher Weise sich ein Angeklagter entlasten soll „similar to the one which did not give any doubt to the chief and his assessors". Die erzwingbare Eidesleistung, von ihrer Bedenklichkeit einmal abgesehen, ist sicherlich kein voller Ersatz für das Mwabvi-Ordal. Die Änderung betr. die Eidesleistung ist wohl am bemerkenswertesten, da sie mit einem geheiligten Grundsatz englischer Rechtstradition bricht. Nach englischem Recht kann ein Angeklagter zwar als Zeuge aussagen, er braucht es aber nicht. Auch darf das Gericht das Schweigen des Angeklagten nicht zu dessen Nachteil bewerten.

1968 wurde das Strafprozeßrecht erneut geändert: Für alle Strafsachen im High Court wurde das Jury-System eingeführt[375]. Das Ziel dieser Änderung war, Freisprüche wie in Kazigele White and Victor Chiwanda v. The Republic, wo „jedermann wußte", daß die Angeklagten schuldig waren, zu verhindern. Dr. BANDA erläuterte den Hintergrund der Änderung sehr freimütig bei der 2. Lesung des Änderungsgesetzes. Nachdem er auf einen ähnlichen Fall eingegangen war, der sich bei Fort Johnston zugetragen hatte, sagte er[376]:

„Dasselbe in Nsanje. Alle Welt wußte, daß diese Leute, es waren zwei oder drei, jene Frau buchstäblich zu Tode geröstet hatten. Jeder wußte, wer es war, wie es gemacht worden war – und trotzdem, als der Fall vor Gericht verhandelt wurde, wurden die Leute freigesprochen, weil nicht genügend Beweismaterial vorhanden war. Und nachdem der eine freigesprochen war, sagte er beim Verlassen des Gerichts: ‚Ndili ndimankhwalatu ine', das heißt, ‚ich habe Medizin, das Gericht konnte mir nichts tun, weil ich Medizin hatte'. Und die Leute glaubten ihm, daß er nur freigesprochen worden war, weil er ‚Medizin' hatte und weil er die Richter damit verhext hatte. Das war der Grund, weshalb ich Mr. ROBERTS, den Attorney General, bat, einen Gesetzentwurf für die Einführung des Jury-Systems auszuarbeiten, so daß die Richter im High Court nicht mehr über solche Fälle entscheiden und dann sagen können sollten: ‚Nicht bewiesen'."

Doch selbst die Einführung des Jury-Systems schien der Regierung und der Bevölkerung die Gerechtigkeit nicht ausreichend zu gewährleisten: Fälle dieser Art sollen nunmehr ganz der Zuständigkeit des High Court entzogen und in den neu zu schaffenden Traditional Courts verhandelt werden[377].

Denn: "Justice to be justice in this country must satisfy the sense of justice of the four million Africans in this country and not the sense of justice of the 8000 Europeans or 12 000 Asians in this country."[378]

---

375 Durch den Criminal Procedure and Evidence (Amendment) Act, Gesetz Nr. 23 von 1968. Vgl. auch S. 43.

376 Malawi Hansard. 7th Session: 1st Meeting: 6th Day, 21st November 1969. S. 220.

377 Woraufhin die vier englischen Richter des High Court ihren Rücktritt erklärten, s. S. 42.

378 So Dr. BANDA. In: Malawi Hansard. 7th Session: 1st Meeting: 6th Day, 21st November 1969. S. 222.

E. ZUSAMMENFASSENDE BETRACHTUNG DER ENTWICKLUNG DES MALAWISCHEN RECHTSSYSTEMS

I. Zusammenfassende Betrachtung der Rechtsentwicklung

Die beiden Hauptbestandteile des heutigen malawischen Rechts, das „moderne" englische und Gesetzesrecht sowie die Stammesrechte, sind seit ihrem Aufeinandertreffen nicht in ihrem damaligen Zustand geblieben. Die folgende Bestandsaufnahme mag darüber Aufschluß geben, wie weit sie sich geändert und einander genähert haben.

1. Die Entwicklung im englischen und im malawischen Gesetzesrecht

Das malawische Gesetzesrecht baut auch heute noch in großem Umfang auf englischem Recht – englischen Gesetzen, Modellentwürfen des Kolonialministeriums, kodifiziertem common law – auf[1].

Zur Aufnahme traditionaler Rechtsprinzipien in das Gesetzesrecht kam es nur dort, wo der Dualismus zwischen traditionalem und modernem Recht ganz oder für bestimmte Teilbereiche aufgehoben wurde. Als wichtigste Beispiele seien die Änderungen im Strafprozeßrecht[2], die Änderung der Beweisanforderungen bei Vaterschaftsklagen[3], die Schaffung von Familienland im neuen Bodenrecht[4] und die Fassung des „Abhängigen"- (dependant) Begriffs im Testamentsrecht[5] genannt. Soweit sich die Lebensverhältnisse der afrikanischen Bevölkerung weiterhin nach traditionalem Recht beurteilten, lag ein zwingendes Bedürfnis zur Aufnahme traditionaler Rechtsvorstellungen in das Gesetzesrecht nicht vor.

---

1 Als das malawische Parlament 1967 im Zuge einer groß angelegten Rechtsbereinigung einen Teil der englischen Gesetze „malawisierte", wurde der Text der englischen Gesetze, abgesehen von wenigen Ausnahmen, wörtlich übernommen. Auf diese Weise wurden 1967 allein folgende Gesetze verabschiedet: The Sale of Goods Act, The Limitation Act, The Bills of Sale Act, The Bills of Exchange Act, The Trustees Act, The Arbitration Act und The Administrator General Act.
2 Vgl. die Ausführungen auf S. 150 ff.
3 Vgl. die Ausführungen auf S. 146.
4 Vgl. die Ausführungen auf S. 120.
5 Vgl. die Ausführungen auf S. 100.

Auch das rezipierte common law und das Equity-Recht sind in den fast 70 Jahren ihrer Geltung in Malawi (Nyasaland) durch die Gerichte kaum geändert worden. Trotz der bis 1964 bestehenden Ermächtigung, das rezipierte Recht den besonderen Umständen anzupassen[6], orientierten sich die Richter im wesentlichen an der Weiterentwicklung des Rechts in England durch die englischen Gerichte.

Ausnahmen wurden auch hier nur gemacht, wo, wie z. B. im Strafrecht, der Dualismus zwischen englischem und traditionalem Recht aufgehoben war[7].

Bei der Änderung des englischen Rechts durch den Gesetzgeber und die Gerichte ist jedoch ein Unterschied festzustellen: Der Gesetzgeber ändert das ganze Recht, die Aufnahme traditionaler Rechtsvorstellungen betrifft die gesamte Bevölkerung. Die Änderung durch die Gerichte bezieht sich jedoch nur auf einen bestimmten, den afrikanischen Bevölkerungsteil. Dabei geht der Grundgehalt des englischen Rechts, soweit es auf unter modernen Verhältnissen lebende Personen Anwendung findet, nicht verloren.

2. Die Entwicklung im Stammesrecht

a) Rechtswandel in den traditionalen Rechten

Bei der Darstellung der Entwicklung in den einzelnen Rechtsgebieten wurden zahlreiche Wandlungserscheinungen und -tendenzen in den traditionalen Rechten bemerkt und es wurde festgestellt, daß sich die traditionalen Rechte weitgehend den veränderten sozio-ökonomischen Verhältnissen angepaßt haben. Die Faktoren, die diese Änderungen bedingt haben, sind offenkundig folgende:

- Die wirtschaftliche Entwicklung, vor allem die Einführung der Markt- und Geldwirtschaft sowie die Wanderarbeit.
- Die soziale Entwicklung, vor allem die allmähliche Desintegration der Stammesgesellschaften und die zunehmende Bevölkerungsfluktuation.
- Die politische Entwicklung, vor allem die Entmachtung der traditionalen Herrscher, die Einsetzung nach politischen Gesichtspunkten ausgesuchter Richter und die Abschaffung von Stammesrecht durch die Gesetzgeber und das englische Recht.
- Die kulturelle Entwicklung, vor allem der Einfluß des Christentums, der englischen Kultur und der Einführung eines modernen Bildungssystems.

---

6 Vgl. die Ausführungen auf S. 49, 50.
7 Im Bereich des Bodenrechts wurde diese Frage in Nyasaland nicht akut, wohl aber in anderen afrikanischen Staaten, s. z. B. für Nigeria Oyekan v. Adele (1957) 1 W.L.R. 876, P.C.

Es ist kaum möglich, den jeweiligen Einfluß der einzelnen Faktoren zu bestimmen, da sie nicht als Einzelfaktoren, sondern als Gesamtheit auf die Stammesrechte eingewirkt haben und auch heute noch einwirken[8].

Leichter schon lassen sich die Änderungen im Stammesrecht in verschiedene Erscheinungsformen untergliedern.

- Traditionale Rechtsinstitute werden durch den Gesetzgeber oder das höherrangige englische Recht abgeschafft. Hierunter fallen z. B. das Verbot, Ordale abzuhalten, das Verbot der Sklaverei sowie die als *repugnant* und *inconsistent* geltenden Rechtsinstitute[9].
- Traditionale Rechtsinstitute werden allmählich obsolet und in zunehmendem Maße von den Gerichten nicht mehr durchgesetzt. Als Beispiele wären das Sororat und das Levirat zu nennen.
- Das Recht, das früher ein bestimmtes Lebensverhältnis erschöpfend regelte, wird den heute veränderten Lebensverhältnissen angepaßt. Hierzu zählen die meisten Wandlungserscheinungen, die sich im Laufe des „natürlichen" Wandlungsprozesses herausgebildet haben, z. B. die Umgestaltung der familien- und erbrechtlichen Beziehungen, die stärkere rechtliche Stellung der Frauen sowie die fortschreitende Individualisierung von Rechten und Verbindlichkeiten[10].
- Für neue wirtschaftliche und soziale Verhältnisse, die im früheren traditionalen Leben keine Entsprechung hatten und für die es deshalb keine Rechtsregeln gab (geben konnte), müssen Rechtsregeln erst entwickelt werden. Hierunter fallen z. B. die Rechtsregeln, nach denen heute in den Local Courts über Fragen wie die Mängelhaftung bei einem Fahrradkauf entschieden wird[11].

b) Die Träger der Rechtsentwicklung

Die Träger der Rechtsentwicklung, soweit sie nicht direkt durch den Gesetzgeber beeinflußt wird, sind heute die Richter in den Local Courts. Die Rechtsänderung und Rechtsschöpfung durch die Native- bzw. African Courts wurde von den englischen Gerichten nicht als zulässig angesehen.

"It is the assent of the native community that gives custom its validity, and therefore it must be proved to be recognized by the native community whose conduct it is supposed to regulate",

---

8 Ist z. B. die Auflösung der traditionalen Familienstrukturen und die dadurch bedingte Änderung der familien- und erbrechtlichen Beziehungen eine Folge der wirtschaftlichen Entwicklung, des Einflusses der christlichen Religionen oder des englischen Rechts? Ist die Anerkennung von Schriftstücken als Beweismaterial eine Inkorporation einer englischen Rechtsvorstellung oder lediglich die Anerkennung der Tatsache, daß Schriftstücke im heutigen Leben eine Rolle spielen und deshalb beachtet werden müssen?

9 Vgl. dazu die Ausführungen auf S. 51 ff.

10 Vgl. insbesondere die Ausführungen auf S. 82 ff. und S. 105 ff.

11 Vgl. auch Malindi v. Therenaz, Civ.C. 71 of 1968, Blantyre U.C., s. S. 66.

wie das Privy Council in dem nigerianischen Fall E. Eleko v. Officer administering the Government of Nigeria [12] ausführte. Rechtsänderungen, die als möglich und erwiesen durchaus anerkannt wurden [13], mußten die Zustimmung und Anerkennung der dem Recht Unterworfenen haben. Aufgabe der Gerichte war es, das Recht zu finden und anzuwenden, nicht aber es selbst zu ändern, wie der High Court Nyasalands in J. S. Limbani v. Rex [14] ausdrücklich feststellte.

Die Übertragung dieses europäischen rechtstheoretischen Gedankens [15] stieß in Nyasaland zunächst auf wenig Schwierigkeiten. In den egalitären Stammesgesellschaften konnten die Häuptlinge und Dorfältesten das Recht nicht ohne Zustimmung der Bevölkerung ändern. In diesem Zusammenhang sei auf das an anderer Stelle erwähnte Treffen der Yao-Häuptlinge verwiesen [16], deren Vorschläge zur Neuregelung des traditionalen Erbrechts von der Bevölkerung ignoriert wurden. Das gilt auch heute noch in einem Bereich, der der Zuständigkeit der Gerichte entzogen ist: der Nachfolge in Häuptlings- und Dorfältestenpositionen, die sich bei den matrilinearen Stämmen noch streng nach matrilinearen Regeln vollzieht. Viele Häuptlinge sähen heute lieber ihre Söhne und nicht ihre Neffen als Nachfolger, aber: People would laugh at them. They would say: „Do you want to monopolize us?" [17]

Im Verhältnis zu den Häuptlingen und Dorfältesten befinden sich die Local Courts Chairmen heute in einer ungleich stärkeren Position. Die Local Courts Chairmen, mit denen der Verfasser die Frage des Gewohnheitsrechts und der Rechtsänderung diskutierte [18], ließen keinen Zweifel daran, daß sie (in ihren Augen) berechtigt seien, das traditionale Recht zu ändern: „The courts have gone through to make the children happy (für das Erbrecht). Courts have power to change the law."

12 (1931) A.C. 662.

13 Vgl. Lewis v. Bankole (1909) 1. N.L.R. 82.

14 6 Ny.L.R. 6.

15 Es wurde schon in der Einleitung betont, daß in dieser Arbeit nicht beabsichtigt wird, eine neue Definition des Begriffs *Recht* zu geben. Gewohnheitsrecht wird hier im Sinne Geigers verstanden: „Gewohnheit liefert den Normkern, das Fungieren des Rechtsmechanismus verleiht ihm spezifisch-rechtliches v-(Verbindlichkeits-)Stigma." GEIGER: a.a.O., S. 173. – Im übrigen ist auch in Europa inzwischen die Theorie von der reinen Rechtsfindung durch den Richter weitgehend entdogmatisiert und die Möglichkeit der Rechtsschöpfung durch den Richter anerkannt. Für England s. Lord DENNING, M.R., in Att.-Gen. v. Butterworth 3 W.L.R. 819 (1962): „It may be that there is no authority to be found in the books, but if this be so all I can say that the sooner we make one the better."

16 Auf S. 106.

17 So ein Local Courts Chairman.

18 Das Verständnis der Local Courts Chairmen von Gewohnheitsrecht deckt sich mit der hier gebrauchten GEIGERschen Definition: „Customary law is custom which is used as law." Am Beispiel des Erbrechts exemplifiziert: „Inheritance is custom. If it is enforced in court it becomes law."

c) Die Methode der Rechtsentwicklung

Die Rechtsentwicklung in den Local Courts, grob als Anpassung des traditionalen Rechts an die gesellschaftliche und wirtschaftliche Entwicklung bezeichnet, erschien den europäischen Richtern oft als willkürliche Anwendung der Gerechtigkeitsvorstellungen der Local Courts Chairmen.

Tadelnd sagte z. B. der Richter in M. S. Bham v. Hussain Bham[19]:

"It is the duty of the Local Courts to apply the law, be it African law and custom; they cannot simply make an order on the basis of what they may think to be just in any particular matter."

Leicht wurde übersehen, daß das, was auf den ersten Blick als willkürliche Anwendung von persönlichen Gerechtigkeitsvorstellungen erschien, in der Regel auf der Anwendung von traditionalen Rechtsprinzipien beruhte.

„If a matter is not governed by the old customs, we compare it with similar cases in the olden days", erklärte ein Local Courts Chairman. Ein anderer: „We always take the principles of our own custom."[20]

Nach welchen Prinzipien im Stammesrecht Fälle gelöst werden, wurde schon in Zusammenhang mit der Darstellung des traditionalen Verfahrens- und Beweisrechts erwähnt[21]. Die Richter messen das Verhalten aller Parteien an bestimmten Verhaltensnormen, die sich danach bestimmen, wie *man sich vernünftigerweise* verhält.

Diese Verhaltensnormen sind differenziert, für Personen mit unterschiedlichem Status gelten unterschiedliche Verhaltensnormen[22].

In der alten traditionalen Gesellschaft teils als Rechtsnormen, teils als soziale Normen verfestigt, erweisen sie sich in der dynamischen Gesellschaft der transitionalen Periode als flexibel und erlauben die Anpassung an den jeweiligen Entwicklungsstand[23].

Mit dieser Methode gelingt es den Local Courts Chairmen, moderne Lebensverhältnisse, die das „alte" Recht nicht kannte, rechtlich zu erfassen und zu entscheiden; ob es sich um die „Mängelhaftung" oder den „Rücktritt" von einem abgeschlossenen Kauf eines Radios, eines Fahrrads usw. handelt: „We

---

19 C.A. (L.C.) 12 of 1967, M.H.C., bezugnehmend auf Kharaj v. Khan 1957 R & N 4, wo der High Court einem Subordinate Court einen Verstoß gegen dasselbe Prinzip vorwarf.

20 Im Gespräch mit dem Verfasser. Vgl. dazu GEIGER: a.a.O., S. 288.

21 Vgl. die Ausführungen auf S. 135 ff.

22 GLUCKMAN hat das am Beispiel der Barotse in Nordrhodesien (Zambia) ausführlich und überzeugend nachgewiesen, wie den Barotse die Figur des „reasonable man" dazu dient, das Verhalten von Personen tatsächlich und rechtlich zu würdigen; s. GLUCKMAN: The Judicial Process. Seiner Behauptung, die Figur des „reasonable man" gebe es in allen, auch in den traditionalen Rechtssystemen - in: Reasonableness and Responsibility. S. 122 -, kann ich nach meinen allerdings weitaus geringeren Erfahrungen mit den malawischen Local Courts Chairmen für Malawi bestätigen.

23 Vgl. GEIGER: a.a.O., S. 246, 247.

always come to a decision. Whoever is wrong we must pass judgement in his opponent's favour."[24]

Mit derselben Methode werden auch die „alten" Stammesrechtsregeln in Frage gestellt, wenn sie nicht mehr dem entsprechen, was „man" heute „vernünftigerweise" tun oder denken würde[25].

Als typisches Beispiel im Erbrecht sei die langsame Verlagerung der Erbberechtigung von dem Neffen auf den Sohn erwähnt[26]. Ein Local Courts Chairman, der in Erbschaftsstreitigkeiten matrilinearer Stammesangehöriger schon häufig zugunsten der Kinder entschieden hatte, erklärte mir seine Gründe: „Wenn der Neffe aus dem Dorf kommt und von dem Sohn in der Stadt die Erbschaft verlangt, dann fragen wir ihn: ‚Hast Du Deinem (verstorbenen) Onkel beim Hausbau geholfen? Hast Du seine Kühe gehütet? Wo warst Du während der Trockenzeit, als Dein Onkel Hilfe brauchte? In der Stadt?'

– Nein! der Sohn war es! Also, was willst Du? Die Erbschaft gehört dem Sohn!"

In seinen Fragen macht der Local Courts Chairman seine Bewertung der Verhaltensnormen deutlich: Von einem „Erben" kann man verlangen, daß er seinem Onkel hilft, daß er seine Kühe hütet usw. Tut er es nicht, verhält er sich nicht wie ein Erbe sich vernünftigerweise verhalten würde, dann kann er auch keine Ansprüche stellen.

Das Beispiel zeigt, daß der Local Courts Chairman, der traditionale Richter, bewußt die alte Stammesregel von ihrem sozialen, durch Gewohnheit entstandenen Inhalt abstrahiert und dem abstrakten Begriff „Erbe ist, wer sich wie ein Erbe verhält", unter den veränderten Lebensverhältnissen einen neuen Inhalt gibt.

3. Ergebnis

Bei der Darstellung der Rechtsentwicklung in den einzelnen Rechtsgebieten und bei der zusammenfassenden Betrachtung wurde deutlich, daß ein Rechtspluralismus noch in fast allen Rechtsgebieten besteht, in denen die traditionalen Stammesrechte durch das englische Recht überlagert wurden. Der Dualismus zwischen den beiden wichtigsten Rechtsnormenbereichen, dem englischen und Gesetzesrecht auf der einen und den traditionalen Rechten auf

---

24 So ein Local Courts Chairman.
25 Es ergibt sich ein interessanter Vergleich zu der Figur des *reasonable man* im englischen Strafrecht. Auf S. 132 ff. wurde gezeigt, wie schwer es den englischen Richtern gefallen ist, den durch englische Lebensanschauungen und Verhaltensnormen (der Durchschnittsbürger in den Straßen Londons) verfestigten Begriff *reasonable* auf afrikanische Verhaltensweisen anzuwenden. Das traditionale Recht ist hier wesentlich flexibler.
26 Vgl. die Ausführungen auf S. 105 ff.

der anderen Seite, ist, von bestimmten einzelnen Rechtsinstituten abgesehen[27], nur im Strafrecht aufgehoben. Zwar kommt es durch den Anpassungsprozeß im traditionalen Recht an die modernen Lebensverhältnisse und durch die vereinzelte Inkorporierung traditionaler Rechtsvorstellungen in das englische und Gesetzesrecht zu einer gewissen Annäherung zwischen den beiden Rechtsnormenbereichen. Doch sind in den Rechtsgebieten, wo der Dualismus noch besteht, das traditionale und das moderne Recht zwei scharf voneinander unterscheidbare Normenbereiche. Besondere Betonung erfährt dieser Gegensatz durch die Tatsache, daß beide Rechte von ihren jeweiligen Repräsentanten „verwaltet" werden.

Die sich dem mit der Problematik und der Geschichte von Rechtsrezeptionen vertrauten Beobachter aufdrängende Frage nach einem „tertium quid", einem neuen, sich aus beiden Elementen zusammensetzenden Recht, kann daher im wesentlichen verneint und nur als Spekulation über die zukünftige Rechtsentwicklung neu gestellt werden.

II. Zusammenfassende Betrachtung der Rechtspolitik in Malawi

1. Die Rechtspolitik der kolonialen Regierungen

Die Entwicklung des malawischen Rechtssystems folgte im großen und ganzen den allgemeinen Strukturprinzipien, die auch für die anderen ehemaligen britischen Gebiete maßgebend waren.

Sieht man von der besonderen Situation in Südafrika und Rhodesien ab, so finden sich die Entwicklungsabschnitte in der Geschichte der Gerichtsverfassung und der allgemeine Rahmen, der die Anwendung von Stammesrecht bestimmte, in gleicher oder ähnlicher Form auch in den anderen englischsprachigen Staaten Afrikas. Doch war die Lage in Malawi (Nyasaland) im Verhältnis zu den meisten anderen Ländern weniger komplex, da das islamische Recht fast keine Rolle spielte[28] und die Regierung nicht vor dem

---

27 Wie z. B. bei Vaterschaftsklagen nach der Affiliation Ordinance. Die Erweiterung des Geltungsbereichs dieses Gesetzes auf Verfahren in den Local Courts – s. S. 39 – hat den Effekt, daß auf Stammesrecht gestützte Vaterschaftsklagen als „inconsistent" anzusehen sind, wie der High Court in Chikandwe v. Chigwaya C.A. (L.C.) 23 of 1967 (obiter) feststellte. In der Praxis verfahren die meisten Local Courts jedoch auch heute noch nach Stammesrecht. Vgl. dazu die Ausführungen auf S. 66. Im Bodenrecht ist die Aufhebung des Dualismus vorgesehen, doch sind die Bodenrechtsreformgesetze bislang nur für einen der 23 Distrikte in Kraft gesetzt worden, s. S. 112.

28 Über das islamische Recht in den afrikanischen Kolonien vgl.: J. N. D. ANDERSON: Islamic Law in Africa. London 1954; —: The Adaptation; —: Changing Law in the Developing Countries. London 1963.

Problem stand, einem bestimmten Stamme oder Königreich besondere Zugeständnisse hinsichtlich einer eigenen Gerichtsorganisation zu machen[29]. Maßgeblich beeinflußt wurde diese uniforme Entwicklung durch die Kolonialpolitik der englischen Regierungen, die durch die Kolonialverfassungen auch die allgemeine Struktur der Gerichtsverfassung festlegte[30]. Weiter basierten die Gerichtsverfassungsgesetze und ein großer Teil der lokalen kolonialen Gesetze auf Modellentwürfen des Kolonialministeriums[31]. Auch war durch das in allen Kolonialgebieten rezipierte englische Recht und die Bindungswirkungen, die die Entscheidungen der obersten englischen Gerichte und des Privy Council für die Kolonialgerichte hatten[32], eine weitgehend gleichförmige Rechtsentwicklung bedingt[33].

Als eines der von den Engländern am spätesten entdeckten und aufgeschlossenen Gebiete war Nyasaland gegenüber den anderen Kolonialgebieten in der Entwicklung meist etwas zurück. So konnte die Regierung Nyasalands bei verwaltungs- und justizpolitischen Reformen fast immer auf Modelle zurückgreifen, die in anderen Kolonien schon vorher entwickelt und erprobt worden waren. Dies erwies sich einerseits als Hemmnis für die Entwicklung eigener reformatorischer Initiative, andererseits bot sich jedoch die Möglichkeit, aus den in den anderen Gebieten gemachten Erfahrungen zu lernen. Abweichungen von diesen Modellen waren selten[34]. Die wichtigste Ausnahme bildet die Entwicklung in der Ehegesetzgebung, die jedoch weniger von der Regierung als von den Missionen initiiert wurde[35].

Abgesehen von der Ehegesetzgebung, die jedoch auch nur einen kleinen Kreis der afrikanischen Bevölkerung, die christianisierten Afrikaner, betraf, wurde kein Versuch unternommen, die traditionalen Rechte direkt zu ändern oder ihre Entwicklung auf andere Weise zu beeinflussen.

2. Die Rechtspolitik der malawischen Regierung

Die afrikanischen Politiker, die seit 1961 immer mehr Einfluß auf die Regierungsgeschäfte nehmen konnten, entfalteten sofort eine rechtspolitische

---

29 Wie z. B. bei den Barotse in Zambia (Nordrhodesien) und den Buganda in Uganda.

30 Wenn auch die Verfassungen selbst von dem King- oder der Queen-in-Council erlassen wurden.

31 Wie z. B. der Penal Code, vgl. S. 125.

32 Vgl. die Ausführungen auf S. 48.

33 In Südrhodesien und Südafrika galt allerdings weitgehend römisch-holländisches Recht. Vgl. R. W. Lee: Das römisch-holländische Recht in Südafrika. In: J.Z. 1952, S. 97 ff.

34 Beispielhaft für eine dieser Abweichungen ist die Einsetzung des High Court als höchster Berufungsinstanz für die Native Courts im Jahre 1933, vgl. S. 33.

35 Vgl. die Ausführungen auf S. 94 ff.

Aktivität, deren erste Erfolge die Justizreform 1962/63 und die Zuständigkeitserweiterung der Local Courts im Bereich der Vaterschaftsklagen waren[36].

Seit ORTON CHIRWA, der erste afrikanische Justizminister Malawis, 1964 in Zusammenhang mit der Kabinettskrise das Land verließ und Dr. BANDA auch das Justizministerium übernahm, wird die Rechtspolitik Malawis in allen wesentlichen Fragen von Dr. BANDA mehr oder weniger allein bestimmt[37]. Seine Rechtspolitik bewegt sich zwischen zwei Polen: Auf der einen Seite soll die wirtschaftliche Entwicklung schnellstmöglich vorangetrieben werden und das „moderne" Recht dabei als eines der wichtigsten Mittel dienen, auf der anderen Seite muß aus innenpolitischen Gründen auf die Interessen der traditionalen Bevölkerung Rücksicht genommen werden und dem traditionalen Recht ein größerer Geltungsbereich eingeräumt werden.

a) Recht als entwicklungspolitisches Mittel

Abgesehen von der Bodenrechtsreform – und selbst deren Realisierung ist für die nähere Zukunft nicht zu erwarten – wird gegenwärtig kein Versuch unternommen, Recht als Mittel der Entwicklungspolitik einzusetzen. Das bedeutet nicht unbedingt, daß die, vor allem im Ausland vorherrschende „Erkenntnis, daß der wirtschaftliche und soziale Fortschritt der Entwicklungsländer eine grundlegende Änderung gesellschaftlicher und wirtschaftlicher Strukturen erfordert, und daß das Recht ein wichtiges Mittel ist, um solche Änderungen herbeizuführen"[38], nicht geteilt würde. Auch in Malawi hat man den Gedanken verfolgt, Recht an einem erstrebten entwicklungs- und gesellschaftspolitischen Zustand zu orientieren und die Gesellschaft mit Hilfe des Rechts in dieses „Korsett" hineinzuzwingen, wie das Beispiel des Erbgesetzes von 1964 zeigt[39]. Die bald folgende Einsicht, daß das Gesetz nicht in die Realität umgesetzt werden könne, hat sicherlich zu einer Ernüchterung und der jetzigen Zurückhaltung geführt[40].

---

36 Vgl. die Ausführungen auf S. 36.

37 Alle vom Justizministerium erarbeiteten Gesetzentwürfe werden ohne ernsthafte Diskussion im Parlament verabschiedet. Mitte 1968 waren noch alle führenden Beamten im Justizministerium – der Attorney General, der Solicitor General, der Director of Public Prosecution, der Chief Local Courts Commissioner – Ausländer.

38 Entwicklung und Zusammenarbeit, 2/1969, S. 10.

39 Vgl. A. N. ALLOT: The Future of African Law. In: H und L. KUPER (Hrsg.): African Law: Adaptation and Development. University of California Press. Berkeley and Los Angeles 1965, S. 216 ff., auf S. 234: „If the succession law goes, the whole fabric of customary law will go with it; if the succession in law changes, there will be serious and irreversible repercussions on the way people live." (Im folgenden zitiert als ALLOT: The Future of African Law. S. . . .)

40 Vgl. dazu die Ausführungen auf S. 112.

In der Tat werden die hemmende Wirkung des traditionalen Rechts und das Maß, in dem neues Recht entwicklungsfördernd wirken kann, oft überschätzt. Man hat heute erkannt, daß sich das traditionale Recht der gesellschaftlichen Entwicklung nicht entgegenstellt, sondern sich ihr ohne großen Widerstand anpaßt[41]. Wo sich allerdings die Gesellschaft nicht wandelt, kann auch aus der Gesellschaft heraus kein Rechtswandel eintreten.

Neues Recht kann den Entwicklungsprozeß fördern, wenn es die tatsächlichen Verhältnisse und die Bedürfnisse der Bevölkerung oder zumindest eines größeren Teils der Bevölkerung berücksichtigt[42]. Der Gesetzesbefehl allein, selbst wenn er legitim und sachlich ist und durch die Autorität des Staates unterstützt wird, kann das effektive Funktionieren des neuen Rechts nicht garantieren.

„Before law can effectively prescribe, it must persuade.“[43] Besteht zwischen dem Gesetz auf der einen und den tatsächlichen Verhältnissen und den Rechtsvorstellungen der Bevölkerung auf der anderen Seite eine allzu große Diskrepanz, so wird das neue Recht nicht Rechtswirklichkeit werden, weil sich die Bevölkerung der rechtlichen Sphäre entzieht. Das hat sich deutlich bei den nach der Marriage Ordinance verheirateten Afrikanern gezeigt[44], das geistige Stimulanz des Christentums konnte die Diskrepanz zwischen den tatsächlichen Lebensverhältnissen und den durch die Marriage Ordinance vorgeschriebenen Rechtsfolgen nicht überbrücken.

Hier liegt auch die besondere Problematik der Bodenrechtsreform. „Land ist und wird immer ein heißes Eisen sein", sagte Mr. BLACKWOOD, der Führer der europäischen Minderheit im Parlament Malawis, bei der 2. Lesung der Bodengesetze[45]. Er wußte es noch aus eigener Erfahrung: Während der Kolonialzeit hatte die Regierung vergeblich versucht, auf gesetzlichem Wege unter Androhung von Strafen die afrikanische Bevölkerung zu Maßnahmen der Bodenkonservierung und zu wirtschaftlicherem Anbau zu zwingen. Die malawische Regierung (d. h. die damalige Unabhängigkeitsbewegung), die

---

41 Vgl. L. FALLERS: Customary Law in the New African States. In: H. W. BAADE (Hrsg.): African Law: New Law for New Nations. New York 1963, S. 71 ff., auf S. 81: „There is little evidence of a rooted conservatism resistant to the forces of the social change." Vgl. auch F. A. AJAYI: The Future of Customary Law in Nigeria. In: Afrika-Instituut-Leiden (Hrsg.): The Future of Customary Law in Africa – L'Avenir du Droit Coutumier en Afrique, Symposium – Colloque Amsterdam 1955. Universitaire Pers. Leiden 1956, S. 42 ff., auf S. 68. Daß dies auch in Malawi gilt, ist im vorangegangenen Kapitel gezeigt worden.

42 Vgl. zu der rechtstheoretischen Problematik I. JENKINS: The Ontology of Law and the Validation of Social Change. In: G. L. DORSEY und S. I. SHUMAN (Hrsg.): Validation of New Forms of Social Organisation. ARSP, Beiheft Neue Folge Nr. 5. Wiesbaden 1968, S. 42 ff.

43 JENKINS: a.a.O., S. 46.

44 Vgl. die Ausführungen auf S. 94.

45 Malawi Hansard. 4th Session: 5th Meeting, April 1967, S. 416.

aus politischen Gründen diese Form der landwirtschaftlichen „Erziehung"
scharf bekämpfte[46], steht heute vor demselben Problem.

Sicherlich wird ein kleiner Teil der Bevölkerung schon zu schätzen wissen,
was privates Eigentum im modernen wirtschaftlichen Sinn bedeuten kann.
Dem größten Teil der Bevölkerung gibt das neue Recht jedoch wenig. Der
malawische Landbewohner hat Land, er ist unabhängig. Er kann in ein
anderes Gebiet ziehen, wo er damit rechnen kann, daß ihm der Häuptling
ein Stück Land zuteilen wird. Die Bodenrechtsreform wird ihm diese Frei-
heit nehmen, wird ihn zu einem Denken zwingen, aus dem er sich nur wenige
Vorteile zu ersehen vermag. Gerade die politisch so gesunde Bodenverteilung
wird die Durchführung der Bodenrechtsreform erschweren.

Da, wie schon erwähnt wurde[47], zunächst nur Familieneigentum für die
matrilineare Familie als Privateigentum eingetragen werden soll, bleibt der
einzige Bevölkerungsteil, der ein wirkliches Bedürfnis an einer Änderung
des Bodenrechts haben könnte, nämlich die uxorilokal lebenden Ehemänner,
unberücksichtigt.

Doch muß man der malawischen Regierung zugute halten, daß sie alles versucht, durch Propaganda und Ausbildungskurse die Bauern von den Vorzügen
einer wirtschaftlicheren Anbauweise auf privatem Eigentum zu überzeugen,
daß sie weiter die Gesetze auch nicht gegen den Willen der Bevölkerung durchzusetzen plant. Denn in großem Umfang ließe sich sicherlich nicht ohne
erhebliche innenpolitische Schwierigkeiten verwirklichen, was Dr. BANDA für
den Fall des „Versagens" der Bevölkerung andeutete:

"Anyone who owns land, whether as an individual or as the head of a
family is strictly responsible for the economic and productive use of his or
her land; otherwise it must be taken away."[48]

b) Die Rücksichtnahme auf das traditionale Recht

Die Entscheidung, nicht einschneidend in die traditionalen Rechte einzugrei-
fen, und ihnen sogar, wie nun im Strafrecht zu erwarten ist, einen größeren
Geltungsbereich einzuräumen, ist durch innenpolitische und pragmatische
Gesichtspunkte motiviert.

---

46 Darauf bezugnehmend sagte der Minister CHIDZANJA bei der 2. Lesung der
   Bodengesetze: „The past schemes, tried by the old colonial government were
   discouraging because people were suspicious of them. It was not our Government. And they suspected that they intended to group people together and
   leave the wide land to people who would come and occupy it. So we (the
   Malawi Congress Party) went and politically educated the people not to accept
   this scheme. This is our Government now. As Kamuzu's Government we must
   see that it works." In: Malawi Hansard. 4th Session: 4th Meeting, April 1967,
   S. 421.
47 Auf S. 124.
48 Malawi Hansard. 4th Session: 4th Meeting, April 1967, S. 405.

„Unsere Regierung ist die Regierung des Volkes", betont Dr. BANDA häufig, um den Unterschied zur Kolonialzeit herauszustellen. Sein Volk nimmt ihn beim Wort. „Wenn wir ein Volk sein wollen, müssen wir unser eigenes Recht haben", erläuterte dem Verfasser ein Local Courts Chairman die Haltung der Bevölkerung. Das bedeutet jedoch keine prinzipielle Ablehnung des englischen oder englisch-geformten Rechts; daß die Rechtsverhältnisse des modernen wirtschaftlichen Bereichs und die der Europäer durch englisches Recht geregelt werden, wird von den meisten als selbstverständlich empfunden.

Doch über 99% der malawischen Bevölkerung sind Afrikaner, nur 8,2% leben in den Städten oder städtischen Siedlungen[49]. Von diesen sieht kaum einer ein, daß ihre eigene Sphäre – wie im Familien-, Erb-, Boden- oder Strafrecht – durch das fremde und unverständliche englische Recht berührt werden sollte. Die im Zwischenbericht der Häuptlinge für die Presidential Commission on Criminal Justice angeführten Forderungen[50] sind ein beredtes Zeugnis dafür. Dasselbe gilt für die Rechtsverhältnisse zwischen Nichtafrikanern und Afrikanern, in denen in den Local Courts an den gesetzlichen Vorschriften vorbei ausnahmslos Stammesrecht angewendet wird: „We enforce our customary law to anybody, regardless of colour."

Einige Local Courts Chairmen meinten sogar, das müsse auch für Streitigkeiten zwischen Europäern gelten: „In this case, we would explain that in England English law would be applied. But as we are in Malawi, the law of our people must govern the case."

Der Chairman des Blantyre Urban Court berichtete dem Verfasser von seinen Erfahrungen, die er als Mitglied der Presidential Commission on Criminal Justice gemacht hatte: Die Bevölkerung sei froh und zufrieden gewesen, da sie in der Arbeit der Kommission endlich ein Zeichen gesehen habe „that there is a government", daß die Regierung sich um die Klagen des Volkes kümmere und das lästige fremde Recht abschaffen wolle. Die Bevölkerung wurde besonders beunruhigt durch in letzter Zeit häufig auftretende Mordserien, die anscheinend von den in Lusaka und Dar es Salaam lebenden regimefeindlichen malawischen Politikern propagandistisch ausgenutzt werden. Über diese Gerüchte sagte Dr. BANDA:

"...someone... writing lies in the Rhodesian Herald[51] saying that part of these murders are political, because people who commit those murders are against the Government. There is absolutely no political implication in those murders at all. It's simply Ufiti, witchcraft, superstition. The only people who are bringing politics into those murders are the people in Dar-es-Salaam and Lusaka, Chipembere and Chiume, and Chaponda in Lusaka, who are twisting what they read in the papers... They twisted the whole thing and

---

49 Länderbericht Malawi. S. 23.
50 Auf S. 149, 150.
51 Malawi Hansard. 7th Session: 1st Meeting: 6th Day, 21st November 1969, S. 223.

said it was the Government that was killing the people because it wanted blood to send to South Africa."[52]

Die Reformen im Strafprozeßrecht sind auch vor diesem Hintergrund zu sehen: Freisprüche in diesen Mordfällen, wie z. B. in Kazigele White and Victor Chiwanda v. The Republic, wegen der „technicalities" des englischen Rechts konnten solche Gerüchte nur nähren.

So setzte sich Dr. BANDA, in diesen Fragen bislang eher zurückhaltend, an die Spitze aller, die nach einem größeren Geltungsbereich für das traditionale Recht verlangten:

"We are no longer a British Protectorate, we are an independent Sovereign State, the State of Malawi. That being the case, justice in this country must not only be done, but must be seen to be done, not by the 8000 Europeans . . . but by the four million Africans."[53]

3. Nahziele der malawischen Rechtspolitik

a) Die Neuregelung des Geltungsbereichs der Stammesrechte und der Rechtskonflikte

Im Justizministerium wird seit 1968 an einem Gesetzentwurf gearbeitet, der im allgemeinen und besonderen den Geltungsbereich des Stammesrechts neu umschreibt. Es ist damit zu rechnen, daß er im Parlament Malawis 1970 verabschiedet wird[54]. Soweit es nach einem der ersten, Mitte 1968 ausgearbeiteten Entwürfe beurteilt werden kann, wird das Gesetz, der Civil Law Act, gegenüber dem alten Stand folgende Neuerungen und Klarstellungen bringen:

1. Das malawische Recht setzt sich aus Gesetzesrecht, common law, Equity-Recht[55] und Stammesrecht zusammen.

2. Soweit bestimmte Lebensverhältnisse durch ein Gesetz geregelt sind, kann Stammesrecht ohne ausdrücklichen Vorbehalt nicht angewendet werden[56].

Der Begriff des Gesetzes (written law) wird aber diesbezüglich einschränkend definiert: Nur lokale Gesetze schließen die Anwendung von Stammesrecht aus. Für noch in Kraft befindliche englische Gesetze gilt das nur, wenn das Gericht überzeugt ist, daß die Parteien beabsichtigten, ihre Beziehungen nach dem betreffenden englischen Gesetz zu regeln.

Stammesrecht geht grundsätzlich der Anwendung von common law und Equity-Recht vor. Dieses Recht findet nur Anwendung, wenn sowohl die

---

52 Eine in Salisbury (Rhodesien) erscheinende Zeitung.
53 Malawi Hansard. 7th Session: 1st Meeting: 6th Day, 21st November 1969, S. 222.
54 Private Information des Verfassers.
55 Im älteren englischen Sinn.
56 Der Sale of Goods Act wird daher durch einen Vorbehalt ergänzt, vgl. S. 56.

Gesetze als auch das Stammesrecht keine auf den Fall anwendbare Rechtsregeln enthalten, bzw. wo die Anwendung von Stammesrecht durch gesetzliche Vorschriften ausgeschlossen ist.

3. Für den grundsätzlichen Ausschluß von Stammesrecht gilt die Regel der sec. 11 (d) Local Courts Ordinance, wonach Ehesachen (cases in connexion with marriage), die aus einer Ehe nach der Marriage Ordinance herrühren, nach englischem Recht beurteilt werden müssen. Zur Klarstellung wird betont, daß unter Ehesachen auch Vormundschaftssachen fallen [57].

Weiter wird erwogen, die Anwendung von Stammesrecht für bestimmte Teilbereiche des Rechts der „unerlaubten Handlungen" einzuschränken. Die Überlegungen gehen dahin, nur noch Ehebruchs-, Vaterschafts- und Unterhaltssachen sowie Sachbeschädigung durch Vieh nach Stammesrecht zu beurteilen.

4. Der Personenkreis, für den Stammesrecht anwendbar ist, wird durch die Neufassung des Begriffs *African of Malawi* neu bestimmt: *Afrikaner* sind Personen, die in Malawi als Angehörige einer afrikanischen Gemeinschaft leben, in der Stammesrechtsregeln gelten [58].

Im Verhältnis Afrikaner–Nichtafrikaner soll nach den oben erwähnten Grundsätzen Stammesrecht angewendet werden, wenn ein Nichtafrikaner das Recht oder die Verbindlichkeit, die den Streitgegenstand darstellt, freiwillig nach Stammesrecht übernommen hat, und wenn das Gericht der Auffassung ist, daß unter Berücksichtigung aller Umstände Stammesrecht ohne Ungerechtigkeit angewendet werden kann.

Die Neufestlegung des Personenkreises

Die Vorschriften, die in Zukunft die Anwendung von Stammesrecht in allen Gerichten regeln sollen, sind im Verhältnis zu den früheren Regeln [59] teilweise wesentlich klarer.

Mit der Neufassung des Begriffs *African of Malawi* folgt Malawi dem Beispiel anderer afrikanischer Staaten [60] und bestimmt als das für die Anwendung von Stammesrecht entscheidende Merkmal nicht mehr die Rassenzugehörigkeit, sondern die Gemeinschaftszugehörigkeit und die Lebensweise [61].

---

57 Dies geschah in Hinblick auf G. J. Kamcaca v. S. P. Nkhota and another, Civ.C. 346 of 1967, M.H.C., J.A.L., Vol. 12 (1968), S. 178 ff.; vgl. dazu die Ausführungen auf S. 90 ff.

58 Sec. 2 des Civil Law Bill: „African of Malawi means any person who lives as a member of an African community in Malawi in which rules of local customary law are established."

59 Vgl. die Ausführungen auf S. 64 ff.

60 Z. B. Ghanas und Tanzanias.

61 Die Regelung, die in Tanzania für Tanganyika gilt, ist in sec. 9 des Magistrates Courts Act von 1963 enthalten. Abgedruckt in Dar es Salaam Conference. S. 132, 133; s. auch die Regeln, nach denen in Ghana über die Anwendung des jeweiligen Rechts entschieden wird, sec. 66 und 67 des Ghana Courts Act von 1960, abgedruckt in Dar es Salaam Conference. S. 133, 134.

Die Fragen, wann jemand durch seine Lebensweise zu einer solchen Gemeinschaft gehört, ob – was in Tanganyika z. B. ausdrücklich geregelt wurde[62] – und wie man die Zugehörigkeit zu einer solchen Gemeinschaft wechseln kann, entzieht sich jedoch einer genaueren Definierungsmöglichkeit[63]. Schwierig ist vor allem die Einordnung der in den Städten und städtischen Siedlungen lebenden Afrikaner.

Von den (nach rassischen Gesichtspunkten) Nicht-Afrikanern dürften die auf dem Land und in den Dörfern lebenden indischen Kaufleute unter den Begriff *Afrikaner* fallen. Eine besondere begriffliche Klarheit ist mit der neuen Definition jedenfalls nicht erreicht. Sie ist vielleicht auch gar nicht beabsichtigt[64], da man während der transitionalen Periode durch eine flexible Vorschrift die Anpassung des Rechts an den sozialen Status der Bevölkerung eher erreichen kann.

Für Streitigkeiten zwischen Afrikanern und Nicht-Afrikanern hält der Civil Law Bill an der unglücklichen Fassung des *voluntarily assumes* fest[65] und bringt darüber hinaus ein neues Kriterium, das zusätzlich vorliegen muß: Der Richter muß nach Berücksichtigung aller Umstände zu der Auffassung kommen, daß Stammesrecht „ohne Ungerechtigkeit" angewendet werden kann. Durch diese zusätzliche Betonung des richterlichen Ermessens wird die Tendenz der Local Courts Chairmen, Stammesrecht ohne Ansehen der Rassen- oder Gemeinschaftszugehörigkeit anzuwenden[66], sicherlich noch verstärkt werden.

Anzeichen dafür, daß die Regierung dem entgegen wirken will, sind nicht zu erblicken.

Die Neufestlegung der Anwendbarkeit von Stammesrecht

Die Anwendung von Stammesrecht zwischen Afrikanern von Malawi ist aber auch weiterhin dem in den einzelnen Rechtsgebieten geltenden Recht unterworfen (so far as it is applicable). Von daher ergeben sich gewisse Einschränkungen:

Im Familienrecht wird die Anwendung des Rechts jeweils durch das Recht der Ehe bestimmt. Für Afrikaner, die nach der Marriage Ordinance heiraten, ist

---

62 In sec. 9 (2) Tanganyika Magistrates Courts Act.
63 S. dazu die Kritik an dem tanganyikanischen Modell von E. COTRAN: Integration of Courts and Application of Customary Law in Tanganyika. In: E.A.L.J., Vol. 1 (1965), S. 108 ff., auf S. 117, 118. (Im folgenden zitiert als: COTRAN: Integration of Courts. S. . . .)
64 In den Augen vieler Afrikaner ist die Anwendung von einem bestimmten Recht auf rassischer Basis ein diskriminierendes Relikt aus der Kolonialzeit. ALLOT weist auf die besondere Sprachregelung hin: „It is an interesting expression of values . . . that one speaks of an African being 'exempt' from customary law, and of a non-African being 'subjected' to customary law as if customary law were a heavy burden." ALLOT: Essays. S. 181.
65 Vgl. die Ausführungen auf S. 65, 66.
66 Vgl. die Ausführungen auf S. 66.

im Civil Law Bill vorgesehen, daß auch Vormundschaftssachen nach englischem Recht zu beurteilende „cases in connexion with marriage" sind. Hier ergibt sich u. U. ein neuer Konflikt: Soll auf die familienrechtlichen Beziehungen von Afrikanern, die nach Stammesrecht verheiratet sind, die jedoch nicht mehr in einer traditionalen Gemeinschaft leben, weiterhin Stammesrecht angewendet werden?

Für den Bereich des Erbrechts ist die jeweilige gesetzliche Erbfolge durch den Wills and Inheritance Act von 1967 [67] festgelegt. Nach sec. 16 [68] würde die Erbfolge nach Inkrafttreten des Civil Law Bill sich danach richten, welcher Gemeinschaft der Verstorbene angehörte [69].

Für das Bodenrecht wird die Regel, daß sich die Anwendung des jeweiligen Rechts nach der Art des Landes und unabhängig von der Rassen- oder Gemeinschaftszugehörigkeit bestimmt [70], nicht berührt.

Es bleibt der Bereich des sonstigen Zivilrechts, des Vertragsrechts und des Rechts der „unerlaubten Handlungen" [71]. Hier sieht der Civil Law Bill für das Kaufvertragsrecht (sale of goods) einen Vorbehalt zugunsten der Weitergeltung von Stammesrecht vor. Grundsätzlich müßte also sonst jedes lokale Gesetz die Anwendung von Stammesrecht ausschließen. Besonders zu erwähnen wäre die Affiliation Ordinance [72] für Unterhaltsklagen lediger Mütter und die Vorschriften, die die Schadenersatzansprüche bei Tötung eines Verwandten [73] regeln. Doch ist zu erwarten, daß in Konsequenz des im Rahmen der Presidential Commission on Criminal Justice gemachten Vorschlags, letztere Ansprüche in die Zuständigkeit der Local Courts zu verweisen [74], entweder ein Vorbehalt zugunsten der Anwendung von Stammesrecht gemacht oder die Zuständigkeit der Local Courts hinsichtlich der Anwendung dieser gesetzlichen Vorschriften erweitert wird. Für die Affiliation Ordinance ist diese Zuständigkeitserweiterung, wie schon erwähnt wurde [75], bereits 1963 vorgenommen worden.

---

67 Vgl. S. 100 ff.

68 Sec. 16: „The provisions of this section shall apply to the intestate property of the estate of a person to whose estate customary law would, but for the provisions of this Act, apply."

69 Vgl. dazu in Tanganyika sec. 9 (1) (b), 6th Schedule, Magistrates Courts Act.

70 Vgl. S. 119.

71 Vgl. dazu in Uganda Haji Ibrahim Mutyaba v. Arthur Asaph Kalanzi, Civ.C. 195 of 1959, U.H.C., 1961 J.A.L. 59; s. auch J. S. READ: When is Customary Law Relevant? In: J.A.L., Vol. 7 (1963), S. 57 ff.

72 Gesetz Nr. 25 von 1964, Cap. 18, 1961, Rev.Ed.

73 Fatal Accidents, sec. 2–9 des Statute Law (Miscellaneous Provisions) Act, Gesetz Nr. 27 von 1967.

74 Auf S. 149.

75 Auf S. 36.

b) Änderungen im Gerichtssystem

Im Bereich der Local (Traditional) Courts

Teilt auch die malawische Regierung grundsätzlich die Zielvorstellung aller afrikanischen Regierungen, ein einspuriges Gerichtssystem zu schaffen [76] – „to constitute ... the Local Courts ... as an integral part of a totally independent judiciary exercising jurisdiction on a non-racial basis, with a practical jurisdiction gradually enlarging as the members and the staff of the courts become progressively more experienced" [77] –, so ist doch die Vereinheitlichung des Gerichtssystems in der nahen Zukunft nicht zu erwarten.

Die Form und die Besetzung der Local Courts wird man zunächst nicht ändern. Das entspricht ganz der allgemeinen Rechtspolitik der malawischen Regierung: Für die beabsichtigte natürliche Entwicklung des traditionalen Rechts ist die Funktion der Local Courts Chairmen der entscheidende Faktor. Wenn der Richter nicht so denken kann wie die Bevölkerung, wenn er seine Überlegungen und rechtlichen Würdigungen nicht nach den Maßstäben ausrichten kann, die in der Bevölkerung vorherrschen, kann nicht von einer Anwendung von „Stammesrecht" gesprochen werden.

Durch die Auswahl und Ausbildung der Local Courts Chairmen wird die Zukunft des Stammesrechts in entscheidender Weise bestimmt [78]. Andererseits braucht man, will man die Zuständigkeit der Local Courts langsam erweitern, Richter, die eine gewisse juristische Vorbildung haben, die zumindest englisch sprechen, lesen und schreiben können. Die malawische Regierung fördert die Ausbildung der jetzigen Local Courts Chairmen im Institute of Public Administration in Mpemba. Dort werden sie in dreimonatigen Kursen geschult, wobei die besondere Betonung auf dem Unterricht in englischer Sprache, dem Kennenlernen der Gesetze und der Vertiefung der Kenntnisse im Verfahrens- und Beweisrecht liegt.

In der Zeit von 1963 bis Ende 1966 wurden auf diese Weise in fünf Drei-Monatskursen 97 Local Courts Chairmen ausgebildet [79]. Doch sollte die Gefahr, die in einer allzu forcierten Ausbildung der Richter oder in der Neubesetzung durch gut ausgebildete Richter liegt, nicht übersehen werden. „Ver-

---

76 Vgl. Dar es Salaam Conference. S. 14 ff.

77 Dies wurde schon 1963 von den (afrikanischen) nyasaländischen Vertretern auf der Konferenz in Dar es Salaam proklamiert, s. Dar es Salaam Conference. S. 15. Die Geltung dieser Aussage für die heutige Situation wurde in dem behördeninternen Briefwechsel zwischen dem Legal Draftsman und Solicitor General unter dem Datum vom 22. 2. 1968 ausdrücklich bestätigt. Als erster ehemals unter britischer Verwaltung stehender Staat hat Tanzania 1963/64 für die tanganyikanischen Gerichte ein einheitliches Gerichtssystem geschaffen.

78 Vgl. PHILLIPS: The Future of Customary Law. S. 101; AJAYI: a.a.O., S. 68; ELIAS: The Groundwork. S. 364.

79 The Institute of Public Administration and the Staff Training College. Eigenpublikation des Instituts. S. 11, 12.

besserung der Local Courts", bemerkt ALLOT [80] treffend, „bedeutet in Wirklichkeit ihr Verschwinden durch die Angleichung an Gerichte europäischen Typs", – wenn auch bemerkt werden muß, daß diese Gefahr bei dem heutigen Ausbildungsstand der Chairmen in Malawi sicher nicht akut ist.

Im Berufungsverfahren

Nach der Verabschiedung des Local Courts (Amendment) Act von 1967 ist damit zu rechnen, daß in naher Zukunft besondere Berufungsgerichte errichtet werden, die über die angefochtenen Urteile der Traditional Courts mit erweiterter Zuständigkeit in Strafsachen entscheiden sollen [81]. Die jüngste Reform, die die vier englischen Richter des High Court zurückzutreten veranlaßte, wird das Gerichtssystem Malawis noch weiter komplizieren. Da noch ungewiß ist, in welcher Form und in welchem Umfang diese Reform realisiert werden soll, sollen hier keine Spekulationen über die Auswirkungen angestellt werden.

Das zivilrechtliche Berufungsverfahren in Stammesrechtssachen soll vorerst nicht geändert werden. Hierzu eine Bemerkung: Wie im Zusammenhang mit der Darstellung der Anwendung von Stammesrecht durch den High Court schon angedeutet wurde [82], ist das gegenwärtige Berufungsverfahren mit dem High Court als oberster Berufungsinstanz in Stammesrechtssachen nicht frei von Bedenken. Denn ein Berufungsgericht sollte das Recht, nach dem es die Richtigkeit einer angefochtenen Entscheidung zu beurteilen hat, besser kennen als das erstinstanzliche Gericht. Das aber ist heute kaum der Fall.

Die Aufgabenstellung des High Court, der obersten Berufungsinstanz für die Local Courts, ist heute eine andere als sie bisher war. In der Kolonialzeit diente der High Court in erster Linie dazu, Urteile der Native Courts – der Häuptlinge und Dorfältesten – auf ihre Vereinbarkeit mit dem englischen Rechts- und Moralempfinden und, last not least, mit der Politik der Kolonialregierung zu kontrollieren.

Die heutige Situation ist jedoch anders:

Die meisten Rechtserscheinungen, die als „repugnant" gelten, sind aus dem Stammesrecht verschwunden. Die Urteile werden nicht mehr von der Regierung fernstehenden traditionalen Stammesherrschern, sondern ihr nahestehenden Richtern gefällt. Die heutige Aufgabenstellung ist daher – aus sachlicher und politischer Sicht – immer mehr die der reinen Rechtskontrolle. Ohne die Befähigung der englischen Richter in Frage stellen zu wollen, muß doch gesagt werden, daß der High Court in seiner jetzigen Besetzung dieser Aufgabenstellung als Berufungsgericht in Stammesrechtssachen nicht gerecht wird. Drei Assessoren, die den mit dem Stammesrecht nicht sonderlich vertrauten Richter über das Recht erst aufklären müssen, die selbst an der Entscheidung

---

80 ALLOT: The Future of African Law. S. 232.
81 Vgl. die Ausführungen auf S. 40.
82 Vgl. die Ausführungen auf S. 143 ff.

aber nicht mitwirken, können ein gutes Funktionieren des High Court als Berufungsgericht nicht garantieren.

In diesem Zusammenhang sei die Lösung erwähnt, die man in Tanzania für den High Court von Tanganyika gefunden hat. In Berufungssachen aus den Primary Courts, der den früheren Local Courts entsprechenden untersten Gerichte des seit 1964 vereinheitlichten tanganyikanischen Gerichtssystems, entscheidet eine besondere Berufungskammer, in der neben dem (den) Richter(n) ein besonders qualifizierter Stammesrechtsrichter gleichberechtigt mitentscheidet.

Die Einrichtung von „Associate Judges", die von besonders befähigten Local Courts Chairmen gestellt werden könnten, würde auch in Malawi zu begrüßen sein.

Die konkurrierende Zuständigkeit in Stammesrechtssachen

Nach dem Civil Law Bill soll die Zuständigkeit in Stammesrechtssachen auch auf die Subordinate Courts und den High Court ausgedehnt werden. Damit greift die Regierung einen Vorschlag auf, der auf der Konferenz in Dar es Salaam die Billigung aller anwesenden Delegierten fand [83], und stellt den vor 1966 herrschenden Zustand wieder her [84].

Auch diese Absicht erweckt Bedenken. Geht man von der heutigen Besetzung des High Court und der rechtspolitischen Konzeption der malawischen Regierung, nach der die Entwicklung des Stammesrechts durch die Local Courts geschehen soll, aus, so würde eine Parallelentwicklung in den British Courts nur störend wirken. Weiter wäre zu bedenken, daß gegen die erstinstanzlichen High Court-Urteile in Stammesrechtssachen nur die Berufung an den Supreme Court bliebe.

Die hier geäußerten Bedenken, das soll betont werden, sind nicht prinzipieller Natur. Sie beziehen sich auf den gegenwärtigen und den für die nähere Zukunft voraussehbaren Entwicklungsstand des malawischen Gerichtssystems.

Eine Zeit, in der British Courts afrikanisiert sind und in der *case law* im Stammesrecht als rechtspolitisch angezeigt erscheint, wird ein neues Überdenken der Probleme der Gerichtsverfassung erforderlich machen.

Vorerst noch scheint das Problem der Vereinheitlichung des Gerichtssystems in erster Linie eine Frage der Optik zu sein.

---

83 Dar es Salaam Conference. S. 33.
84 Wenn auch in abgewandelter Form, da alle Gerichte nach dem Civil Law Bill Stammesrecht auf der gleichen Basis anwenden sollen, was vor 1966 nicht der Fall war; vgl. die Ausführungen auf S. 57 ff.

III. Ausblick in die zukünftige Rechtsentwicklung

Faßt man die gegenwärtigen rechtspolitischen Vorstellungen in Malawi zusammen, so sind in der nahen Zukunft mit Ausnahme der noch nicht abseh-
baren Änderungen im Strafrecht [85] keine grundlegenden Änderungen im
malawischen Rechtssystem zu erwarten. Weiterhin wird unterschiedliches
Recht in unterschiedlichen Gerichten angewendet werden.
Doch wird der langsame Annäherungsprozeß der traditionalen Rechte an
das moderne englische und Gesetzesrecht weitergehen, eine Entwicklung, die
durch die zu erwartende allmähliche „Malawisierung" der Gerichte und
Justizbeamten noch verstärkt werden wird. Auch die unterschiedlichen
Stammesrechte werden sich einander immer mehr angleichen. Dabei ist zu
erwarten, daß Anknüpfungspunkt für die Anwendung eines bestimmten
Rechts nicht mehr so sehr die Zugehörigkeit zu einer bestimmten Stammesgruppe, sondern eher der soziale Status des einzelnen sein wird [86]. Solange
jedoch die heute im Wandel befindlichen Lebensgewohnheiten der Bevölkerung bzw. bestimmter Bevölkerungsgruppen nicht in neuen allgemein ver-
bindlichen Verhaltensmodellen erstarren, wird es kein einheitliches, aus festen
Rechtsregeln bestehendes traditionales Recht geben.
Es fragt sich jedoch, in welcher Form die Entwicklung der traditionalen Rechte
beeinflußt werden könnte bzw. sollte. Im anglophonen afrikanischen Rechts-
kreis werden dazu im großen und ganzen zwei gegensätzliche Auffassungen
vertreten [87]:
1. Der Normkern der Stammesrechte solle weiterhin durch die durch ge-
wohnheitsmäßige Übung entstandenen und durch die Gerichte sanktionierten
Regeln gebildet werden.
2. Die Verantwortlichkeit für die Geltung und Weiterbildung der Stammesrechte solle zentral durch die Regierung gesteuert werden.
Die Staaten, die sich für die Hauptverantwortlichkeit der Regierung für
Geltung und Entwicklung der Stammesrechte aussprechen, begünstigen die
Vereinheitlichung und Kodifizierung von Stammesrechten, die sogenannte
„low-level unification" [88].
Als erstes Land im englischsprachigen Afrika [89] hat Tanzania damit begonnen,
das Ehe-, Scheidungs-, Brautpreis-, Vormundschafts- und Erbrecht verschie-

---

85 Vgl. die Ausführungen auf S. 40 und 134.
86 Ein Beispiel bietet die Entwicklung im traditionalen Erbrecht, vgl. die Ausführungen auf S. 105 ff.
87 Dar es Salaam Conference. S. 32, 33.
88 ALLOT: The Future of African Law. S. 224; im Gegensatz zur Vereinheitlichung
   der Stammesrechte mit dem sonstigen Recht.
89 In jüngster Zeit. Die erste Kodifikation von Stammesrechten war der Natal Code
   von 1878, 1891. Über die Kritik an diesem Gesetz s. Dar es Salaam Conference.
   S. 35, Anm. 1.

dener Stämme zu vereinheitlichen und zu kodifizieren[90]. Vorrangige Erwägungen waren wohl der psychologisch-politische Aspekt „Ein Volk – Ein Recht" und die durch die Vereinheitlichung erwartete Rechtssicherheit[91]. Die Kodifizierung von Stammesrecht ist im Hinblick auf das tanzanianische Verfahren wie auch prinzipiell bald auf Kritik gestoßen. Sie läßt sich unter drei Gesichtspunkten zusammenfassen:

a) Die Kritik richtet sich zunächst gegen die Methode der Bestandsaufnahme der Stammesrechte.

In Tanganyika waren in erster Linie „Stammesrechtsexperten" – hauptsächlich ehemalige Häuptlinge, Dorfälteste und Mitglieder regionaler afrikanischer Selbstverwaltungskörperschaften (District Councillors), die durch die Distriktsräte ausgewählt worden waren – für die Wiedergabe der Stammesrechte herangezogen worden[92]. Dagegen wird ausgeführt, daß es „Stammesrechtsexperten", die eine allgemein verbindliche Aussage über das Stammesrecht machen könnten, gar nicht gebe und daß weiter durch die Wahl von „älteren Experten" von vornherein ein konservatives Element in die Kodifikation mit aufgenommen worden sei[93].

b) Die Kritik richtet sich weiter gegen den neuen Funktionsmodus des Stammesrechts, der durch die Kodifizierung seinen gewohnheitsrechtlichen Charakter verliere[94].

In der Tat ist es wahrscheinlich, daß die Bevölkerung Stammesrecht nicht mehr als das eigene Recht empfindet und sich nicht mehr mit ihm identifizieren kann und daß sich ein Abgrund auftut zwischen dem Staat als Rechtssetzer und dem einzelnen als Rechtsempfänger[95].

Treffend bemerkt SEIDMAN:

"Forging a 'common' customary law based on the lowest common denominator actually creates a new 'customary' law that, more likely than not, reflects nobody's 'Volksgeist' except perhaps the compilers'." [96]

---

90 Durch die Local Customary Law (Declaration) Orders No. 1–4 von 1963 wurden die Stammesrechte der meisten patrilinearen Stämme Tanganyikas kodifiziert.

91 Daß die Kodifizierung in Tanzania das „nation-building" vorantreiben soll, betont auch M. TANNER: The Codification of Customary Law in Tanzania. In: E.A.L.J., Vol. 2 (1966), S. 105 ff., auf S. 115.

92 Über den ganzen Prozeß bis zur abschließenden Kodifizierung s. Dar es Salaam Conference. S. 108, 109.

93 TANNER: a.a.O., S. 107, 108.

94 Vgl. COTRAN: Integration of Courts. S. 117, 118; W. TWINING: The Restatement of African Customary Law. In: J.M.A.S., Vol. 1, No. 2, S. 221 ff., auf S. 228.

95 Vgl. TANNER: a.a.O., S. 115.

96 R. B. SEIDMAN: Law and Economic Development in Independent English-Speaking Sub-Saharan Africa. In: Th. W. HUTCHISON (Hrsg.): Africa and Law: Developing Legal Systems in African Commonwealth Nations. University of Wisconsin Press. Madison 1968, S. 3 ff., auf S. 30.

c) Der dritte Gesichtspunkt ist vielleicht der wichtigste. Da durch die Kodifizierung des Stammesrechts eine Festlegung auf die gegenwärtigen[97] Verhältnisse vorgenommen wird, ist gerade in der Entwicklungsphase, der transitionalen Periode, die Gefahr gegeben, daß die Rechtsentwicklung gehemmt wird[98].

Die Kritik, die sicherlich berechtigterweise gegen die Vereinheitlichung und die Kodifizierung von Stammesrecht geltend gemacht wird, darf andererseits nicht darüber hinwegtäuschen, daß das andere Extrem, die völlig unkontrollierte Entwicklung der Stammesrechte, ebenso wenig wünschenswert ist.

Es müßte dafür gesorgt werden, daß die Entwicklung des Stammesrechts nach Möglichkeit in einheitlichen Bahnen verläuft, daß der Eintritt unerwünschter Entwicklungserscheinungen verhindert und der Eintritt erwünschter notfalls erzwungen wird – ohne daß jedoch sonst der natürliche Entwicklungsprozeß des Stammesrechts behindert wird.

Die diesen keineswegs neuen Erkenntnissen zugrunde liegende rechtspolitische Konzeption könnte man als „Synchronisation" bezeichnen[99]. Die Aufgabe, die Rechtsentwicklung zu synchronisieren, ist grundsätzlich nicht auf den Gesetzgeber beschränkt, sondern könnte auch durch die in Stammesrechtssachen zuständigen Berufungsgerichte wahrgenommen werden.

Im Hinblick auf den heutigen Entwicklungsstand des malawischen Rechtssystems melden sich jedoch zwei Bedenken:

Einmal sind nach der gegenwärtigen Gerichtsstruktur die Gerichte kaum dazu geeignet, diese Funktion auszuüben[100]. Zum anderen würde eine Synchronisation durch *case law,* die sich wie die Kodifikation auf den Inhalt des Rechts und nicht auf den allgemeinen Rahmen beziehen würde, entwicklungshemmend wirken[101].

Ein Beispiel für eine glückliche Synchronisation bietet das neue malawische Erbrecht. Hier hat der Gesetzgeber durch Rahmenvorschriften die Entwicklung in eine bestimmte Bahn gelenkt, die die Bedürfnisse aller Bevölkerungsteile berücksichtigt, ohne daß die Flexibilität der natürlichen Rechtsentwicklung in starkem Maße eingeengt wird. Durch den nicht verabsolutierten Begriff „customary heir", durch die weiten Befugnisse bei der unstreitigen Erbschaftsverteilung der Verwandten des Verstorbenen einerseits und bei der streitigen Erbschaftsverteilung des Local Courts Chairman andererseits, ist die Anpassung des Erbrechts an den jeweiligen gesellschaftlichen Entwicklungsstand gewährleistet[102]. Eine ähnliche Synchronisation wäre denkbar und wünschenswert für Teilbereiche des Zivil- und Familienrechts. Insbesondere

---

97 Wenn überhaupt, s. die Kritik zu a).
98 S. auch AJAYI: a.a.O., S. 68. Vgl. dazu GEIGER: a.a.O., S. 195.
99 In Anlehnung an GEIGER: a.a.O., S. 273.
100 Vgl. die Ausführungen auf S. 143 ff.
101 Vgl. auch AJAYI: a.a.O., S. 68, 69.
102 Vgl. die Ausführungen auf S. 108.

könnte man die positiven Aspekte der außergerichtlichen Streitschlichtung in Ehesachen berücksichtigen und, z. B. in der Form eines gesetzlich vorgeschriebenen „Sühnetermins", formell institutionalisieren [103].

Da mit Inkrafttreten der Bodenrechtsreform für einen großen Teil Malawis in der nahen Zukunft nicht zu rechnen ist, ist die Entwicklung des traditionalen Bodenrechts aufmerksam zu beobachten: Denn es ist möglich, daß sie schon vorher zu der Absolutierung des Rechts an Grund und Boden (volles Eigentum, Übertragbarkeit usw.) führt. Hier wäre eine Synchronisation besonders wichtig, da die Entwicklung des Bodenrechts – des traditionalen sowie des Gesetzesrechts – von wahrscheinlich größter Bedeutung für die zukünftige gesellschaftliche, wirtschaftliche und rechtliche Entwicklung Malawis ist.

---

103 So auch ALLOT: The Future of African Law. S. 233.

F. ENGLISH SUMMARY

I. Introduction

This study provides a survey of the development of the Malawi legal system. As in practically all other African states Malawi law consists of several types of law which are of different origin and founded on different fundaments of validity. If one speaks generally of legal dualism this is only done as a rough attempt to account for the juxtaposition of two categories of legal norms – English law and statutory law on the one hand, and the customary laws of the tribes living in Malawi on the other. If one considers, however, that the laws of the individual tribes are mostly different and that English law is itself composed of various legal forms, it would be more appropriate to speak of legal pluralism.

The subject-matter of the study has been limited due to the volume of reference material and the different groups of inter-related problems: A developmental treatment of the general pluralistic structure of the legal system, will be followed by a more detailed examination of the individual fields of law in which the customary laws of the Malawi (Nyasaland) tribes have been superimposed by English law and local legislation. The sphere of modern law, in particular business law, corporation law, commercial law and labour law, has not been considered. Due to the variation in developmental status of the different sectors of law, their individual development is first treated separately and then analyzed collectively in an ensuing section. The study concludes with a consideration of the legal political endeavours of the colonial governments and the Malawi Government of Dr. BANDA, together with an outlook into the future development of the Malawi legal system.

II. The Judiciary

The first colonial court was instituted, as the British Consular Court, after the region to the south and west of Lake Nyasa was declared the British Central Africa Protectorate in 1891 and a local jurisdiction in the sense of the Africa Order-in-Council of 1889. Shortly afterwards, administrative officers – the collectors – were empowered to act as magistrates.

The first full court-system was created by the British Central Africa Order-in-Council of 1902, which provided for the constitution of a High Court and Subordinate Courts. The latter were presided over by the administrative officers and were divided into courts with jurisdiction over Europeans and Asians, and courts with jurisdiction over natives only.

The traditional African judicial organization was not legally recognized, but the courts of the chiefs and village headmen continued to function, partly with the express approval of the administrative officers.

The court system was altered in 1933, when Native Courts were established as part of the indirect-rule reforms. These courts were to be constituted in accordance with native law and custom. In the main they were to administer customary law, but they were also empowered to apply several less important provisions of the Penal Code as well as customary criminal law as far as it was not repugnant to justice and morality. The introduction of Native Courts by no means implied the restoration of the traditional African judicial system. Frequently, Africans were installed as judges whose legitimation did not derive from tribal native law, but from their close connections with the government. These "warrant-chiefs" were mostly not accepted by the population.

The next reform in the Nyasaland court-system was carried out under early pressure from the African politicians of the Malawi Congress Party. After gaining 22 seats in the Legislative Council and 5 of the 10 seats in the Executive Council during the 1961 elections, they pressed for a separation of administrative and judicial functions. This was mainly directed against the Native Authority-System, for the Native Authorities – "the District Commissioners' glorified messenger boys" – had taken a distinctly reserved view of the struggle for independence. The division of powers was executed for the Native courts in 1962 and for the Subordinate courts in 1963. The new judges were no longer the Native Authorities, but Local Courts Chairmen, whose appointment was more or less determined by their relationship to the Malawi Congress Party. At the same time the jurisdiction of some Local Courts was extended to include proceedings between Africans and non-Africans. As courts of appeal, the Local Appeal Courts were instituted with three Local Courts Chairmen appointed from the circuit. The final court of appeal for the Local Courts remained the High Court which had previously functioned in this capacity for the Native Courts. A staff of officials, the Local Courts Commissioners headed by a Chief Local Courts Commissioner, was created in the Ministry of Justice to control the Local Courts.

When Nyasaland became independent in 1964 as the new state of Malawi, the colonial court system was taken over. It still retains the dualistic character of the old system: on the one hand, there are the customary courts, the Local

Courts and the Local Appeal Courts with the High Court as their last court of appeal, and on the other hand, the British-styled courts, the Subordinate courts, the High Court and, as highest court of appeal, the Malawi Supreme Court of Appeal.

The Local Courts

There are 171 Local Courts (in Jan. 1968), which are classified as Urban, Grade A 1-, Grade A- and Grade B-courts according to their respective importance. Extended jurisdiction in respect of disputes between Africans and non-Africans has been given to 46 courts. Customary law is generally applied in civil proceedings, statutes may only be applied with ministerial permission, or when a statute itself provides for application in the Local Court. This power has so far only been used for the Affiliation Ordinance and the Wills and Inheritance Act of 1967.

In criminal proceedings, Local Courts are entitled to administer some provisions of the Penal Code, including traffic offences and minor crimes such as assault and theft. The application of customary criminal law has not been allowed since 1962. Legal practitioners may not appear in Local Courts in accordance with customary law, except in the case of Local Courts with extended jurisdiction, where legal practitioners may appear in criminal proceedings and civil proceedings not based on customary law.

The appeal system – Local Appeal Courts and High Court – has not changed since 1962.

In November 1969, the Local Courts were renamed Traditional Courts and their jurisdiction extended in respect of criminal proceedings. The Traditional Courts are now empowered to try any criminal offence and to order any punishment including capital punishment. It is further planned to set up a special court of appeal which will take over the High Court's function of hearing the appeal from the Traditional Courts in criminal cases. This latest reform which caused the 4 English judges of the High Court to resign, has not yet been effectively implemented.

The Subordinate Courts

There are currently four types of Subordinate Courts: the courts of the Resident Magistrate and the courts of the Magistrates of the 1st, 2nd and 3rd Grade. The Resident Magistrates are qualified judges, the other Magistrates are lay judges. So far, the Resident Magistrates have been either Englishmen or Nigerians.

The jurisdiction of the courts in civil cases is graded according to the value in dispute. Appeal can be made to the High Court from all final judgements of a Subordinate Court.

Criminal jurisdiction of the 3rd Grade Magistrates is limited to minor offences, whereas the other courts can try all crimes except treason and homicide. Yet, apart from a restriction on the punitive measures, there is a further limitation: The High Court is also the court of appeal for all Subordinate Courts in criminal cases.

The High Court

The High Court has three functions: It is the court of appeal for the Local Courts and the Subordinate Courts and at the same time is the highest court of the first instance. Its first instance jurisdiction is unrestricted, the court having exclusive jurisdiction in any civil matter, where the title or ownership of private land, an injunction, the cancellation of instruments or the guardianship of infants is in question.

But it is to be expected that, in the near future, jurisdiction in certain criminal matters will be transferred from the High Court to the Traditional Courts. Since 1966, the High Court, in common with all British-styled courts, has not been allowed to administer customary law. Until the end of 1969, the High Court was presided over by a Chief Justice and three judges all of whom were English. They resigned after the recent reform of Local, i.e. Traditional Courts, and it is still not certain who is to preside over the High Court in future.

The Supreme Court of Appeal

The Supreme Court of Appeal is the highest court of appeal for the British-styled courts. Prior to 1964, it was possible to appeal to the Privy Council in London. This possibility was, however, abolished by the Republican Constitution of 1966. The Supreme Court judges are the Chief Justice, Justices of Appeal and the Judges of the High Court. Until 1969, probably due to the lack of qualified persons, the four English Judges of the High Court were also the sole judges of the Supreme Court of Appeal.

In civil matters, it is possible to appeal to the Supreme Court against all final judgements of the High Court.

In criminal matters, there is the possibility of appeal against the first instance judgements of the High Court, and of revision against its appeal and review decisions.

III. Legal Pluralism — General Structure

Present Malawi Law consists of four major complexes: Local legislation, received and applied English law, the customary laws of the Malawi tribes and the religious laws of the non-Christian Asians.

Together with the local legislation successively passed by the Legislative Councils of the Nyasaland Protectorate and, after Independence in 1964, by the Parliament of Malawi, English law plays the prominent role in the sphere of modern law.

Art. 15 (2) of the British Central Africa Order-in-Council, 1902, the first constitution of the British Central Africa Protectorate (renamed the Nyasaland Protectorate in 1907), stipulated that the courts of the Protectorate should exercise their civil and criminal jurisdiction, as far as circumstances admitted, in conformity with the substance of the common law, the doctrines of equity and the statutes of general application in force in England on the 11th of August 1902.

This reception was confirmed in the subsequent constitutions of Nyasaland and Malawi. However, the statutes of general application are missing from the final reception clause, sec. 15 Republic of Malawi (Constitution) Act of 1966, so it is to be assumed that these English statutes are no longer part of Malawi law. The majority of these statutes had, in any case, been successively replaced by local legislation. Prior to 1964 received English law did not have to be applied in the strict form conceived by the English judges or the English legislature, but only *so far as circumstances admitted*. The judges in the colonial courts were thus free to adapt the English law to specific local conditions. They scarcely made use of this authorization, however, tending rather to apply English law as they knew it. It is only recently that a greater flexibility in the application of English law can be observed.

In addition to received English law introduced by the British Central Africa Order-in-Council, other English laws were valid which had been declared applicable either by Order-in-Council or by an acceptance statute of the Legislative Council of Nyasaland.

The other large complexes of Malawi law consist of the customary laws of the Malawi tribes. In Nyasaland, as in all other English colonies, customary laws were not wholly displaced by received English law and legislation. Art. 20 of the British Central Africa Order-in-Council already stipulated that: "In all cases, civil and criminal, where natives are parties, every court (a) shall be guided by native law so far as it is applicable and is not repugnant to justice and morality or inconsistent with any Order-in-Council or any Ordinance . . ."

As the courts were only *to be guided* by native law it was at first doubtful whether the customary laws formed part of the general law by virtue of

Art. 20, or whether this provision was merely a guide-line to assist judges in their application of the English law. After making reference to several judgements (in which both views were taken) and, after showing that customary law was *applied* in many cases, it is submitted that *"the courts shall be guided"* was to be interpreted in the sense that when the remaining conditions of Art. 20 were fulfilled, the courts had to make reference to customary law, and that the intensity of this reference, however, was not prescribed by Art. 20 but left to the discretion of the judges. As this included the full *application* of customary law, it is further submitted that the customary laws formed part of the general law as it could be *applied* in the courts.

The customary law of the Malawi (Nyasaland) tribes became part of the general law at the latest in 1933, when Native Courts were constituted for the *administration* of customary law.

IV. Internal Conflicts of Law

Due to the juxtaposition of several types of law, the problem arising in deciding a case is, which particular set of legal rules should be applied to the subject-matter.

The most important and frequently occuring question is: When must customary law be applied to internal relations between Africans? The application of customary law is legally prescribed if it is applicable and neither *repugnant to justice and morality* nor *inconsistent with any written law*.

The standard against which justice and morality was measured, was for the English judges in the colonial courts quite naturally their own English standard. Nevertheless, the judges were usually liberal in their application of the repugnance clause, and many customary law principles which actually contradicted the normal English standards of law and morality, e.g. polygamy, were not sacrificed. Frequently, the prudent words of the Southern Rhodesian High Court in Tabitha Chiduku v. Chidano 1922 S.R. 55, p. 56, were quoted: "Whatever these words (repugnant to natural justice and morality) may mean, I consider that they should only apply to such customs as inherently impress us with some abhorrence or are obviously immoral in their incidence."

The interpretation of the inconsistency-clause presented greater difficulties. Since it had gradually come to refer to *any law in force*, thereby also including received English law, a strict interpretation of the clause would have meant that all customary law differing from corresponding English law could not be applied. The interpretations given by various court decisions differed considerably, and a satisfactory explanation of the exact contents of the clause has never been offered. It can still be said, however, that customary law has at least been applied by Subordinate Courts, even though the same subject-matter was governed by English law or legislation, as far as the application of Native Law was not expressly excluded.

Native law must further be *applicable*. In contrast to the former French colonies, there is no formal declaration in Malawi Law enabling Africans to opt for the English personal legal status in toto, but in certain fields of law African can evade the applicability of customary law by choosing English law. If, for instance, Africans marry under English law according to the Marriage Ordinance, a great part of their legal family relationships are subsequently governed by the corresponding statutes and the English common law.

Since 1962, customary law can also be applied in lawsuits between Africans and non-Africans, if it is shown that the non-African who is a party has voluntarily assumed a right, liability or relationship which is the subject matter of the dispute, and which would have been governed by the customary law concerned if all the parties had been Africans. In practice, however, the Local Courts customarily employ another ruling which bypasses this somewhat unfortunate formulation: whoever sues in a Local Court, or allows himself to be sued without objection, agrees implicitly to the application of customary law.

V. Some Aspects of Legal Pluralism

Legal pluralism can be most clearly observed in those fields of law where the customary laws have been superimposed by English common law and statutory law. Of these, criminal law is the only field in which dualism has been completely abolished. Consequently, the greatest significance of the customary laws is now in the sector of civil law, in particular family law, law of succession and land law. Of the 40 583 civil actions tried in the Malawi courts during 1967, approximately 85% were decided under customary law. It should be noted, however, that this figure does not include land disputes decided under customary law, since the corresponding jurisdiction has been withdrawn from the courts and transferred to the traditional authorities.

Marriage and Family Law

Written law, English common law, customary law and religious law coexist in marriage and family law.

The law applicable for Europeans is enacted in the Marriage Ordinance and Divorce Ordinance, otherwise common law applies. The family law for Africans is generally determined by the customary law of their tribe. Approximately 75% of Malawians belong to matrilineal tribes. Characteristic for the matrilineal family structure is the importance of the sorority group (MITCHELL), a group of sisters born by the same mother under the guardianship of their eldest brother, which represents the most important family unit. The marriage is uxorilocal, i.e. the husband lives in his wife's village and has few rights. Divorce is easy and frequent. After divorce the husband is generally obliged to leave his wife's village and may only take half of the harvest with him. The children remain in the wife's family. The main criteria which make a marriage legal, are: the consent of the spouses, the consent of the guardians and the formal meeting of the ankhoswe, the marriage trustees.

The rest of the population belongs to patrilineal tribes, where the lobolo-(bride-wealth) marriage is practised. An additional marriage requirement is stipulated here, namely, agreement on payment of the bride-price. Complete payment is not necessary for a legal marriage, but it does determine the genetricial rights of the husband over his wife and children. Divorce is frequent today but was less frequent in former times. After divorce the children usually remain in the husband's family, but in most cases the bride-price or part of it has to be returned.

In all tribes, the small family complex of father-mother-child has been gaining importance. This is of special consequence for the matrilineal tribes, where the status of husband and father as opposed to his wife's brother is steadily improving. This is also true of the legal status of women, particularly in the patrilineal tribes, and is clearly indicated in divorce, alimony and affiliation proceedings.

According to the Marriage Ordinance, however, Africans can also marry under English law. In this case several special provisions apply. The marital prerequisites are governed by English law irrespective of whether they were previously married under customary law. Nevertheless, the Ordinance marriage has greater legal rank and can not be dissolved by means of a new customary marriage or divorce. Customary law is displaced where the Marriage Ordinance and the Divorce Ordinance govern legal family relationships. How far the consequences of the Ordinance Marriage go beyond this, is disputable. Formerly it was the opinion "that a Christian marriage clothes the parties to such marriage and their offspring with a status unknown to native law" (Cole v. Cole [1898] 1 N. L. R. 22). The courts now tend more to limit the legal consequences of an Ordinance marriage.

Up to 1967, an Ordinance marriage had also extensive consequences in respect of succession. The estate of the spouses and their children devolved, with the exception of customary land, according to the English law of succession.

More popular among Africans is the celebration of marriage under the African Marriage (Christian Rites) Registration Ordinance of 1923. This Ordinance, a unique compromise between the missionaries and the colonial government, permits the celebration of marriage by priests of any Christian religion. This celebration, however, does not alter or affect the status of the spouses or the consequences of any prior marriage entered into by either party according to customary law (sec. 3). All legal family relationships are therefore determined exclusively under customary law.

This form of marriage, which combines the advantages of customary law with the prestige of a church ceremony, is considerably more popular among Africans than a marriage under the Marriage Ordinance.

The Law of Succession

Legal pluralism was partially abolished in the law of succession after 1967. The law of testate succession was standardized for all population groups by the Wills and Inheritance Act of 1967. The law of intestate succession distinguishes between persons for whom customary law did not apply before its enactment and persons, i.e. the European population, for whom customary law did not apply before 1967. Europeans are subject to provisions which are essentially modelled on the English Intestates Estates Act of 1952.

A differentiated ruling has been found for the African population for which customary law applied before 1967. Women are succeeded by their children and if they leave no children, succession is according to customary law. Married men of the patrilineal tribes are succeeded to $1/2$ and those of the matrilineal tribes to $3/5$ in accordance with customary law. The rest is for fair distribution to the wives, children and dependants. The law provides several rules governing fair distribution. Dependants must first be secured against hardship. It must then be considered whether widows or children had already received special support during the lifetime of the deceased, or whether daughters are married, etc.

The leading principle for the customary laws of inheritance, determines that status and property only devolves within the lineage. Thereby, all the economic and social obligations incurred by the deceased during his lifetime, pass to the heirs. Apart from a few variations, the principle successor of a married male in the patrilineal tribes is the eldest son of the eldest house (i.e. of the senior marriage). Single persons are succeeded by their father. The successor of a married woman is the husband, only personal effects passing to the father of the deceased.

As a rule, the successor of a male member of a matrilineal tribe is the eldest son of his eldest sister. Women are succeeded by their maternal uncle or their brothers.

However, the law of succession of the Malawi tribes is undergoing a slow process of transition. The gradual dissolving of the traditional family structure and the new property structure, have so effected the law of succession of the matrilineal tribes that wives and children are being increasingly regarded as qualified to inherit. In particular, the population in densely populated areas and towns as well as school educated people, are striving to favour their own offspring at the cost of the traditional heirs (nephews, nieces). "All school people follow the father" (MAIR).

The process is sanctioned and partly promoted by the Local Courts Chairmen, although it must be noted that the greater part of all inheritance disputes is not brought before the courts.

Land Law

The total land area of Malawi is divided into three different categories according to the Land Act of 1965: private land, public land and customary land.

Private land which comprises about 3% of the total land area, is land held under a certificate of claim, issued by the first Commissioner General of the British Central Africa Protectorate, a free-hold title or a lease-hold title. The legal relationships relating to this land are subject to English law.

Public land is under the disposition of the Ministry of Natural Resources, and consists primarily of forestry reserves, urban real estate and other land serving public purposes. The Minister can lease both public and customary land when this is directly or indirectly in the public interest.

Customary land is the property of the people of Malawi, vested in perpetuity in the President. It is under the administration of the Minister of Natural Resources. The use and occupation of customary land, however, is authorized in accordance with customary law by the traditional authorities.

According to the customary laws the chief is the "father" of the land, and administers the land as trustee of the ancestral spirits. He distributes land to his village headmen who in turn apportion it to the heads of the extended families. If a family has insufficient land, a single individual may directly ask the village headman for a parcel of ground. In principle every adult male villager is entitled to the allocation of a piece of land. This is only partly the case for women. It is true that land is regularly allocated to women yet the legal owner appears rather to be the guardian of the woman.

There is an exception in the case of uxorilocally residing husbands of the matrilineal tribes. They have no land control or land distribution rights in the wife's village.

The rights resulting from the distribution of land can belong to a family or also to an individual. The lawful distribution creates an unlimited right of possession and usufruct for the recipient. This right is inheritable – except for

184

uxorilocal husbands – and can only expire by voluntary abandonment or forfeiture. The purchase of land, however, is not permitted. Nor is any form of disguised purchasing allowed which involves mortgaging or remunerative leasage. On the other hand, land may be leased gratuitously. The land law of the Malawi tribes has not yet developed to that final point of individualization and exclusivity which can be observed in other African countries (Ghana, Nigeria, Kenya).

In 1967, laws were issued in Malawi containing the legal basis for a comprehensive reform of the land law. The Customary Land (Development) Act provides for the transference of the land control jurisdiction of the traditional authorities to an allocation officer. After the claims of the population in respect of the land it cultivates have been received, an allocation record is to be made up, according to which current land distribution can be altered in favour of a more economic allocation, and where land can be relased for development projects, schools, etc. The real property comprised by the allocation record will then be entered in the registry as private land. The result of registration is that the registered persons obtain private ownership of the registered Land. According to the Registered Land Act, in addition to the types of property recognized by English law (sole property, joint property, property in common), there is also – with reference to customary law – another type of property: the family property, where the head of the family is registered as owner in his capacity as family representative.

The land law, although orientated towards English law, is exhaustively treated in the Registered Land Act. In the event of gaps in the law, recourse to English law is not permitted. Decisions must be made in accordance with justice, equity and good conscience.

According to the Local Land Boards Act, the sale, lease, charge, partition (even in the case of succession) or any dealing with registered land is to be controlled by the Local Land Boards. Evidence of practical experience with the new law is not yet available. Up to the present time, the statutes have only been declared applicable for the Lilongwe district, an area comprising approximately 500,000 acres. The duration of this experiment has been calculated to last 13 years, and it is being financed with a World Bank credit of £9 million. A more extensive execution of the reforms is not expected in the foreseeable future.

VI. Legal Development

The main components of current Malawi law, modern English law and statutory law as well as the customary laws, have not remained in their original conflated form.

The Malawi statutory law still is based to a large extent on English law – English statutes, drafts of the Colonial Office and codified common law. The incorporation of traditional African legal principles was only undertaken where the dualism between customary and modern law had been abolished totally or in respect of certain sub-sectors. The most important examples are:

- The changes in the law of criminal procedure.
- The changes in the requirements of evidence in paternity suits within the framework of the Affiliation Ordinance, where the requirements generally in force were adjusted to those of the customary law.
- The definition of the term *dependant* in the law of testate succession, where the traditional family structure was taken into account.
- The creation of family land within the framework of the new land law.

As far as the living conditions of the African population were still subject to customary law there was no immediate necessity for the incorporation of customary legal principles into written law.

Received English law, common law and equity have also scarcely been changed by Malawi courts after being in force for almost 70 years. Despite the pre-1964 authorization to adjust received law to the special local circumstances, the judges primarily orientated themselves to the further development of law in England as promoted by the English Courts.

A difference can be observed, however, in respect of the modification of English law by the legislator and the courts: The legislator modified the law as a whole, the reception of legal concepts concerned the entire population. On the other hand modification by the courts referred solely to a certain part of the population, namely the African element. Thereby, the essence of English law was not lost as far as it was applied to persons living under modern conditions.

In the foregoing treatment of the development in the individual fields of law, numerous transitional aspects and tendencies were observed in the customary laws, and it was noted that the customary laws have adjusted themselves extensively to the changed socio-economic conditions. This can be traced back to the economic, social, political and cultural development. The most important factors were the introduction of the money and market economy, the gradual disintegration of the tribal societies, deprivation of the traditional authorities' power, the influence of Christianity and the introduction of a modern educational system. The changes in customary law appeared in the following forms:

- Customary law principles were abolished by the legislator or the higher-ranking English law, as e.g. those principles which were regarded as repugnant or inconsistent.
- Customary law principles gradually became obsolete and were increasingly less enforced by the courts, as for example, the sororate and the levirate.

- The law which previously exhaustively controlled a certain aspect of life was adjusted to changed living conditions, as e.g. the gradual transformation of family and inheritance relationships.
- New legal rules were developed for new economic and social conditions which had no equivalent in previous traditional life, and for which there could be no legal principles.

The promoters of the legal development, as far as this was not influenced by the legislator, are primarily the judges in the local courts, whose influence in this respect is considerably greater than that of the traditional authorities who, in the framework of the indirect-rule reforms, became judges in the native courts. Even though it was the opinion of the English courts, that "it is the assent of the native community that gives custom its validity, and therefore it must be proved to be recognized by the native community whose conduct it is supposed to regulate" (the Privy Council in E. Eleko v. Officer administering the Government of Nigeria [1931] A. C. 662), the present Local Courts Chairmen leave no doubt "that courts have power to change the law". The method of this legal development, even though it may appear as an arbitrary application of personal concepts of justice in the eyes of a European observer is, as a rule, founded upon the application of customary legal principles. In this context, attention may be drawn to the "discovery" of the *reasonable man* in the Barotse judicial process by Max GLUCKMAN. It is also the case in Malawi that judges compare the conduct of the parties with certain behavourial norms, which are determined according to reasonable conduct.

Established in the traditional society partly as legal and partly as social norms, in the dynamic society they prove to be flexible during the transitional period, and facilitate adjustment to the prevailing developmental conditions. This method enabled the Local Courts Chairmen (if not always), to change the "old" customs and to make provisions for and to determine modern living conditions that were alien to the "old customs".

Finally, it is to be noted that legal pluralism still exists in practically all fields of law in which the customary law has been superimposed with English law. The dualism between the two most important categories of legal norms, English law and statutory law on the one hand, and the customary laws on the other, has with few exceptions been abolished in criminal law. It is true that the gradual adjustment of the customary laws to modern living conditions, and the individual incorporation of customary legal principles into the English and statutory law has led to a certain degree of approximation between the two categories of legal norms. Nevertheless, in those fields of law where dualism still prevails, traditional and modern law are two clearly distinguishable normative categories. This separation is particularly emphasized by the fact that both categories are administered in the judicial sectors by judges who have matured in only one of the two conceptual systems, and are mostly unable to comprehend and implement the intrinsic logic of the other system. For even though the different substantive provisions of the two categories can be quite easily comprehended, this is much more difficult in respect of the two systems of immanent legal logic, which find their principle expression in procedural technique and the consideration of evidence. In this context the conflict between customary law and English law becomes most prominent, for the substantive norms can be equal in the two normative categories, but the legal logic, the consideration of evidence and therefore quite often also the result of a legal dispute are only rarely so.

VII. Legal Politics

The legal politics of the colonial governments were largely characterized by inactivity. They were mostly restricted to applying models to Nyasaland which had already been tested in other colonial regions. Attempts to change the customary laws or to influence their development were scarcely undertaken. In comparison, the African politicians who, after 1961, were able to exercise greater influence on legislation, undertook immediate legal-political action which resulted in the judicial reform of 1962/63 and the extension of the jurisdiction of the local courts in affiliation proceedings. Since Orton CHIRWA, the first African Minister of Justice of Malawi, left country during the cabinet crisis of 1964, legal politics have been determined in all major issues by Dr. BANDA. His legal policy fluctuates between two poles. On the one hand, social and economic considerations require that law be employed as an instrument for facilitating the quickest economic development. On the other hand, internal political factors necessitate consideration of the interests of the traditional population.

Serious attempts to change the traditional structure of life and economy were made with the Succession Law of 1964 and, since 1967, with the new land law.

The Wills and Inheritance (Kamuzu's Mbumba Protection) Ordinance of 1964 was the first, dramatic attempt to adjust the traditional family structure to a clearly articulated social-political conception, by means of massive intervention in the customary succession law. Its full title read: "An Ordinance to provide for the making of wills and for intestate succession of Africans, for the purposes of promoting family stability, the strengthening of marriage-ties and the proper provisions for wives and children." The Ordinance provided that if a man died leaving wives and children, only $1/5$ of the estate should be distributed according to the customary law, whereas the rest was to be distributed among the wives and children in the way that the first wife was to receive ⅔ of the rest. This preference given to the first wife was regarded as a direct assault on polygamy, and the preference of wives and children as a direct attack against the matrilineal family system. In order to enforce these stipulations, it was provided that the deceaseds' estates should be administered and distributed by the local courts.

However, the statute did not come into effect, mainly due to practical and organizational difficulties, and probably also for the important reason that such decisive intervention in customary law could hardly have been approved of by the population.

The new land legislation is to serve objectives which are primarily of an economic-political nature. "These Bills, when passed Acts of Parliament, enforced and carried out, will revolutionize our agriculture and transform our country from a poor one into a rich one", as Dr. BANDA, is reported to have said during the 2nd reading of the Bills in Parliament. In particular, it is expected that the new law will end the fallow system and ensure a more economic land distribution by means of a legally facilitated land rationalization. In addition, it is of great importance that land can be offered as security for credits, and that farmers can thereby borrow the necessary money for the purchase of agricultural equipment, artificial fertilizers, etc. Moreover, the feeling of creating something on his own land, is intended to stimulate the farmer into increasing his agricultural production. It is also believed that with the Local Land Boards, which are to control all real property transactions, an instrument is available for avoiding the pitfalls connected with the land law reform – investment capitalism, disintegration of the population structure, and borrowing which is frivolous or not orientated towards agricultural progress.

In contrast to this economic and socially orientated legal policy, the results of which will have to be awaited, Dr. BANDA still takes account of the traditional population and traditional law for the same, internal political reasons.

This became most obvious during the latest reforms in the law of criminal procedure and the courts structure. The causes for the extended jurisdiction of the new Traditional Courts in criminal cases, which will certainly introduce a new development of criminal law oriented towards customary law, the planned constitution of special Traditional Appeal Courts as well as the introduction of the Jury System, lie in the openly expressed antipathy of the population towards English criminal and criminal procedure law.

Apart from this change in the courts structure, there are no future plans for modifications in this sector. Though it is the objective of the Malawi government to constitute the Local Courts as an integral part of a totally independent judiciary, it will not occur in the immediate future, as e.g. it was achieved for the judiciary of Tanganyika in 1964.

Since 1968, the Ministry of Justice has been working on a bill that is to define anew, and partially in clearer form, the range of application of the customary laws. On the one hand, the main criteria which determine the application of customary law, *repugnance, inconsistency* and *applicability,* are to be replaced by new unequivocal rulings. On the other hand, the category of persons to whose legal relationships can be applied, is to be re-determined. This will follow from a re-definition of the concept African of Malawi which, in future, will be less orientated to race than to the social affiliations and living pattern of the individual: "African of Malawi means any person who lives as a member of an African community in Malawi in which the rules of local customary law are established." In disputes between Africans and non-Africans, customary law is to be applied if, as in the past, the non-African voluntarily assumes a right, liability or relationship under customary law and also if, after careful consideration of all circumstances, the court is of the opinion that customary law can be applied without substantial injustice.

VIII. Future Development

In summarizing the current legal political conceptions in Malawi, it can be said that, with the exception of the currently unpredictable changes in criminal law, no fundamental changes in the legal system of Malawi are to be expected. Different law will continue to be applied in different courts. Nevertheless, the slow process of adjusting the customary laws to modern English law and statutory law will continue. This development will be strengthened further by the anticipated Africanization of the courts and officers of justice. The various customary laws will also increasingly adjust to one another. It is anticipated here that the effective point of contact for the application of a specific law will be the social status of the individual rather than the membership of a particular tribal group. However, until the changing customs of the traditional population, or of specific sections of the population, crystallize into new, generally binding forms of conduct, there will be no unified customary law based on firm legal principles in Malawi.

The future development of the customary laws ought neither proceed uncontrolled in the Local Courts, nor should it be subject to central unification and codification by the government. Unification and codification of the customary laws, the so-called low-level unification (ALLOT), as carried out in 1964 for the family and succession law of most patrilineal tribes in Tanzania, is suspect for a number of reasons. It is feared that through codification, the customary laws would lose their customary character, and that the population would no longer conceive a codified "customary" law as their own law with which they could identify themselves, and that a breach would be created between the state as law-giver and the individual as law-receiver. Moreover, codification would involve a commitment to currently prevailing conditions which, in this transitional period, would prove to restrict development.

It is therefore submitted that the development of customary law should be *synchronized*. This would mean that customary law develops as far as possible along coordinated lines, that undesired development can be prevented and, when necessary, desired development enforced – without natural development in the Local Courts being hindered.

The task of synchronizing the development of law should be currently reserved for the legislator. For, if synchronization were undertaken by the courts through case law, it would resemble codification by taking in the substance of the law rather than its general framework, and would therefore tend to inhibit development.

Literaturverzeichnis

ADAM, M.: Trial by Jury in Southern Rhodesia. In: R.N.L.J., Vol. 2 (1962), S. 38 ff.

Afrika-Instituut-Leiden (Hrsg.): The Future of Customary Law in Africa – L'Avenir du Droit Coutumier en Afrique. Symposium – Colloque Amsterdam 1955. Universitaire Pers. Leiden 1956.

AJAYI, F.: The Future of Customary Law in Nigeria. In: Afrika-Instituut-Leiden (Hrsg.): The Future of Customary Law in Africa – L'Avenir du Droit Coutumier en Afrique. Symposium – Colloque Amsterdam 1955. Universitaire Pers. Leiden 1956, S. 42 ff.

ALLAN, W.: African Land Usage. In: Rhodes-Livingstone-Journal, No. 3, S. 13 ff.

ALLEN, C.: Juries and Lay Magistrates. In: R.N.L.J., Vol. 1 (1961), S. 118 ff.

ALLOT, A.: Essays in African Law. London 1960.

—: Judicial and Legal Systems in Africa. London 1962.

—: Judicial Precedent in Africa Revisited. In: J.A.L., Vol. 12 (1968), S. 3 ff.

—: The Future of African Law. In: H. und L. KUPER (Hrsg.): African Law: Adaptation and Development. University of California Press. Berkeley and Los Angeles 1965, S. 216 ff.

— (Hrsg.): The Future of Law in Africa. Records of the London Conference on the Future of Law in Africa. Dec. 1959–Jan. 1960. London 1960.

ALLOT, A., EPSTEIN, A. und GLUCKMAN, M.: Introduction. In: M. GLUCKMAN (Hrsg.): Ideas and Procedures in African Customary Law. Studies presented and discussed at the Eighth International African Seminar at the Haile Selassie I University, Addis Ababa, January 1966. Oxford University Press for the International African Institute. London 1969, S. 1 ff.

ANDERSON, J.: Islamic Law in Africa. London 1954.

—: Changing Law in the Developing Countries. London 1963.

—: Family Law in Asia and Africa: Studies on Modern Asia and Africa No. 6. London 1968.

—: The Adaptation of Muslim Law in Sub-Saharan Africa. In: H. u. L. KUPER (Hrsg.): African Law: Adaptation and Development. University of California Press. Berkeley and Los Angeles 1965, S. 149 ff.

BAADE, H. (Hrsg.): African Law: New Law for New Nations. New York 1963.

BAKER, C.: Criminal Justice in Malawi. In: J.A.L., Vol. 11 (1967), S. 147 ff.

BARNES, B.: Marriage of Cousins in Nyasaland. In: Man, Vol. 22, No. 85, S. 147 ff.

BARNES, J.: Marriage in a Changing Society: A Study in Structural Change Among the Fort Jameson Ngoni. Cape Town 1951.

—: Politics in a Changing Society. Oxford University Press for the Rhodes-Livingstone-Institute. London 1954.

BARNES, J., MITCHELL, J. und GLUCKMAN, M.: The Village Headman in British Central Africa. In: Africa, Vol. 19 (1949), S. 49 ff.

BARTHOLOMEW, G.: Private Interpersonal Law. In: I.C.L.Q., Vol. 1 (1952), S. 325 ff.

BENDA-BECKMANN, F. VON: Conflict of Marriage Law in Malawi. In: J.A.L., Vol. 12 (1968), S. 173 ff.

BOHANNAN, P.: Judgement and Justice Among the Tiv. Oxford University Press. London 1957.

—: The Differing Realism of the Law. In: P. BOHANNAN (Hrsg.): Law and Warfare: Studies in the Anthropology of Conflict. Garden City, New York 1967.

BROWN, D.: The Award of Compensation in Criminal Cases in East Africa. In: J.A.L., Vol. 10 (1966), S. 33 ff.

BYATT: Cewa Land. In: British Central Africa Gazette, 30. 6. 1900.

CARDOZO, B.: The Growth of the Law. Yale University Press. New Haven 1924.

CHIRNSIDE, A.: The Blantyre Missionaries: Discreditable Disclosures. London 1880.

CLEGG, E.: Race and Politics. London 1960.

COISSORO, N.: The Customary Law of Inheritance in Central Africa and Internal Conflicts of Laws. Ph. D. Thesis. University of London 1962, unveröffentlicht.

COLLINGWOOD: Criminal Law of East and Central Africa. African University Press. London 1967.

Colonial Office: Land Tenure in Africa: A Report of an Informal Committee under the Chairmanship of Lord Hailey. Printed for the Colonial Office. H.M.S.O., London 1945.

—: Nyasaland Colonial Reports. H.M.S.O., London.

COLSON, E. und GLUCKMAN, M. (Hrsg.): Seven Tribes in British Central Africa. Oxford University Press. London 1951.

COTRAN, E.: The Unification of Laws in East Africa. In: J.M.A.S., Vol. 1, No. 2, S. 209 ff.

—: Integration of Courts and Application of Customary Law in Tanganyika. In: E.A.L.J., Vol. 1 (1965), S. 108 ff.

—: Report on Customary Criminal Offences in Kenya. Nairobi 1963.

COXHEAD, J.: The Native Tribes of North-Eastern Rhodesia. Royal Anthropological Institute. Occasional Paper No. 5. London 1914.

CRAWFORD, D.: Thinking Back: Twenty-Two Years without a Break in the Long Grass of Central Africa. London 1913.

CREIGHTON, T.: The Anatomy of Partnership. London 1960.

DANIELS, W.: The Influence of Equity in West African Law. In: I.C.L.Q., Vol. 11 (1962), S. 31 ff.

DEBENHAM, F.: Nyasaland. The Land of the Lake. London, ohne Jahresangabe.

DUFF, H.: Nyasaland under the Foreign Office. London 1903.

DULY, A.: The Lower Shire District: Notes on Land Tenure and Individual Rights. In: Nyasaland Journal, Vol. 1, No. 2, S. 11 ff.

DURAND, P.: A Comment: On C.A. (L.C.) No. 5 of 1964 in the High Court of Nyasaland. In: J.A.L., Vol. 8 (1964), S. 131 ff.

—: A Comment: Legislation in Malawi. In: J.A.L., Vol. 8 (1964), S. 109 ff.

ELIAS, T.: The Nature of African Customary Law. London 1956.

—: British Colonial Law. London 1962.

—: The Groundwork of Nigerian Law. London 1954.

—: Nigerian Land Law and Custom. London 1951.

—: The Nigerian Legal System. London 1951.

EPSTEIN, A.: The Administration of Justice and the Urban African: A Study of Urban Native Courts in Northern Rhodesia. Colonial Research Studies No. 7. London 1953.

—: Judicial Techniques and the Judicial Process. Rhodes-Livingstone-Institute Paper No. 23. Manchester University Press 1954.

—: Some Aspects of the Conflict of Law and Urban Courts in Northern Rhodesia. Rhodes-Livingstone-Journal, No. 12.

ERDELL, B.: Übertragung des Eigentums an Grundstücken nach englischem Recht (unregistered and registered conveyancing). Diss. Kiel 1967.

EVANS-PRITCHARD, E.: The Nuer. Oxford 1940.

—: Kinship and Marriage Among the Nuer. Oxford 1951.

—: Witchcraft, Oracles and Magic Among the Azande. Oxford 1937.

FALLERS, L.: Customary Law in the New African States. In: BAADE, H. (Hrsg.): African Law: New Law for New Nations. New York 1963, S. 71 ff.

FORTES, M. und EVANS-PRITCHARD, E. (Hrsg.): African Political Systems. Oxford 1940.

FOTHERINGHAM, M.: Adventures in Nyasaland. London 1891.

FRANKLIN, H.: Unholy Wedlock. London 1963.

GARBUTT, H.: Witchcraft in Nyasa. In: J.R.A.I., No. 41, S. 301 ff.

—: Native Customs in Nyasaland. In: Man, Vol. 12 (1912), S. 20 ff.

GHAI, Y.: Customary Contracts and Transactions in Kenya. In: M. GLUCKMAN (Hrsg.): Ideas and Procedures in African Customary Law. Studies presented and discussed at the Eighth International African Seminar at the Haile Sellassie I University, Addis Ababa, January 1966. Oxford University Press for the International African Institute. London 1969, S. 333 ff.

GEIGER, Th.: Vorstudien zu einer Soziologie des Rechts. Soziologische Texte, Band 20. Neuwied 1964.

GLUCKMAN, M.: The Judicial Process Among the Barotse of Northern Rhodesia. Manchester University Press. London 1955.

—: The Ideas of Barotse Jurisprudence. Yale University Press. New Haven 1965.

—: African Land Tenure. In: Rhodes-Livingstone-Journal, No. 3, S. 1 ff.

—: The Logic of African Science and Witchcraft. In: Rhodes-Livingstone-Journal, No. 1, S. 65 ff.

—: Reasonableness and Responsibility in the Law of Segmentary Societies. In: H. und L. KUPER (Hrsg.): African Law: Adaptation and Development. University of California Press. Berkeley and Los Angeles 1965, S. 120 ff.

— (Hrsg.): Ideas and Procedures in African Customary Law. Studies presented and discussed at the Eighth International African Seminar at the Haile Sellassie I University, Addis Ababa, January 1966, Oxford University Press for the International African Institute. London 1969.

GONIDEC, P.: Les Droits africains. Paris 1968.

HACKWILL, G.: Southern Rhodesian Native Law: Conflict of Law in Relation to the Guardianship of Children after Divorce. In: R.N.L.J., Vol. 1 (1961), S. 71 ff.

HAILEY, M.: An African Survey. London 1938.

—: Native Administration in the British African Territories. 2. Teil. London 1950.

HANNA, A.: The Beginnings of Nyasaland and of North Eastern Rhodesia. Oxford University Press. London 1956.

HARRIES, L.: Christian Marriage in African Society. In: PHILLIPS, A. (Hrsg.): Survey of African Marriage and Family Life. London 1953, S. 328 ff.

HARTLAND, E.: Primitive Law. London 1924.

HART, M.: The Concept of Law. Oxford 1961.

HARVEY, W.: A Value Analysis of Ghanaian Legal Development since Independence. Gov.Pr. Accra 1963.

—: The Challenge of the Rule of Law. In: Mich. L. Rev., Vol. 59, S. 503 ff.

HECKEL, B.: The Yao Tribe, Their Culture and Education. University of London. Institute of Education. Studies and Reports 4. London 1925.

—: Rain-Making, Witchcraft and Medicine Among the Anyanja. In: Man, Vol. 31 (1933), S. 266 ff.

HOGDSON, A.: Notes on the Achewa and Angoni of the Dowa District of the Nyasaland Protectorate. In: J.R.A.I., No. 65, S. 123 ff.

HOLLEMAN, J.: An Anthropological Approach to Bantu Law. In: Rhodes-Living-stone-Journal, No. 10, S. 51 ff.

HUTCHISON, Th. (Hrsg.): Africa and Law: Developing Legal Systems in African Commonwealth Nations. University of Wisconsin Press. Madison 1968.

HYNDE, R.: Marriage and Relationship Among the Yaos. In: Nyasa News, Vol. 7 (1895), S. 217 ff.

IBIK, J.: The Law of Marriage in Nyasaland. Ph. D. Thesis. University of London 1966, unveröffentlicht.

—: The Customary Law of Wrongs and Injuries in Malawi. In: M. GLUCKMAN (Hrsg.): Ideas and Procedures in African Customary Law. Studies presented and discussed at the Eighth International African Seminar at the Haile Sellassie I University, Addis Ababa, January 1966. Oxford University Press for the International African Institute. London 1969, S. 305 ff.

JENKINS, I.: The Ontology of Law and the Validation of Social Change. In: G. DORSEY und S. SHUMAN (Hrsg.): Validation of New Forms of Social Organization. ARSP, Beiheft Neue Folge Nr. 5. Wiesbaden 1968, S. 42 ff.

JONES, G.: Britain and Nyasaland. London 1964.

JOHNSTON, H.: British Central Africa. London 1897.

KIRALFY, A.: The English Legal System. 2. Aufl. London 1956.

KÖNIG, R. (Hrsg.): Soziologie. Das Fischer-Lexikon Nr. 10. Frankfurt a. M. 1967.

KUPER, H. und L. (Hrsg.): African Law: Adaptation and Development. University of California Press. Berkeley and Los Angeles 1965.

LARSON, A. und JENKS, G. (Hrsg.): Sovereignity within the Law. New York and London 1965.

LAWSON, A.: An Outline on the Relationship System of the Nyanja and Yao Tribes in Southern Nyasaland. In: African Studies, Vol. 7, No. 4, S. 180 ff.

—: The Kinship Basis of Cewa Social Structure. In: South African Journal of Science, Vol. 48 (1952), S. 258 ff.

LEE, R.: Das römisch-holländische Recht in Südafrika. In: J.Z. 1952, S. 97 ff.

LEWIN, J.: Studies in African Native Law. Cape Town 1947.

LIVINGSTONE, D. und C.: Narrative of an Expedition to the Zambezi and its Tributaries, and of the Discovery of Lakes Shirwa and Nyasa, 1858–1864. London 1865.

LIVINGSTONE, W.: Laws of Livingstonia. London 1923.

LUGARD, F.: The Dual Mandate in British Tropical Africa. London 1922.

MACDONALD, D.: Africana. 2 Bände. London 1882.

MACDONALD, J.: East Central Africa Customs. In: J.A.I., No. 22, S. 99 ff.

MAINE, H.: Ancient Law. 2. Aufl. London 1863.

MAIR, L.: Native Administration in Central Nyasaland. Colonial Research Studies No. 5. London 1952.

—: African Marriage and Social Change. In: A. PHILLIPS (Hrsg.): Survey of African Marriage and Family Life. London 1953, S. 173 ff.

—: Marriage and Family Life in the Dedza District. In: J.R.A.I., No. 81, S. 103 ff.

Malawi Government: Annual Reports of the Department of Lands. For the Year ended 31st December 19 . . . Gov.Pr. Zomba.

—: Annual Reports of the Ministry of Justice including the Department of the Registrar General. For the Year ended 31st December 19 . . . Gov.Pr. Zomba.

—: Annual Reports of the Judicial Department. For the Year ended 31st December 19 . . . Gov.Pr. Zomba.

Malawi Government: Report of the Presidential Commission on Criminal Justice. Gov.Pr. Zomba 1967.

Malawi Government Information Department: Malawi – Land of Promise. A Comprehensive Survey. Blantyre 1967.

MALINOWSKI, B.: Crime and Custom in Savage Society. London 1926.

MARWICK, M.: Sorcery in its Social Setting. Manchester University Press 1965.

—: The Social Context of Cewa Witchcraft Beliefs. In: Africa, Vol. 22, No. 3, S. 215 ff.

MATHEWS, R.: African Powder Keg. London 1966.

MCDOWELL, C.: The Breakdown of Traditional Land Tenure in Northern Nigeria. In: M. GLUCKMAN (Hrsg.): Ideas and Procedures in African Customary Law. Studies presented and discussed at the Eighth International African Seminar at the Haile Sellassie I University, Addis Ababa, January 1966. Oxford University Press for the International African Institute. London 1969, S. 266 ff.

MEEK, C.: Land Law and Custom in the Colonies. Oxford University Press. London 1949.

—: Law and Authority in a Nigerian Tribe. London and New York 1937.

MIDDLETON, J. und TAIT, D. (Hrsg.): Tribes without Rulers. London 1958.

MIDDLETON, J. und WINTER, E. (Hrsg.): Witchcraft and Sorcery in East Africa. London 1963.

MITCHELL, J.: The Yao Village: A Study in the Social Structure of a Nyasaland Tribe. Neuaufl. Manchester University Press 1966.

—: The Political Organization of the Yao of Southern Nyasaland. In: African Studies, Vol. 8, No. 2, S. 141 ff.

—: African Conception of Causality. In: Nyasaland Journal, Vol. 5, No. 2, S. 18 ff.

—: Preliminary Notes on Land Tenure and Agriculture Among the Machinga Yao. In: Nyasaland Journal, Vol. 5, No. 2, S. 18 ff.

MOFFAT, R.: African Courts and Native Customary Law in the Urban Areas of Northern Rhodesia. In: J.A.A., Vol. 9 (1957), S. 71 ff.

MOGGRIDGE, L.: The Nyasaland Tribes, Their Customs and Their Poison Ordeal. In: J.R.A.I., Vol. 32, No. 28, S. 467 ff.

MORRIS, J.: The Recognition of Polygamous Marriages in English Law. In: Festschrift für Martin Wolff. Tübingen 1952, S. 287 ff.

MUNRO, A.: Land Law in Kenya. In: Th. HUTCHISON (Hrsg.): Africa and Law: Developing Legal Systems in African Commonwealth Nations. University of Wisconsin Press. Madison 1968, S. 75 ff.

MURRAY, S. (Hrsg.): A Handbook of Nyasaland. London 1932.

Nyasaland Government: Memorandum No. 1 on Native Customs in Nyasaland (Marriage, Divorce, Succession and Inheritance). Gov.Pr. Zomba 1930.

—: Memorandum No. 2 on Native Customs in Nyasaland (Marriage, Divorce, Succession and Inheritance). Gov.Pr. Zomba 1939.

—: Memorandum on Native Policy. By the Native Welfare Committee, January 1939. Gov.Pr. Zomba 1939.

—: Annual Reports of the Department of the Registrar General. For the Year ended 31st December 19 . . . Gov.Pr. Zomba.

NYIRENDA, S.: History of the Tumbuka-Henga People. In: Bantu-Studies, Vol. 5, No. 1, S. 1 ff.

OBI, S.: The Effect of Ordinance Marriage on the Rights and Status of the Spouses. In: J.A.L., Vol. 6 (1962), S. 49 ff.

PARK, A.: The Sources of Nigerian Law. Lagos and London 1963.

PHILLIPS, A.: Marriage Laws in Africa. In: A. PHILLIPS (Hrsg.): Survey of African Marriage and Family Life. London 1953, S. 173 ff.

PHILLIPS, A.: The Future of Customary Law in Africa. In: Afrika-Instituut-Leiden (Hrsg.): The Future of Customary Law in Africa – L'Avenir du Droit Coutumier en Afrique. Symposium – Colloque Amsterdam 1955. Universitaire Pers. Leiden 1956, S. 88 ff.

— (Hrsg.): Survey of African Marriage and Family Life. London 1953.

POSPISIL, L.: The Attributes of Law. In: P. BOHANNAN (Hrsg.): Law and Warfare: Studies in the Anthropology of Conflict. Garden City, New York 1967, S. 25 ff.

RADCLIFFE-BROWN, A. und FORDE, D. (Hrsg.): African Systems of Kinship and Marriage. London 1950.

RANGELEY, W.: Notes on Cewa Tribal Law. In: Nyasaland Journal, Vol. 1, No. 2, S. 1 ff.

RATTRAY, R.: Ashanti Law and Constitution. Oxford 1929.

READ, J.: When is Customary Law Relevant? In: J.A.L., Vol. 7 (1963), S. 57 ff.

READ, M.: The Moral Code of the Ngoni and Their Former Military State. In: Africa, Vol. 11, No. 1, S. 1 ff.

—: Tradition and Prestige Among the Ngoni. In: Africa, Vol. 9, No. 4, S. 453 ff.

—: The Ngoni of Nyasaland. London 1956.

REDFIELD, R.: Primitive Law. In: P. BOHANNAN (Hrsg.): Law and Warfare: Studies in the Anthropology of Conflict. Garden City, New York 1967, S. 3 ff.

RICHARDS, A.: Some Types of Family Structure Amongst the Central Bantu. In: A. RADCLIFFE-BROWN und D. FORDE (Hrsg.): African Systems of Kinship and Marriage. London 1950, S. 207 ff.

ROBERTS, S.: The Growth of an Integrated Legal System in Malawi: A Study in Racial Discrimination in the Law. Ph. D. Thesis. University of London 1967, unveröffentlicht.

—: A Revolution in the Law of Succession in Malawi. In: J.A.L., Vol. 10 (1966), S. 21 ff.

—: The Malawi Law of Succession: Another Attempt at Reform. In: J.A.L., Vol. 12 (1968), S. 81 ff.

—: Matrilineal Family Law and Custom in Malawi. A Comparison of Two Systems. In: J.A.L., Vol. 8 (1964), S. 77 ff.

ROBINSON, R.: The Administration of African Customary Law. In: J.A.A., Vol. 1 (1949), S. 158 ff.

ROTBERG, R.: The Rise of Nationalism in Central Africa. Harvard University Press 1966.

SANDERSON, G.: Relationship Among the Wayao. In: J.R.A.I., Vol. 50, S. 369 ff.

SCHAPERA, I.: A Handbook of Tswana Law and Custom. London 1938.

—: Contract in Tswana Law. In: M. GLUCKMAN (Hrsg.): Ideas and Procedures in African Customary Law. Studies presented and discussed at the Eighth International African Seminar at the Haile Sellassie I University, Addis Ababa, January 1966. Oxford University Press for the International African Institute. London 1969, S. 318 ff.

SEIDMAN, R.: A Sourcebook of the Criminal Law in Africa. Law in Africa No. 21. African University Press. London 1966.

—: Law and Economic Development in Independent English-Speaking Sub-Saharan Africa. In: Th. HUTCHISON (Hrsg.): Africa and Law: Developing Legal Systems in African Commonwealth Nations. University of Wisconsin Press. Madison 1968, S. 3 ff.

SIMPSON, R.: New Land Law in Malawi. In: J.A.O. (1967), No. 4, S. 221 ff.

Statistisches Bundesamt: Allgemeine Statistik des Auslandes. Länderberichte. Malawi. Wiesbaden 1967.

TANNER, M.: The Codification of Customary Law in Tanzania. In: E.A.L.J., Vol. 2 (1966), S. 105 ff.

TALBOT, P.: The Peoples of Southern Nigeria. London 1926.

THOMPSON, T.: Notes on African Customs in Nyasaland. Gov.Pr. Zomba 1956.

TRAPPE, P.: Sozialer Wandel südlich der Sahara. 1. Teil. Vierteljahreshefte der Friedrich-Ebert-Stiftung. Sonderheft 2. Hannover 1968.

TWINING, W.: The Restatement of African Customary Law: A Comment. In: J.M.A.S., Vol. 1, No. 2, S. 221 ff.

UNSWORTH, E.: The Conflict of Law in Africa. In: Rhodes-Livingstone-Journal, No. 2, S. 49 ff.

VANDERLINDEN, J.: Réflexions sur l'Existence du Concept du Propriété immobilière individuelle dans les Droits africains traditionnels. In: M. GLUCKMAN (Hrsg.): Ideas and Procedures in African Customary Law. Studies presented and discussed at the Eighth International African Seminar at the Haile Sellassie I University, Addis Ababa, January 1966. Oxford University Press for the International African Institute. London 1969, S. 236 ff.

WILSON, G.: The Constitution of the Ngonde. Rhodes-Livingstone-Paper No. 3. Lusaka 1939.

WILSON, M.: Nyakyusa Kinship. In: A. RADCLIFFE-BROWN und D. FORDE (Hrsg.): African Systems of Kinship and Marriage. London 1950, S. 111 ff.

WISHLADE, R.: Chiefship and Politics in the Mlanje District of Southern Nyasaland. In: Africa, Vol. 31, No. 1, S. 36 ff.

WILLS, A.: The History of Central Africa. 2. Aufl. London 1967.

YOUNG, T.: Notes on the Customs and Folklore of the Tumbuka-Kamanga People. Religious Tract Society. London 1932.

YOUNG, T. und BANDA, H. (Hrsg.): Our African Way of Life. London 1946.

Sonstige Berichte:

African Conference on Local Courts and Customary Law. Record of the Proceedings of the Conference held in Dar-es-Salaam 8. 9.–18. 9. 1963. Dar-es-Salaam 1963.

The Records of the Judicial Advisers' Conference held in Makarere, Uganda, in February 1953. Special Supplement to J.A.A. (October 1953).

The Records of the Judicial Advisers' Conference held in Jos, Nigeria, in November 1956. Special Supplement to J.A.A. (April 1957).

Records of the Proceedings of the Legislative Council. Gov.Pr. Zomba.

The Malawi Hansard: Official Verbatim Report of the Debates of Parliament. Gov.Pr. Zomba.

Entscheidungsverzeichnis *

Ackah v. Arinta
(1893) Sar. F.L.R. 79 (Gold Coast)

Adisoni Chiwalo v. Soko Msakwiya
(1) Civ.C. 164 of 1967, Mapuyu L.C.,
(2) Civ.App. 33 of 1967, Lilongwe L.A.C.,
(3) C.A. (L.C.) 15 of 1967, M.H.C.

Alade v. Aborishade
(1960) 5 F.S.C. 167

Alesi Kaseza v. Sandreya Andreya
Civ.C. 188 of 1965, Mapuyu L.C.

Alesi Kholoma v. Kaguza Zingamanja
Civ.C. 345 of 1967, Nkuka L.C.

Alifeyu v. Village Headman Chamama
Civ.C. 39 of 1934, N.C. Mwase Kasungu, ZA NN 1/17/2

Amisi v. Zingarembo
Civ.C. 39 of 1916/17, Ny.H.C., ZA 3337/12

Amissah v. Krabah
(1936) 2 W.A.C.A. 30 (Gold Coast)

Amodu Tijani v. Southern Nigeria (Secretary)
(1921) 2 A.C. 399

Andrea M. Phiri v. Chief Malanda
Civ.C. 160 of 1934, Atonga Tribal Council, ZA NN 1/17/2

Angu v. Attah
(1916) P.C. '74–'28, 43

Antonyo Silva v. W. Kazembe
Civ.App. 6 of 1967, Dedza L.A.C.

Applebee v. Percy
(1874) L.R.C.P. 647

Att.-Gen. for Ceylon v. Reid
1 All.E.R. 813

Att.-Gen. for Nyasaland v. Jackson
(1957) R & N 443

Att.-Gen. v. Butterworth
3 W.L.R. 819 (1962)

---

* Die nicht oder nur teilweise veröffentlichten Entscheidungen (unreported decisions), die ohne Quellenangabe bzw. mit der Aktennummer der Staatsarchive in Zomba (ZA) angeführt sind, wurden in den Akten der Gerichte bzw. der Archive eingesehen.

Att.-Gen. v. J. Holt
(1910) 2 N.L.R. 1

Azoro v. Nkudzule
Civ.App. 5 of 1967 Ntchisi L.A.C.

Balwant Rao v. Baji Rao
(1920) L.R. I.A. 213

Bangbose v. Daniel
(1954) 3 All E.R. 263

Belifa Windo v. Yenelesi Kailale
Cic.C. 47 of 1967, Msitu L.C.

G. Bema v. Alieti Beneti
(1) Civ.C. 120 of 1966, Chilangoma L.C.,
(2) Civ.App. 131 of 1966, Blantyre L.A.C.,
(3) C.A. (L.C.) 5 of 1967, M.H.C.

M.S. Bham v. Hussain Bham
C.A. (L.C.) 12 of 1967, M.H.C.

Budu II v. Caesar and others
(1959) G.L.R. 410

Buraimo v. Bamgboye
(1940) 15 N.L.R. 139

Carr v. Suleman Abdul Karim
Civ.C. 46 of 1929, Ny.H.C., ZA L 3/21/3

Chakawa v. Goro
1959 (I) R & N 188

Chettiar v. Mahatmea
(1950) A.C. 481

Chief Chibele v. Chief Chakwanika
Civ.C. 148 of 1934, Atonga Tribal Council, ZA NN 1/17/2

Chief Young Dede v. African Association
(1910) 1 N.L.R. 130

Chigwaya v. Chinkhandwe
Civ.C. 332 of 1967, Zomba U.C.

Chinkhandwe v. Chigwaya
C.A. (L.C.) 23 of 1967, M.H.C.

Chinsamba v. Utinkulu
Civ.C. 153 of 1966, Blantyre U.C.

Chitema v. Lupanda
1962 R & N 290

J. Chitenge v. The People
1967 J.A.L. 2, 141, Z.C.A.

Chiwaya v. Khudzemba
Civ.App. 8 of 1967, Mchinji L.A.C.

Clement D. Muyebe v. Laston Kumbali
C.A. (L.C.) 6 of 1967, M.H.C.

Cole v. Cole
1 N.L.R. 15

Coleman v. Shang
(1961) A.C. 481

Cummings Kholiyo and Fernande Mablesi v. R.
Cr.App. 25 of 1965, M.S.C.A., 1966, J.A.L. 1, 63

Dayimano v. Kgaribatse
(1931) S.R.L.R. 134

Deliasi Mkwelera v. Jelemiya Fulawo
Civ.C. 74 of 1967, Mapuyu L.C.

Derby Bweya v. A. D. Poya
(1) Civ.C. 372 of 1967, Linga L.C.,
(2) Civ.App. 22 of 1967, Lilongwe L.A.C.

Doyle v. Salgo
1957 R & N 840

Duma v. Madidi
1918 S.R. 59

Earthnasi Nyakwawa v. Abele Chiusiwa
(1) Civ.C. 263 of 1967, M'mboma L.C.,
(2) Civ.App. 12 of 1967, Ntchisi L.A.C.

E. Eleko v. Officer Administering the Government of Nigeria
(1931) All E.R. 44;
(1931) A.C. 662

Estate Mehta v. The Acting Master
1958 R & N 570

Estate Mtemanyama and another v. Kitty and others
1957 R & N 234

Edalah Banda v. R.E. Kaunga Nyirenda
Civ.C. 386 of 1967, Nthembwe L.C.

Fonseca v. Passman
(1958) W.R.N.L.R. 41

Fränkel and Makwati v. Schechele
1967 J.A.L. 1, 51 (Botswana)

Funsani v. Gadamo
Civ.C. 55 of 1967, Blantyre U.C.

Ghilam Rasul and Shahab Din, Son of Kabu v. Regina
21 E.A.C.A. 229

Gladwell Phiri v. Matinesi Moyo
Civ.App. 33 of 1967, Kasungu L.A.C.

Glanville v. Sutton & Co.
(1938) 1 K.B. 571

Gombera v. Kumwembe
1958 R & N 849

Grayson and Harry Machinjili v. Kapusa and others
5 Ny.L.R. 74

J. B. Grobber v. J. Lusambo
I.C.L.Q., Vol. 18, April 1969, 471

Gwao bin Kilimo v. Kisunda bin Ifuti
(1938) T.L.R. (R.) 403

Haji Ibrahim Mutyaba v. Arthur Asaph Kalanzi
Civ.C. 195 of 1959, U.H.C.

Henoki Tsoka v. Maliseni Nkhomphole
Civ.C. 175 of 1967, Mapuyu L.C.

Hyde v. Hyde
L.R. 1 P.D. 130

Ibrahim s/o Alimasi v. John s/o Adraa
Civ.Rev. 3 of 1963, U.H.C.

In re estate Koshen 1960 R & N 157

In Ra Sapara (1911) Ren 605

Jabu v. Habil
Civ.C. 336 of 1926, Likoma D.N.C., ZA 572/1920

Jackson v. Regina
1962 R & N 157

B. Jembe v. P. Nyondo
4 E.A.L.R. (1912) 160

Kajubi v. Kabali
(1944) 11 E.A.C.A. (Uganda)

L. J. Kamba v. E. F. Tsoka
C.A. (L.C.) 7 of 1967, M.H.C.

G. J. Kamcaca v. S. P. Nkhota and another
Civ.C. 346 of 1967, M.H.C., 1968 J.A.L. 3, 178

S. T. Kanthumkumva v. Laisi Labsoni
Civ.App. 8 of 1967, Dedza L.A.C.

Karaj v. Khan
1957 R & N 4

Karonga (Councillor representing the Amakaramba or Chungu's Council) v. Headman Kanyoli
Civ.C. 151 of 1931, D. C. Karonga, ZA 9/8/1931

Kassalika Chirwa v. Seliva Banda
Civ.App. 24 of 1967, Kasungu L.A.C.

R. E. Kaunga Nyirenda v. Edalah Banda
Civ.App. 25 of 1967, Kasungu L.A.C.

Kazandu v. Kozamkamwa
Civ.App. 13 of 1967, Ntchisi L.A.C.

W. Kazembe v. Antonyo Silva
Civ.C. 153 of 1967, Mkhoza L.C.

Kazigele White and Victor Chiwande v. The Republic
Cr.App. 68 of 1967, M.S.C.A.

Khudzemba v. Chiwaya
Civ.C. 48 of 1967, Msitu L.C.

Knatchbull v. Hallett
(1880) 13 Ch.D. 696

Komo and Leboho v. Holmes
1935 S.R.L.R. 86

Kozamkamwa v. Kazandu
Civ.C. 292 of 1967, Masangano L.C.

Kwaseka v. The King
R.N.C.A.L.R. (1947–1952) 25

Laila Ghina Mawji and another v. R.
(1) (1956) 23 E.A.C.A. 609,
(2) (1957) A.C. 126 (P.C.)

Laisi Labsoni v. S. T. Kanthumkumwa
Civ.C. 198 of 1967, Maonde L.C.

Lewis v. Bankole
(1909) 1 N.L.R. 82

J. S. Limbani v. Rex
6 Ny.L.R. 6

Maclean v. The King
R.N.C.A.L.R. (1947–1952) 102

Malindi v. Therenaz
Civ.C. 71 of 1968, Blantyre U.C.

Maliseni Nkhomphole v. Henoki Tsoka
Civ.App. 35 of 1967, Lilongwe L.A.C.

Malomo v. Olushola
(1955) 15 W.A.C.A. 12 (Nigeria)

Mapeto Chitewra Nyuzi and Lackson Kudemera v. The Republic
– 21. 2. 1967 – M.H.C.

Matinesi Moyo v. Gladwell Phiri
Civ.C. 443 of 1967, Nthabua L.C.

Mchenga v. Manesi
Civ.C. 18 of 1918/19, Ny.H.C., ZA 3337/12

Mchenje v. Kunaka
1912 S.R. 207

Mchoma v. Chikaonda
Civ.C. 101 of 1966, Blantyre U.C.

Mensah v. Aikino
(1899) Ren. 167

Mensah v. Cobbina
(1939) 5 W.A.C.A. 108

Moima v. Matladi
1937 N.A.C. (N & T) 40

Mphumeya v. Regina
1956 R & N 240

Mudaliar v. Kayisi
C.A. (L.C.) 5 of 1964, Ny.H.C., 1964 J.A.L. 2, 131

Muguboyo v. Mutato
1929 N.A.C. (N & T) 73

P. F. G. Muhango v. Betty Mohammedu
Civ.App. 1 of 1946, Ny.H.C.

Mussa v. R.
1959 (I) R & N 1

Mwale v. Kaliu
6 Ny.L.R. 169

Mwase and the Blackman's Church which is in Tongaland v. The Church of Central
Africa (Presbyterian) Sanga Division
4 Ny.L.R. 45

Maleksultan v. The Queen
(1957) A.C. 126

Martin v. Johnson
(1935) 12 N.L.R. 46

National Stores v. Sabola
Civ.C. 93 of 1966, Blantyre U.C.

Ndembera v. R.
(1947) 14 E.A.C.A. 85

Neva v. Regina
1961 R & N 538

Nkudzule v. Azoro
Civ.C. 130 of 1966, Mtsilo L.C.

Nyali Ltd. v. Att.-Gen.
(1955) 1 All E.R. 646

E. J. Nyirenda v. W. L. Magodi
C.A. (L.C.) 19 of 1967, M.H.C.

Ohuchuku v. Ohuchuku
(1960) All E.R. 253, High Court of England

Oshodi v. Balogun
(1936) 2 All E.R. 1632 (P.C.)

Philip v. Philip
(1872) 41 L.J. (P & M) 89

Phiri v. Chief Malanda
Civ. C. 160 of 1934, D.C. Chinteche, ZA NN 1/17/2

R. v. Amkeyo
7 E.A.C.A. 14

R. v. Anderson
1956 R & N 571

R. v. August Mussa
5 Ny.L.R. 17

R. v. Gadani
(1954) W.A.C.A. 442

R. v. Gutayi and others
1915 S.R. 49

R. v. Ilorin Native Court, ex partre Aremu
(1953) 20 N.L.R. 144

R. v. Jackson
1956 R & N 666

R. v. Kaodza
1912 S.R. 6

R. v. Karonga
3 Ny.L.R. 134

R. v. Kenan Hunga
4 Ny.L.R. 1

R. v. Kwalira and another
1962 R & N 556

R. v. Magata s/o Kachehakana
(1957) E.A. 330

R. v. Mbombela
1933 A.D. 269

R. v. M'gedesa
1917 S.R. 37

R. v. Mpepo
Ny.H.C., ZA L 3/9/2

R. v. Muroyi
1942 S.R.L.R. 11

R. v. Ncube
1959 (II) R & N 466

R. v. Ndhlovu
5 N.R.L.R. 298

R. v. Ngalande
Cr.C. 21 of 1930, Ncheu D.N.C.

R. v. Paul
1956 R & N 58

R. v. Robert and Aluwani
5 Ny.L.R. 2

R. v. Sidney and Emily
4 Ny.L.R. 6

R. v. Sigiwe
1918 S.R. 69

R. v. Tembo
1961 R & N 858

R. v. Tshipa
1957 R & N 751

R. v. W.
1949 (3) S.A. 772 (A.D.)

R. v. Windle
(1952) 2 Q.B. 826

R. v. Ziyaya
4 Ny.L.R. 54

Ratinsi D. Moranji v. Att.-Gen. of Madras
(1929) I.L.R. 52 Mad. 160

Rattansey v. Rattansey
1960 E.A. 81 (Tanganyika)

Re Kweku Damptey
(1930) 1 W.A.C.A. 12

Re Lemana
(1941) K.L.R. 48

Re Offiong Okon Ata
(1930) 10 N.L.R. 65

Arbeiten aus dem Afrika-Forschungsprogramm
des
Ifo-Instituts für Wirtschaftsforschung, München

A. In der Reihe „Afrika-Studien"

Bereits erschienen:

(Nr. 1–18 im Springer-Verlag, Berlin – Heidelberg – New York; Nr. 19 ff. im Weltforum-Verlag, München)

Nr. 1 **Entwicklungsbanken und -gesellschaften in Tropisch-Afrika**
Von Naseem Ahmad und Ernst Becher, 1964, 86 Seiten, DM 12,-

Nr. 2 **Agricultural Development in Tanganyika**
Von Hans Ruthenberg, 1964, 212 Seiten, DM 28,-

Nr. 3 **Volkswirtschaftliche Gesamtrechnung in Tropisch-Afrika**
Von Rolf Güsten und Helmut Helmschrott, 1965, 69 Seiten, DM 11,40

Nr. 4 **Beiträge zur Binnenwanderung und Bevölkerungsentwicklung in Liberia**
Von Hans W. Jürgens, 1965, 104 Seiten, DM 13,50

Nr. 5 **Die sozialwissenschaftliche Erforschung Ostafrikas 1954—1963**
Von Angela von Molnos, 1965, 304 Seiten, DM 43,-

Nr. 6 **Die politische und wirtschaftliche Rolle der asiatischen Minderheit in Ostafrika**
Von Indira Rothermund, 1965, 75 Seiten, DM 11,20

Nr. 7 **Die Bodenrechtsreform in Kenya**
Von Hanfried Fliedner, 1965, 136 Seiten, DM 18,-

Nr. 8 **Besteuerung und wirtschaftliche Entwicklung in Ostafrika**
Von Lübbe Schnittger, 1966, 216 Seiten, DM 31,-

Nr. 9 **Problems of Economic Growth and Planning: The Sudan Example**
Von Rolf Güsten, 1966, 74 Seiten, DM 13,50

Nr. 52   Planning Processes. The East African Case
         Von R. Vente, 1970, 233 Seiten, DM 42,–
Nr. 54   Deutsch-Ostafrika 1900—1914 — eine Studie über Verwaltung, Interessengruppen und wirtschaftliche Erschließung
         Von D. Bald, 1970, 238 Seiten, DM 44,–
Nr. 55   Public Administration in Tanzania
         Von K. v. Sperber, 1970, 120 Seiten, ca. DM 24,–
Nr. 56   Rechtspluralismus in Malawi
         Von F. v. Benda-Beckmann, 1970, 216 Seiten, ca. DM 38,–

Im Druck:

Nr. 53   Financial Aspects of Development in East Africa (Sammelband)
         Hrsg. P. v. Marlin

B. In der Sonderreihe „Information und Dokumentation" der „Afrika-Studien"

Bereits erschienen:

Nr. 1   Afrika-Vademecum (Grunddaten zur Wirtschaftsstruktur und Wirtschaftsentwicklung Afrikas)
        (Inhaltsverzeichnis und Tabellenüberschriften in deutscher, englischer und französischer Sprache)
        Bearb. von Fritz Betz, 1968, 163 Seiten, 81 Tabellen, 12 Schaubilder, 8 Karten, DM 16,–
Nr. 2   Entwicklungsbanken und -gesellschaften in Afrika
        (Grunddaten zu 95 afrikanischen Finanzierungs-Institutionen)
        Bearb. von H. Harlander / D. Mezger, 1969, 211 Seiten, DM 26,–
Nr. 3   Entwicklungshilfe an Afrika
        (Ein statistisches Kompendium mit Karten, Schaubildern und erläuterndem Text)
        Bearb. von F. Betz, 1970, 120 Seiten, DM 16,–

C. Afrika-Forschungsberichte (als Manuskript vervielfältigt)

Bereits erschienen:

(direkt zu beziehen über die Afrika-Studienstelle des Ifo-Instituts für Wirtschaftsforschung München, Ausgaben ab 1968 über den Weltforum-Verlag, München).

Wirtschaftsplanung und Entwicklungspolitik in Tropisch-Afrika
Von N. Ahmad/E. Becher/E. Harder, 1965, 283 Seiten (vergriffen)

The Human Factor in the Development of the Kilombero Valley
Von O. Raum, 1965, 56 Seiten (vergriffen)

Die EWG-Marktordnungen für Agrarprodukte und die Entwicklungsländer
Von H. Klemm und P. v. Marlin, 1965, 97 Seiten (vergriffen)

Der Ackerbau auf der Insel Madagaskar unter besonderer Berücksichtigung
der Reiskultur
Von Alfred H. Rabe, 1965, 346 Seiten

The Impact of External Economic Relations on the Economic Development
of East Africa
Von P. v. Marlin, 1966, 110 Seiten (vergriffen)

Wirtschaftsforschung in Tropisch-Afrika. Ergebnisse einer Informations-
reise im April und Mai 1966 nach Ägypten, Äthiopien, Kenya, Uganda,
Tanzania, Malawi, Zambia, Kongo (Kinshasa), Nigeria, Ghana und Senegal
Von Hildegard Harlander, 1966, 193 Seiten

Studie zur Entwicklungshilfe des Staates Israel an Entwicklungsländer.
Unter besonderer Berücksichtigung Ost-Afrikas
Von F. Goll, 1967, 189 Seiten

Die Wirtschaft Südwestafrikas, eine wirtschaftsgeographische Studie
Von Axel J. Halbach, 1967, 210 Seiten (vergriffen)

Co-operative Farming in Kenya and Tanzania
Von Nikolaus Newiger, 1967, 157 Seiten (vergriffen)

Wildschutz und Wildtiernutzung in Rhodesien und im übrigen südlichen
Afrika
Von Wolfgang Erz, 1967, 97 Seiten (vergriffen)

Zoologische Studien im Kivu-Gebiet (Kongo-Kinshasa)
Von Fritz Dieterlen und Peter Kunkel, 1967, 138 Seiten

Wirtschaftswissenschaftliche Veröffentlichungen über Ostafrika in englischer
Sprache. Eine Bibliographie des neueren englischsprachigen Schrifttums mit
Inhaltsangaben
Von Dorothea Mezger und Eleonore Littich, 1967, 383 Seiten

Problèmes de l'élevage contractuel des bovins par les pasteurs Foulbe
(Peulh) en Afrique occidentale
Von J. O. Müller, 1967, 187 Seiten

Examination of the Physical Development of Tanzanian Youth
Von H. W. Jürgens, 1967, 152 Seiten (vergriffen)

The Chemical and Allied Industries in Kenya
Von Hans Reichelt, 1967, 182 Seiten (vergriffen)

Die Organisation der Bodennutzung im Kilombero-Tal/Tanzania
Von Eckhard Baum, 1967, 150 Seiten

Die Organisation der Milchmärkte Ostafrikas
Von Helmut Klemm, 1967, 164 Seiten

Pflanzenökologische Untersuchungen im Masai-Land Tanzanias
Von H. Leippert, 1968, 184 Seiten, DM 18,–

Manufacturing and Processing Industries in Tanzania
Von Karl Schädler, 1969, 55 Seiten, DM 12,–

Luftbildauswertung in Ostafrika (Versuch einer Bestandsaufnahme)
Von K. Gerresheim, 1968, 225 Seiten, DM 18,–

Agricultural Development in Malawi
Von H. Dequin, 1969, 248 Seiten, DM 24,–

Die Entwicklungshilfe an Afrika – unter besonderer Berücksichtigung Ostafrikas
Von K. Erdmann, 1969, 185 Seiten

Vegetable Cultivation in Tropical Highlands: The Kigezi Example (Uganda)
Von F. Scherer, 1969, 217 Seiten, DM 20,–

Volkswirtschaftliche Bedeutung, Umfang, Formen und Entwicklungsmöglichkeiten des privaten Sparens in Ostafrika
Von G. Hübner, 1970, 343 Seiten, DM 24,–

Operationale Konzepte der Infrastruktur im wirtschaftlichen Entwicklungsprozeß
Von H. Amann, 1970, 203 Seiten, DM 18,–

D. In Vorbereitung:

Stand der Rechtsetzung in Ostafrika
Von G. Spreen

Entwicklungsmöglichkeiten der Schweine- und Geflügelhaltung in Ostafrika
Von H. Späth

Vergleichende Untersuchungen über die Leistungsfähigkeit der nutzbaren Wiederkäuer Kenyas
Von Walter/Dennig

Landwirtschaftliche Betriebssysteme in Kenya
Von v. Haugwitz/Thorwart

Probleme der Transportwirtschaft in Tanzania unter besonderer Berücksichtigung des Straßentransports
Von R. Hofmeier

Der Beitrag des Bildungswesens zur wirtschaftlichen Entwicklung eines tropischen Agrarlandes – dargestellt am Beispiel Tanzanias
Von H. Desselberger

Agrarstrukturen in Äthiopien und ihre Implikationen für ökonomisches Wachstum
Von V. Janssen

Trypanosomiasis bei Mensch und Tier in Afrika — die Bekämpfungsmaßnahmen aus ökonomischer Sicht
Von H. Jahnke / A. Matteucci

Organisation und Probleme des Kaffeeanbaus afrikanischer Bauernbetriebe im Hochland von Angola
Von H. Pössinger

The Distribution of Income and Education in Kenya: Causes and Potential Political Consequences
Von D. Berg-Schlosser